T0279239

CONFÍA

EN TUS

VIBRACIONES

La información contenida en este libro se basa en las investigaciones y experiencias personales y profesionales del autor y no debe utilizarse como sustituto de una consulta médica. Cualquier intento de diagnóstico o tratamiento deberá realizarse bajo la dirección de un profesional de la salud. La editorial no aboga por el uso de ningún protocolo de salud en particular, pero cree que la información contenida en este libro debe estar a disposición del público. La editorial y el autor no se hacen responsables de cualquier reacción adversa o consecuencia producidas como resultado de la puesta en práctica de las sugerencias, fórmulas o procedimientos expuestos en este libro. En caso de que el lector tenga alguna pregunta relacionada con la idoneidad de alguno de los procedimientos o tratamientos mencionados, tanto el autor como la editorial recomiendan encarecidamente consultar con un profesional de la salud.

Título original: TRUST YOUR VIBES
Traducido del inglés por Julia Fernández Treviño
Diseño de portada: Editorial Sirio, S.A.
Maquetación: Toñi F. Castellón

© de la edición original
2004 de Sonia Choquette, copyright revisado © 2022

Edición publicada con autorización de Susan Schulman Literary Agency LLC, New York.

© de la presente edición
EDITORIAL SIRIO, S.A.
C/ Rosa de los Vientos, 64
Pol. Ind. El Viso
29006-Málaga
España

www.editorialsirio.com
sirio@editorialsirio.com

I.S.B.N.: 978-84-19685-35-3
Depósito Legal: MA-1189-2023

Impreso en Imagraf Impresores, S. A.
c/ Nabucco, 14 D - Pol. Alameda
29006 - Málaga

Impreso en España

Puedes seguirnos en Facebook, Twitter, YouTube e Instagram.

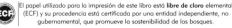

El papel utilizado para la impresión de este libro está **libre de cloro** elemental (ECF) y su procedencia está certificado por una entidad independiente, no gubernamental, que promueve la sostenibilidad de los bosques.

SONIA CHOQUETTE

CONFÍA EN TUS VIBRACIONES

EDITORIAL
SIRIO

Este libro está dedicado a mis hijas, Sonia y Sabrina. Gracias por el regalo de vuestros deliciosos espíritus, vuestra sabia comprensión, vuestra gloriosa intuición, vuestro inagotable sentido del humor y fortaleza, vuestra honestidad y vuestros corazones profundamente generosos, compasivos y tiernos. Es mi mayor honor y alegría ser vuestra madre y amiga mientras vosotras lleváis la luz al mundo. Sois mis más amadas almas gemelas.

Y a mi madre, quien me enseñó a confiar en mis vibraciones, independientemente de cuáles fueran. Siempre te estaré agradecida por los regalos que me has hecho.

Y a mi hermosa abuela Sufiya Rose.

Eres pura alegría y la luz del futuro.

ÍNDICE

BIENVENIDOS

Tengo una vida extraordinaria. Y cuando digo *extraordinaria* me refiero a que mi vida no está definida por el amor, por la fama, ni por el éxito material. Mi vida está llena de magia y milagros. Estoy constantemente conectada con la ayuda, cuando se presentan problemas y desafíos soy rápidamente guiada hacia las soluciones, encuentro oportunidades en la puerta de entrada a casa, me siento creativa y estoy satisfecha de mi trabajo. Normalmente atraigo una buena suerte excepcional, conozco personas magníficas, recibo regalos y bendiciones en abundancia de la manera más insospechada y me siento conectada, confiada, valorada y amada. Confío en mí misma, en los demás y en el Universo para recibir todo aquello que mejorará mi alma y mi vida, y me ayudará a ser mejor persona, más cariñosa, más segura y más solidaria. Nunca me siento decepcionada. En todo caso, me honra recibir el caudal inagotable de bendiciones que llega a mí. A lo largo de mi vida he tenido muchos pesares, angustias y decepciones; he sufrido mucho dolor, porque la vida trae inevitablemente este tipo de experiencias. Pero en ninguna de esas circunstancias me he sentido sola, y siempre he sentido que me guiaban para atravesar la tormenta y llegar a un lugar mejor. Así es una vida extraordinaria.

Durante los últimos más de cincuenta años he enseñado a millones de personas a tener una vida extraordinaria. Una vida que está al alcance de cualquiera porque es nuestro derecho natural de nacimiento. No es algo a lo que accedemos a través de nuestro sagaz intelecto. Se trata de algo ante lo que nos *rendimos*. Una vida extraordinaria se basa en conectarte con tu auténtico Ser, el Espíritu Divino, tu guía interior, y dejar que esa parte de ti se convierta en el navegante de tu vida.

La única forma de vivir una vida extraordinaria es *confiar en tus vibraciones*, esas detalladas instrucciones que proceden de tu espíritu. Y esto significa renunciar a la seguridad de lo conocido, la certidumbre y el control, que solo consiguen que sigamos siendo pequeños y limitados y que nos sintamos estancados. Significa dar un voto de confianza para hacer algo diferente. Una vida extraordinaria te anima a dar un paso hacia lo desconocido, donde encontrarás toda una constelación de ayudas ocultas que existen más allá de tu percepción y de tu lógica, pues ambas son limitadas. Esto no es un salto al vacío. Es un salto para retornar a tu verdadero ser. Confiar en tus vibraciones es confiar en tu espíritu, y olvidarte del miedo que te impide vivir de forma auténtica. Después de todo, es tu espíritu el que te ha llevado a escoger este libro. Dedica unos instantes a reconocer cuánta verdad hay en todo esto. Si confías en tus vibraciones, ellas mismas seguirán guiándote para que tengas una vida mejor. A fin de cuentas, hasta ahora siempre te has guiado por tus vibraciones.

Si estás preparado para experimentar el cambio más grande y positivo de tu vida y dejar atrás lo ordinario, continúa prestando atención a tu espíritu, que te conducirá hacia tu propia vida extraordinaria. Voy a enseñarte cómo sucederá.

INTRODUCCIÓN

Soy una guía intuitiva desde que tenía doce años. He dedicado mi vida a ser maestra espiritual y escritora, a trabajar con personas de todo el mundo, guiando a mis clientes y ofreciéndoles instrucciones espirituales. Sé que esto no es fácil de creer; sin embargo, es verdad. Llegué a esta vida con la clara sensación de tener una misión y un propósito: enseñar —o tal vez sería más preciso decir recordar— a los demás que como humanos somos seres espirituales con seis sentidos disponibles (y no cinco) para conducir nuestra vida. Y enseñar también que necesitamos acceder a este sexto sentido —nuestra intuición, nuestra vida interior, nuestras *vibraciones*— para ser la mejor versión de nosotros mismos y tener la mejor vida posible.

Nací en las circunstancias perfectas para impulsar mi propósito espiritual, porque en mi familia el sexto sentido era considerado el más importante de todos. Todos confiábamos en nuestro sexto sentido para que nos guiara y nos mostrara la dirección que debíamos seguir en cualquier situación. Mi madre, una refugiada rumana que fue separada de su familia durante una evacuación en la Segunda Guerra Mundial, confió en su intuición para sobrevivir. Cuando tenía solo doce años terminó en un campo de concentración alemán donde enfermó gravemente de fiebres reumáticas, perdió la audición y corrió un riesgo constante de perder también la vida. Consiguió sobrevivir únicamente porque su guía interior la protegió y la condujo hacia un lugar seguro alejado de todo ese calvario. Sus vibraciones también la guiaron hacia un encuentro casual con un joven soldado americano del ejército de liberación llamado Paul Choquette. Poco tiempo después, en 1946, se casó con él cuando tenía quince años y se trasladaron juntos a Estados Unidos. Mi vida comenzó once años más tarde. Mis padres tuvieron siete hijos. Yo fui la quinta y recibí el nombre de mi madre, Sonia. Cuando era niña estaba totalmente enamorada de ella, porque era una mujer exótica, hermosa, creativa, imparable, y lo más importante: mágica. Ella nos enseñó a mis hermanos y a mí la existencia del mundo espiritual. Nos explicaba que en todo momento contábamos con la ayuda de los reinos sutiles, que nunca estábamos solos. Sus vibraciones produjeron milagros constantes y magia de todo tipo.

Según mi madre, lo que el resto de nuestros sentidos nos dijeran no tenía ningún valor. El más importante, el único que podía guiarnos, protegernos, abrir puertas que parecían estar cerradas, conectarnos con personas cuando nos sentíamos solos e incluso conducirnos hacia el amor cuando parecía no haber nadie a la vista, era nuestro sexto sentido. Nuestro sexto sentido nos revelaba lo que estaba oculto y lo que más necesitábamos saber. Mi madre nos decía que nuestro sexto sentido se encontraba en el latido de nuestro corazón, y por ese motivo nunca podríamos perderlo como sucedía con el resto de los sentidos. De hecho, ella normalmente afirmaba que lo mejor que le había sucedido era la sordera, porque gracias a ella no tenía que escuchar las miserias, los miedos y las tonterías del ego, que se manifiestan por el hecho de no estar sintonizados con nuestras vibraciones.

«Confía en tus vibraciones, en tu espíritu. Es todo lo que necesitas para sentirte seguro en la vida —afirmaba ella—. Te mostrarán la solución ante cada desafío. Todo lo que tienes que hacer es sintonizar con tu corazón y pedirle ayuda». Ese era nuestro camino, y eso era lo que hacíamos.

Yo creía en lo que mi madre decía porque veía cómo se beneficiaba al confiar constantemente en sus vibraciones. Ella sabía quién llamaba por teléfono antes de que pudiéramos imaginar, y mucho menos inventar, la identidad de la persona. Sabía dónde encontrar aparcamiento, incluso en las calles más atestadas del centro de la ciudad. Siempre encontraba las llaves que se perdían, o cualquier otra cosa que se extraviara, en apenas unos segundos. Era la primera de la fila en las rebajas; estaba en la entrada de la tienda incluso antes de que abrieran. Para mi madre nada era imposible. Sus vibraciones conseguían que todo fuera viable.

Mi madre vivía en su propio mundo porque además de ser sorda, había ido al colegio solamente hasta los doce años, y era extranjera y también un ama de casa al cuidado de un montón de niños. No había muchas figuras de autoridad que interfirieran en su vida. No le preocupaba en absoluto lo que otras personas dijeran o pensaran. Gracias a su sordera no escuchaba a quienes podían entorpecer su camino. Y siempre nos decía que hiciéramos lo mismo que ella.

Con su ejemplo nos enseñó que lo primero y lo más importante a la hora de obtener respuestas era conectar con nuestras vibraciones, y no con otras personas. Nos afirmaba que estábamos autorizados a escuchar lo que decía nuestro espíritu porque siempre decía la verdad, incluso aunque eso implicara enfrentarse a figuras de autoridad. Cuando siendo niña le preguntaba algo a mi madre, en vez de responderme, ella me preguntaba a su vez: «¿Qué es lo que dice tu espíritu?». Esperaba que me conectara conmigo misma para encontrar mis propias respuestas, y eso es lo que yo hacía. En aquel momento no lo sabía, pero ese fue el regalo más inspirador que me hizo.

A los seis años, yo conversaba regularmente con mi espíritu y con el mundo espiritual en general. Estas conversaciones no tenían lugar en mi cabeza, sino en mi cuerpo. No consistían en palabras, eran ondas energéticas que se originaban en mi corazón y se distribuían por todo mi cuerpo, hasta asentarse algunas veces en mis intestinos y otras en mi garganta, y en ocasiones me erizaban el vello de la nuca, siempre enseñándome el camino.

Mi tarea era interpretar estas transmisiones energéticas para comprender lo que estaban tratando de comunicarme. Créase o no, hacerlo me resultaba más sencillo de lo que pueda parecer porque era algo muy natural para mí. En cuanto mis ojos recibían vibraciones de luz, y mis oídos sentían las vibraciones en los tímpanos, yo comprendía el significado de esas visiones y sonidos, y entendía con toda claridad lo que mi corazón y mi intestino me estaban comunicando. Todo lo que tenía que hacer era estar en calma, en sintonía con mi cuerpo, y escuchar.

Cuando empecé a ir a la escuela, me di cuenta de que confiar en las vibraciones no era algo que todo el mundo hiciera. Era característico de nuestra familia. En el mejor de los casos, los demás nos consideraban «raros», aunque yo pensaba que los raros eran ellos. ¿Por qué deberías ignorar tu sexto sentido? Sería casi lo mismo que avanzar de noche por una autopista con los ojos vendados en la dirección opuesta a la del tráfico. Vivir sin tener acceso a tus vibraciones me parecía equivalente al deseo de morir. Yo prefería soportar las críticas a ponerme en peligro. Por otra parte, el apoyo de mi propia familia numerosa era suficiente y no necesitaba buscarlo en otras personas.

A los doce años era tan buena leyendo las vibraciones que las amigas de mi madre y los vecinos venían a casa para escuchar lo que tenía que decirles. También estudié con dos maestros extraordinarios que transformaron mi comprensión de la energía intuitiva y de la vida. El primero de ellos fue un teósofo y psíquico inglés llamado Charlie Goodman, y el segundo, un maestro de las leyes espirituales, el doctor Trenton Tully.

Charlie me enseñó las artes psíquicas, que son la psicometría (el arte de conectarte con tus vibraciones a través del tacto), la clariaudiencia (entrar en sintonía con tu voz interior), la clarividencia (ver a través de tu ojo interior), la clarisensibilidad o clarisentencia (conectar con tu energía a través de tu cuerpo sensorial) y el conocimiento profético (conocer intuitivamente algo sin tener ni una mínima sombra de duda). Y también me enseñó la forma de conectarme con esta energía sutil con toda precisión.

El doctor Tully me enseñó que las vibraciones no son azarosas. Las vibraciones son pensamientos enviados y recibidos por personas, cercanas y lejanas. Con él aprendí que los pensamientos crean nuestras experiencias y que conectar con las vibraciones es simplemente sintonizar con la energía de los pensamientos creativos. Si las vibraciones con las que te sintonizas te hacen sentir bien, sigue adelante. Si, por el contrario, no te sientes a gusto con ellas, cambia de rumbo. Gracias a sus lecciones llegué a comprender que creamos nuestra propia realidad y cómo lo hacemos. Nuestros pensamientos e intenciones determinan nuestros resultados. No somos víctimas indefensas de nuestras circunstancias vitales. Somos cocreadores Divinos.

A los quince años ya me había dado cuenta de que no utilizar nuestras vibraciones representaba un gran obstáculo en la vida. Me entristecía ver a la gente sufrir y luchar por mantenerse a flote, cuando sus problemas se podían corregir tan fácilmente. Eso no significaba que los demás no tuvieran vibraciones, ya que todos tenemos seis sentidos. Sin embargo, la mayoría había apagado la luz y solucionaba sus asuntos en la oscuridad. Yo sentía la necesidad de mostrarles cómo volver a encender su luz interior y por qué debían hacerlo.

Así comenzó el propósito inquebrantable para mi vida. Me he entregado a dicho propósito durante más de cincuenta años. A lo largo de todos esos años mi compromiso me ha llevado a escribir veintiocho libros (y la primera versión de este libro hace casi veinte años). Durante todo ese tiempo, el mundo ha estado recuperándose, y ahora muchas personas reconocen que así como tenemos la vista, el gusto, el tacto, el oído y el olfato, también tenemos un sexto sentido que es la intuición. El interés por confiar en nuestras vibraciones está creciendo rápidamente en todo el mundo.

Me pregunto si este despertar intuitivo masivo ha surgido finalmente como una respuesta a los desafíos que hemos tenido que afrontar. Como es evidente, debo mencionar en primer lugar la pandemia global de 2020, una experiencia que ninguno de nosotros hubiera podido imaginar. Este virus nos recordó que todos somos vulnerables. También nos animó a mirar en nuestro interior en busca de guía y respuestas, ya que en el mundo externo había muy poca claridad. En segundo lugar, los sistemas económicos mundiales se trastocaron por completo, recordándonos una vez más cuanto dependemos unos de otros, algo que el ego niega en su empeño por ignorar las vibraciones. Por otra parte, como la necesidad es la madre de la invención, estamos volviendo a recurrir a la intuición para que nos guíe en el camino que tenemos por delante. En tercer lugar, ya no es posible ignorar el calentamiento global. Dado que un problema no se puede resolver con el mismo pensamiento que lo ha creado, nos hemos visto obligados a buscar respuestas en nuevas direcciones. Esas direcciones incluyen ahora mirar hacia dentro. Tengo plena confianza en que nuestra intuición nos ayudará a encontrar soluciones para todas estas crisis y para muchas otras cosas. En última instancia, nos recuerda que todos somos seres espirituales viviendo una experiencia humana provisional en un planeta que compartimos.

Cuanto más tiempo dediquemos a escuchar nuestra guía interior, más capaces seremos de superar las limitaciones del ego —que nos ha llevado a estar en contra de nosotros mismos, de nuestros congéneres y del planeta— y encontrar soluciones para los desastres que actualmente debemos soportar. Confiar en nuestras vibraciones también nos ayudará a recuperar nuestra integridad, tener más respeto por nuestra propia persona, volver a inculcar el respeto por el prójimo, aumentar el amor por nosotros mismos y por los demás, activar nuestra creatividad y ayudarnos a sanar la hermosa pero sufriente Tierra que ocupamos y que hemos dañado profundamente.

Con el espíritu de seguir adelante, he sido guiada para actualizar este libro con todas las prácticas, herramientas y sugerencias que he desarrollado desde la primera versión editada de *Confía en tus vibraciones*. En lo más profundo de mi corazón siento que cuando todos y cada uno de nosotros confiemos en nuestras vibraciones, encontraremos las soluciones para nuestros problemas colectivos que la humanidad necesita ahora desesperadamente. Así como las ballenas necesitan su sonar y los murciélagos su ecolocalización para sobrevivir, también nosotros necesitamos nuestras vibraciones con el mismo fin. Más allá de la supervivencia, confiar en nuestras vibraciones restaurará nuestra paz y nos devolverá la alegría. Este es nuestro diseño natural y nuestro derecho de nacimiento. Ha llegado la hora de recuperarlo.

CÓMO UTILIZAR
ESTE LIBRO

Este libro te enseñará prácticas específicas para activar y agudizar tu intuición y confiar en tus vibraciones lo más rápidamente posible. En él comparto las mejores prácticas intuitivas que he desarrollado a lo largo de mi vida para activar tu sexto sentido con el fin de que este superpoder innato guíe tu vida. Cada práctica está diseñada para eliminar la resistencia de tu ego, despertar tu curiosidad, capturar tu imaginación y, lo mejor de todo, producir resultados rápidos y positivos.

Con el paso de los años he descubierto que para que la gente pueda acceder a una forma de vida guiada por la intuición lo que mejor funciona es un enfoque ligero que no implique ninguna amenaza. Estas prácticas se pueden integrar fácilmente en tu vida y son muy efectivas; pronto convencen a tu ego de que es seguro y beneficioso abandonar el control de su vida y permitir que el Espíritu Divino y la brillante intuición asuman el mando. Cuando comiences a trabajar con estas prácticas, en poco tiempo serás capaz de aceptar con toda naturalidad que confiar en tus vibraciones no es un riesgo imprudente ni peligroso sino, por el contrario, la mejor forma de vivir. Cuando se trata de conseguir que tu vida funcione, tu guía interior hace un trabajo infinitamente superior al de tu limitado y temeroso ego.

En estas páginas te enseñaré a pensar, sentir y actuar intuitivamente, como si fuera la cosa más natural del mundo, porque en realidad lo es. Algunas de las prácticas tendrán sentido inmediatamente; en cambio, otras podrían parecer un poco extrañas o arriesgadas.

Pruébalas y luego juzga por ti mismo* si merece la pena incorporarlas a tu vida. Nada de lo que te propongo es peligroso. No obstante, muchas de mis sugerencias pueden parecer diferentes. Debes saber que el ego no distingue entre diferente y peligroso, así que no olvides esto y confía en que siempre estarás seguro, aunque por momentos te sientas un poco incómodo. Todos nos sentimos algo inseguros cuando estamos aprendiendo algo nuevo, de modo que procura relajarte. Si tienes esa sensación, considera que estás haciendo un progreso importante.

Cuanto más utilices tu radar intuitivo, más fuerte y más preciso será. Con el paso del tiempo, con un poco de práctica y una valoración positiva, confiar en tus vibraciones se tornará automático. Al realizar una tras otra cada una de estas prácticas, activarás rápidamente tu sistema de guía interior. Pronto serás capaz de diferenciar las indicaciones exactas de tu guía interior de las dudas, los miedos y las ilusiones.

En breve actuarás conforme a tus vibraciones de forma natural y espontánea, en vez de quedarte estancado en tu cabeza, intentando desesperadamente encontrar el camino sin obtener ningún resultado. No dudarás, cuestionarás, anticiparás ni ignorarás tus vibraciones, ni tampoco te resistirás a ellas como podrías estar haciendo ahora. A esto lo denomino el club del «debería, podría, tendría que» de las oportunidades perdidas al que tristemente pertenecen las personas controladas por el ego que solo utilizan cinco sentidos.

Cuando introduzcas cada una de estas nuevas prácticas en tu vida, pronto experimentarás una gracia innegable, eso que las personas no intuitivas llaman «buena suerte». Es la consecuencia natural de escuchar a tu espíritu y no a tu ego. Así como agradecemos a Google Maps que nos lleve de un destino desconocido a otro y evitar así tener que descubrir desesperadamente nuestro camino en la oscuridad, también podemos confiar en nuestras vibraciones para que nos liberen de tener que lidiar con nuestro miedo para avanzar en la vida.

---

* N. de la T.: Por razones prácticas, se ha utilizado el masculino genérico en la traducción del libro. Dada la cantidad de información y datos que contiene, la prioridad al traducir ha sido que la lectora y el lector la reciban de la manera más clara y directa posible.

Confiar en tus vibraciones elimina la angustia de la vida y añade más claridad, confianza y alegría. De repente empiezan a producirse hermosas sorpresas. Observarás que las opiniones y las interferencias de los demás te influyen cada vez menos, te sentirás menos estresado, menos agobiado por el miedo y menos indeciso.

Cada una de estas prácticas fortalece la intuición y constituye un modelo para una nueva manera de vivir. Tu energía aumentará porque estás eliminando la carga oculta del miedo que te hace dar vueltas en la oscuridad. Antes de que lo adviertas, confiar en tus vibraciones hará que la vida funcione de una forma que jamás pensaste posible, la forma en que hay que vivir.

PASO A PASO

Comenzaré presentando las prácticas más básicas, hasta llegar gradualmente a las más avanzadas. Mi intención es facilitar tu vida intuitiva y hacerte sentir que estás llegando a la parte menos profunda de una piscina de aguas cálidas mientras aprendes a nadar. Es importante sentirse seguro en estas nuevas «aguas» energéticas. Te pediré que te sumerjas más profundamente solo cuando te sientas a gusto. Ninguna práctica conseguirá que llegues a los niveles más profundos obligándote a asumir riesgos incómodos antes de que estés preparado. Acércate a este viaje con curiosidad y con la sensación de estar emprendiendo una aventura. A lo largo de los años he enseñado a un sinnúmero de personas a reconocer cuáles son las herramientas más adecuadas, las más efectivas, las que ofrecen resultados más rápidos y las más divertidas.

QUE EMPIECE LA AVENTURA

El objetivo de cada una de las herramientas o prácticas es aquietar tu ego, despertar tu espíritu y ayudarte a conectar con el mundo invisible de la energía. Las herramientas que describo en este libro también pueden ayudarte a cambiar tu identidad, abandonar el miedo y el control centrados en el ego y liberarte de preocupaciones para llevar una vida tranquila. Quiero que seas capaz de ampliar tu ancho de banda sensorial, pasando de un ancho de banda AM limitado (el ego) a un ancho de banda FM elevado y ampliado (vibraciones protectoras de primer nivel) y por último a un ilimitado ancho de banda por satélite (la energía de tu Ser Divino y del Universo).

Hay un total de treinta y cuatro prácticas intuitivas, divididas en nueve partes. Cada una de ellas se basa en la precedente y te impulsa suavemente hacia una asociación fluida con tu espíritu.

Al final de cada capítulo propongo un ejercicio al que denomino «Entrenamiento *woo-woo**», que te ayudará a fijar lo que acabas de aprender. Lo llamo así porque las personas de cinco sentidos que nos rodean, que *todavía* no sienten las vibraciones, generalmente descartan el mundo sutil invisible de la energía considerándolo como pura palabrería. Esta es la mayor equivocación en la que se puede incurrir. La energía *woo-woo* abre el camino a los beneficios extraordinarios y a los generosos resultados que merecemos y que podemos conseguir. Aceptar el factor *woo-woo* te libera de las limitaciones y del estrés que produce afrontar los problemas exclusivamente desde el ego, lo que suele generar la sensación de estar atrapado e indefenso. Te ayuda a reconocer todas las posibilidades que están ocultas en todos los desafíos de la vida y que te proporcionarán abundancia. Por otra parte, es divertido aceptar sin remordimiento un poco de *woo-woo* en tu vida. Así el mundo se enterará de que has elegido prestar atención a tu guía interior y a tu espíritu, en vez de someterte automáticamente a las normas de un enfoque muy restrictivo como el que te ofrece la perspectiva de los cinco sentidos basada en el ego.

Después de cada entrenamiento, he incluido un mensaje que ayuda a resumirlo y simplifica la lección del capítulo. Lo he denominado

---

* N. de la T.: El término *woo-woo* se utiliza para definir –normalmente en tono peyorativo– a las personas que practican el paganismo *new-age* o alguna corriente esotérica sin base científica. En castellano no existe un término específicamente equivalente.

sabiduría *woo-woo* y te permitirá recordar la práctica e incorporarla fácilmente a tu vida.

Asegúrate de leer este libro a tu propio ritmo, probando durante algunos días cada una de las prácticas sugeridas. Luego espera a ver qué pasa. Este suave proceso ofrece un sistema sólido para fortalecer tus músculos intuitivos personales. Es probable que ya hayas utilizado algunas de estas herramientas, y que otras te resulten completamente nuevas. Afronta la práctica con curiosidad y prueba cada una de las lecciones. Es muy útil apuntar los resultados. De ese modo, después de una semana o tal vez un poco más adelante, tendrás una evidencia concreta de que puedes confiar en tus vibraciones.

Literalmente, he enseñado a miles de personas a confiar en sus vibraciones y crear vidas extraordinarias, por eso sé qué es lo que funciona y lo que no, y también donde están las trampas. Avanzar en estas prácticas de forma gradual es muy efectivo, pero no lo es intentar convertirte en un «experto» de la noche a la mañana. Tu forma de vivir cambia cuando empiezas a confiar en tus vibraciones. Te conectas una vez más con tu auténtico Ser y dejas que tu ser real, tu espíritu, asuma el mando. Es el antídoto a la famosa frustración de la canción de U2 *I Still Haven't Found What I'm Looking For* ('todavía no he encontrado lo que estoy buscando'). Cuando comienzas a confiar en tus vibraciones y a vivir en el espíritu, encuentras finalmente lo que estás buscando, tu verdadero, auténtico y empoderado ser.

UNA SUGERENCIA FINAL

Pese a que todos tenemos el potencial absoluto para ser seres intuitivos guiados por nuestro espíritu, no basta con querer. Del mismo modo que observar un vídeo de ejercicios no te proporciona abdominales de acero, tampoco la lectura de este libro te convertirá en un aficionado intuitivo. Tus músculos intuitivos no se fortalecerán a menos que los entrenes diariamente.

Es probable que al principio te sientas incómodo, o que incluso te preocupe la posibilidad de que cuando practicas las sugerencias de este libro «no haces más que simular», pero pronto cambiarás de opinión si lo conviertes en una rutina. Abandonar el espacio de tu cabeza dirigido por el ego y trasladarte al espacio de tu corazón impulsado por el espíritu es un cambio significativo, y a veces se necesita un poco de tiempo para acostumbrarse a él. Sin embargo, pronto tendrás la evidencia de que este es el mejor camino que puedes seguir. En cuanto decidas volver a encender la luz en tu corazón, simplemente será cuestión de encontrar el interruptor. El cableado está en su sitio, la luz todavía funciona y siempre lo ha hecho.

Creo que cuando no confiamos en nuestras vibraciones o ignoramos nuestro espíritu, en un determinado nivel todos sabemos que «algo no va bien en esta película». Si quieres abandonar tus miedos y recuperar el vínculo con tu conciencia, y te sientes preparado para aceptar el compromiso, puedes hacerlo. Si quieres hacer caso a tu espíritu, ver más allá de las apariencias, tener una mayor comprensión de ti y de los demás, y vivir una vida extraordinaria, puedes hacerlo. Si quieres ser capaz de sentirte seguro de ti mismo, y tomar decisiones claras con plena certeza de que estás en el camino correcto para ti, esta es la forma de hacerlo.

En mi primer libro, *The Psychic Pathway* [El camino psíquico] te hice conocer tu sexto sentido. En este, te enseñaré a desarrollar este sentido en el poderoso sistema de guía interior para el que ha sido concebido. Si tu deseo de confiar en tus vibraciones y tener una vida mágica y extraordinaria coincide con mi deseo de mostrarte cómo hacerlo, no me cabe la menor duda de que triunfaremos.

PRUEBA: ¿CUÁN INTUITIVO ERES AHORA?

Antes de meternos de lleno en las herramientas y prácticas, puede ser útil reconocer lo receptivos y sintonizados que estamos ahora con nuestras vibraciones. Por lo tanto, completa el siguiente cuestionario y marca una de las opciones para cada afirmación.

	CASI NUNCA	ALGUNAS VECES	CON FRECUENCIA
1. Cuando estoy con alguien me doy cuenta fácilmente de cómo se siente.	_____	_____	_____
2. Me encanta moverme y hacer ejercicio físico.	_____	_____	_____
3. Presto atención a mis impresiones aunque me parezca que no tienen sentido.	_____	_____	_____
4. Soy consciente de cuando alguien me está mintiendo o intentando manipularme.	_____	_____	_____
5. Soy capaz de darme cuenta de si estoy en el camino equivocado y modificarlo.	_____	_____	_____
6. Sé cuando alguien me está engañando.	_____	_____	_____

	CASI NUNCA	ALGUNAS VECES	CON FRECUENCIA
7. Tiendo a involucrarme exageradamente con los problemas de los demás.	_____	_____	_____
8. Obtengo respuestas inmediatas aun cuando no comprenda plenamente cuál es el quid del problema.	_____	_____	_____
9. Cambio mis planes rápidamente si tengo malas sensaciones.	_____	_____	_____
10. Comparto lo que tengo y no me preocupa la posibilidad de no tener suficiente dinero.	_____	_____	_____
11. De algún modo me siento protegido(a), como si alguien me estuviera cuidando.	_____	_____	_____
12. Soy capaz de decir no, incluso cuando no es fácil.	_____	_____	_____
13. Expreso mis verdaderos sentimientos aunque sean mal recibidos.	_____	_____	_____
14. Confío en mí mismo(a) para tomar la decisión final.	_____	_____	_____
15. Soy muy prudente a la hora de elegir a alguien para pedir un consejo.	_____	_____	_____
16. Me gusta asumir riesgos y probar cosas nuevas.	_____	_____	_____
17. Cuido mi cuerpo.	_____	_____	_____

	CASI NUNCA	ALGUNAS VECES	CON FRECUENCIA
18. Presto atención a las personas y las escucho atentamente cuando hablan.	_____	_____	_____
19. Percibo las cosas antes de que sucedan.	_____	_____	_____
20. Es frecuente que cuando pienso en una persona me llame ese mismo día.	_____	_____	_____
21. Percibo si una situación o una persona son adecuadas para mí.	_____	_____	_____
22. Tengo una mente creativa y me encanta hacer garabatos o jugar cuando tengo tiempo libre.	_____	_____	_____
23. Tengo un gran sentido del humor.	_____	_____	_____
24. En mi vida hay muchas coincidencias.	_____	_____	_____
25. Creo que tengo ayudantes en el Otro Lado, por ejemplo ángeles guardianes.	_____	_____	_____
26. Soy espontáneo(a) y me encanta bailar.	_____	_____	_____

Cuando hayas completado el cuestionario, vuelve a mirar tus respuestas. Adjudícate un punto por cada respuesta a la que hayas respondido «casi nunca», dos puntos por cada respuesta a la que hayas respondido «algunas veces» y tres puntos por cada respuesta a la que hayas respondido «con frecuencia».

- **Si tu puntuación fue 26-39:**

  Actualmente no tienes el hábito de prestar atención a tu intuición, pero esto cambiará rápidamente cuando empieces a utilizar las prácticas y herramientas que hay en este libro. A medida que te abras a tu Ser intuitivo, tu inclinación a la aventura y tu vitalidad aumentarán significativamente.

- **Si tu puntuación fue 40-59:**

  Estás bastante conectado con tu sexto sentido, aunque tal vez no lo llames de ese modo. Es posible que simplemente te consideres «hipersensible» o «afortunado». Cuando trabajes con estas prácticas, experimentarás una sensación de seguridad, guía y creatividad cada vez mayores, y tu vida será mucho más emocionante y satisfactoria.

- **Si tu puntuación fue 60-78:**

  Probablemente adviertas que tu sexto sentido está excepcionalmente desarrollado; sin embargo, no crees plenamente en él. A medida que practiques las herramientas incluidas en este libro, desarrollarás la confianza que necesitas para comenzar a disfrutar de la vida gozosa que le corresponde a un ser humano de seis sentidos con una conciencia muy despierta. Aprenderás a moverte por la vida con gracia y comodidad, y a elevarte por encima de los problemas en vez de luchar contra ellos. Despertarás tu espíritu y aprenderás a volar.

Ahora que ya sabes que puedes convertirte en el ser de seis sentidos, empoderado e intuitivo para el que has sido naturalmente diseñado, comenzarás a confiar en tus vibraciones. Vamos a empezar.

PRIMERA PARTE

COMIENZA POR LO BÁSICO

ACEPTA TU *WOO-WOO* INTERIOR

El primer paso para tener una vida guiada por la intuición es reconocer que eres un ser espiritual, que has sido diseñado naturalmente para ser intuitivo, que sientes tu intuición a través de «las vibraciones» y que si quieres experimentar la mejor vida que puedes tener *necesitas* confiar en ellas.

Algunas personas desestiman las vibraciones por considerarlas «*woo-woo*». Esta es la peor decisión que podrías tomar porque *woo-woo* es la forma de proceder. Lo que la gente denomina *woo-woo* significa trascender la lógica y sintonizar con la voz de tu espíritu, tu verdadero Ser, tu poder personal Divino. Todos necesitamos un poco de *woo-woo* para elevarnos por encima de las batallas que nos plantea una vida ordinaria de lucha y supervivencia, liberarnos de la tiranía que implica estar tratando constantemente de resolver cosas y encaminarnos alegremente hacia una vida fluida llena de gracia y milagros.

¿QUÉ SON LAS VIBRACIONES?

Como ya he dicho, tus vibraciones son la voz de tu auténtico Ser, tu espíritu (en oposición al Ser de tu ego, que no es auténtico) que te guía a lo largo de la vida. Tu espíritu no se comunica contigo a través de palabras ni de pensamientos: te transmite información energéticamente a través de tu cuerpo, como lo hacen el resto de tus sentidos. Tú no piensas las vibraciones; las *sientes*. Y cuando digo «sentir» no me refiero a nada parecido a sentir una emoción. Hablo de percibir señales o vibraciones energéticas sutiles que te permiten comprender más cabalmente lo que está sucediendo en tu vida, que puede verse a simple vista o es evidente en ese momento. Tus vibraciones trabajan como señales de tráfico energéticas: rojo, amarillo y verde; o como precaución, avanzar y detenerse, según cuál sea el mensaje. Tu espíritu se comunica contigo como un GPS y te ayuda a transitar por la carretera enviando advertencias e instrucciones útiles por anticipado a medida que te desplazas. En cuanto eres consciente de tus vibraciones, comienzas a buscar esas señales que tu espíritu te envía para guiarte.

Tal como sucede con las señales de una carretera, es fácil no verlas si no estás prestando atención o te distraes. Y tú no quieres dejar de verlas, porque si lo haces puedes disgustarte, apartarte de tu camino o incluso sentirte completamente perdido. Tu espíritu te comunica rápidamente a través de las vibraciones cómo alcanzar el punto a donde quieres llegar en la vida de la forma más directa posible. A lo largo del camino tu espíritu también te muestra maravillas, que de otro modo podrían haberte pasado desapercibidas por el mero hecho de ignorar que estaban allí. Y, como es evidente, las vibraciones también evitan que te estrelles. Por todo esto es importante que prestes atención para percibir las vibraciones y seguir tus señales interiores.

Muchas personas importantes que han contribuido a crear un mundo mejor han atribuido su éxito fenomenal al hecho de aceptar de alguna manera las transmisiones *woo-woo* que llegaban a ellos. Thomas Edison dijo en una ocasión: «El primer paso es una intuición, y llega con una explosión». Oprah Winfrey afirmó: «Si quieres tener un éxito duradero es esencial que aprendas a confiar en tus instintos y utilices tu sentido intuitivo para reconocer qué es lo mejor para ti. La única vez que cometí errores fue cuando no presté atención a mis vibraciones».

Pero quien mejor ha resumido lo que significa confiar en tus vibraciones no es otro que Albert Einstein, cuando manifestó: «La mente intuitiva es un don sagrado y la mente racional es un sirviente fiel. Hemos creado una sociedad que honra al sirviente y se ha olvidado del don».

Tu ego, o mente racional, es como tu mascota: un perro que es un compañero fiel para el espíritu, tu auténtico Ser. Tu ego no es un problema en sí mismo. De hecho, te proporciona apoyo y te presta servicio. Pero no es el que realmente guía tu vida. El líder es tu espíritu, tu Ser Sagrado, capaz de guiarte en la vida de la mejor manera posible. Esto no significa que tengas que abandonar a tu perro o tu ego. Por el contrario, necesitas *entrenarlo* para que no cause estragos en tu vida, como sucede con un perro que no ha sido entrenado. Tú quieres que tu ego escuche y apoye a tu espíritu, como un compañero colaborador y fiel, cabeza y corazón trabajando juntos para crear la mejor vida para ti.

En cuanto reconozcas la diferencia entre tu ego y tu espíritu, te resultará muy fácil confiar en tus vibraciones. Limítate a escuchar a tu espíritu y a entrenar a tu ego, que es como un perro que ladra, para que se calle y sirva a tu espíritu. Ignora los ladridos de tu perro cuando se pasa de la raya e intenta asumir el mando. Habla con los espíritus de los demás y tampoco prestes atención a sus perros ladradores ni luches contra ellos.

LA DIFERENCIA ENTRE LAS PERSONAS CON CINCO SENTIDOS Y LAS QUE UTILIZAN SEIS

La diferencia entre una persona que percibe sus vibraciones y otra incapaz de hacerlo es muy simple. Una persona con cinco sentidos únicamente presta atención a sus cinco sentidos externos, ignora su espíritu, no conecta con el mundo invisible de la energía, o lo niega, y prefiere que su vida sea guiada por su ego, que es como un perro ladrador. El problema básico de todo esto es que el ego es limitado, inseguro y muy miedoso, y por tanto puede descarriarte o, en el peor de los casos, conseguir que te metas en problemas. El ego percibe la vida a través de la lente del «yo contra ti». Por consiguiente, instala una barrera y mantiene al mundo a raya, temeroso de todo y de todos. El ego es subjetivo, por eso la información que transmite no es exacta. Basándose en sus conclusiones tendenciosas, limitadas y frecuentemente incorrectas, puede distorsionar la realidad e incluso mentir sobre lo que está sucediendo. En última instancia, el ego nunca se siente suficientemente a gusto, nunca se considera suficientemente inteligente, fuerte, sexi o ninguna otra cosa que le permita relajarse de verdad y aceptar el mundo. El ego maniobra para conseguir una posición, te ofrece constantemente poder con la pretensión de conseguir la aprobación y el consuelo de los demás. Y como el ego es tan inseguro, puede confundirse, ponerse a la defensiva, desconfiar, dar demasiado o abstenerse de dar, o recurrir a una combinación de todas esas actitudes. En otras palabras, no puede gestionar tu vida con gracia porque es un Ser limitado que no está conectado con la Fuente. No es el líder que intenta ser y en lo más profundo de sí mismo, él lo sabe.

En su afán por protegernos del peligro percibido, nuestro perro ladrador se torna manipulador, competitivo, deshonesto y calculador. Tiene una percepción limitada, por lo cual interpreta erróneamente el mundo la mayor parte del tiempo, si no en todo momento. Este es el motivo por el que las personas de cinco sentidos rara vez se sienten profundamente seguras o a gusto consigo mismas y con su vida. Por el contrario, se conforman con la supervivencia. Se trata de una pelea de perros incesante y agotadora debido a la cual no pueden relajarse nunca.

Las personas con seis sentidos los utilizan todos, y colocan al sexto sentido en primer lugar. Se reconocen como seres espirituales, cocreadores con el Universo, que están aquí para conectar con los deseos de su corazón y contribuir a mejorar el mundo. Por eso confían en la guía de su espíritu sin albergar ninguna duda, sabiendo que al hacerlo todo funcionará mucho mejor de lo que jamás hubieran podido imaginar.

Estos individuos reconocen al espíritu que mora en sí mismos y en los demás y buscan conectar con ese espíritu de todas las formas posibles. Una persona con seis sentidos está profundamente conectada con el cuerpo, está pendiente de las señales del espíritu y espera recibir su guía y además obtener resultados positivos cada día.

Las personas con seis sentidos se sienten seguras porque están conectadas con su don sagrado, su Luz Universal, y aunque pueden tener momentos de flaqueza en los que sienten miedo, saben que siempre recibirán apoyo divino para superarlo.

La diferencia fundamental entre ser una persona con cinco sentidos y una con seis sentidos es simplemente el canal que estás escuchando: tu perro ladrador o tu espíritu sagrado. Aquellos con cinco sentidos se han desconectado de su espíritu, de la misma forma que se puede desconectar una lámpara de la fuente de alimentación. La fuente para nuestro sexto sentido es nuestro corazón, donde reside nuestro espíritu. Las personas con cinco sentidos están temporalmente conectadas con la cabeza y necesitan reconectarse con su fuente. Cuando lo consigan, la luz interior de su espíritu se encenderá de inmediato.

COMIENZA ESTA AVENTURA CON UN COMPROMISO TOTAL

A lo largo de mi vida he aprendido que es muy cierto lo que afirma un dicho chino: «Así como comienza, acaba». Si empiezas esta aventura de todo corazón y con el compromiso de dejarte guiar por tu espíritu, tu intuición prosperará y también lo hará tu vida. Pero si lo haces con poco entusiasmo, escuchando a veces a tu espíritu y otras a tu ego, no conseguirás progresar demasiado.

Por eso te aconsejo que comiences esta aventura comprometiéndote plenamente a volver a conectar con tu espíritu. Prueba las herramientas y prácticas que incluyo en este libro y observa qué es lo que sucede. Explora y experimenta con un espíritu aventurero y con curiosidad. Dile a tu perro ladrador que se calle y pídele a tu espíritu que hable más alto. Lo creas o no, tu ego así lo prefiere, pues de ese modo puede observar y aprender, contento de abandonar el control y apartarse del camino para dejar que el maestro, el espíritu, se encargue de todo.

Entrenamiento woo-woo

Comienza esta aventura identificando a tu perro ladrador. ¿Qué clase de perro es tu ego? Imagina su raza y su temperamento. ¿Es un chihuahua nervioso o un pastor alemán? ¿Es una mascota con mucha energía o un perro viejo acostumbrado a sus rutinas?

Mi ego es una caniche aficionada a los pantalones llamada Fifi. Cuando Fifi quiere tomar el mando, es muy presumida y expresiva. Espera recibir un tratamiento especial y tiene muy poca paciencia. Definitivamente, ella no es mi Ser Superior.

Disfruta mientras identificas a tu perro ladrador y no te lo tomes muy en serio. Si te ríes, tu ego no puede controlarte. Es muy probable que algunos de vosotros digáis: «Yo no tengo un perro por ego. Tengo un gato». No hay ningún problema, puedes elegir un gato. Eso simplemente indica que tu ego quiere ser especial. Solo tienes que ser consciente de esto.

Ahora presta atención a tu espíritu. ¿Cuál es el nombre que describe mejor a tu bello Ser interior sagrado? Yo he llamado a mi espíritu *Luz brillante*, porque eso es exactamente lo que mi espíritu trae a mi vida, una gran luz brillante que ilumina el camino que tengo por delante, para que pueda avanzar con confianza y tomar las mejores decisiones. Tal vez tu espíritu reciba el nombre de Joya, Destello o Tesoro. Nuevamente te sugiero que no le des demasiadas vueltas a

esto; se trata simplemente de una forma de encontrar la luz en la habitación a oscuras.

Una vez que le hayas puesto nombre a tu ego/perro ladrador y a tu espíritu, comienza a observar cuál de los dos ha tomado el mando. ¿Qué es lo que manifiesta el perro ladrador? ¿Qué es lo que propone tu espíritu? Hay una gran diferencia en cómo te sientes cuando estás sintonizado con cada uno de estos canales. Si estás sintonizado con el ego, te sientes tenso, amenazado y territorial. Tu perro ladrador normalmente produce mucho ruido mental. Si estás sintonizado con tu espíritu, el ruido dentro de tu cabeza es mucho más moderado y te sientes más presente y más a gusto. Cuando estás conectado con tu espíritu te sientes físicamente más abierto y cómodo, tu cháchara mental se acalla, puedes respirar profundamente, te sientes presente y tu corazón se encuentra ligero y satisfecho. La diferencia entre los dos, el perro ladrador y el espíritu, es significativa. Contacta con tu cuerpo para identificar cuál de los dos está presente. Lo sabrás por cómo te sientes.

Sabiduría *woo-woo*

Escucha a tu espíritu, no a tu perro ladrador.

VUELVE A TU CUERPO

Las vibraciones son ondas energéticas de energía sutil que surgen de diversos sitios: algunas proceden del interior de tu cuerpo y otras del mundo que te rodea. Todo esto conforma tus vibraciones. Algunos mensajes intuitivos provienen de tu corazón y de tus intestinos. Otros pueden llegar a través de la parte posterior de tu cabeza y de tu cuello, de tus brazos e incluso de tu garganta. Estas oleadas de energía reverberan en todo tu ser físico, enviándote mensajes. Los percibimos más de lo que nos damos cuenta. Por ejemplo, a las vibraciones que se desplazan hacia tus intestinos y a través de ellos las conocemos por expresiones como *intuición* o *presentimiento*. Las vibraciones que se desplazan por nuestra espina dorsal pueden provocar escalofríos, y otras pueden también erizar el vello de nuestra nuca. Cuando escuchamos algo que nos parece energéticamente incongruente o falso, solemos decir que no «suena bien». Las vibraciones también pueden afectar a nuestra visión, de ahí que digamos: «Sencillamente no lo veo» o «Ya veo lo que quieres decir». Incluso podemos afirmar: «Esto me deja un mal sabor de boca» o «Aquí hay gato encerrado», cuando algo no nos suena demasiado bien. Es probable que no nos demos cuenta, pero cuando hablamos en estos términos estamos describiendo nuestras vibraciones.

Para percibir tus vibraciones y poder confiar en ellas, tu cuerpo debe estar en buena forma. Si tiendes a vivir en tu cabeza, desconectado de tu cuerpo, el radar de tus *vibraciones* funcionará más lentamente y es muy posible que se apague. Si quieres sintonizarte con una frecuencia más elevada que la del denso plano físico, es necesario que ofrezcas a tu cuerpo lo que necesita.

DEBES ESTAR PRESENTE

Colocar tu cuerpo en un estado óptimo para recibir las vibraciones comienza por estar presente. Prueba lo siguiente: deja a un lado este libro durante diez segundos y recorre la habitación con la mirada. Presta atención a tres objetos con texturas diferentes que se encuentren justo delante de ti. Nómbralos en voz alta.

Por ejemplo, tal vez en primer lugar te llame la atención una ventana con una superficie suave y bonita. Luego puedes detenerte en el suelo, que puede estar cubierto por una moqueta o ser un suelo de tarima con un tacto cálido. Y el tercer objeto podría ser una planta con una textura suave, delicada y aterciopelada.

A continuación, centra tu atención en tu cuerpo y respira larga y pausadamente observando cómo te sientes en este preciso instante. ¿Estás tenso? ¿Relajado? ¿Contienes tu respiración? Observa las sensaciones internas de tu cuerpo sin preocuparte por los motivos que provocan eso que estás sintiendo en este momento. Limítate a pronunciar en voz alta qué es lo que sientes y en qué parte del cuerpo lo sientes.

Tal vez ahora sientas los hombros más relajados o percibas que hay más espacio en tu pecho. Toma nota de ello. A continuación exhala con lentitud produciendo el sonido «ahhhhh». Repítelo algunas veces más.

Respira entre cada una de las sensaciones que observes en tu cuerpo. Luego dirige tu atención nuevamente a tu interior y repite lo anterior una vez más. Por ejemplo, si has notado una ligera ansiedad en tu pecho durante una inhalación, dilo en voz alta. Luego exhala e inhala y comprueba si vuelves a sentirla. La próxima vez quizás notes tensión en la parte inferior de la espalda, como si necesitaras estirarte o ponerte en movimiento. Sigue respirando y comprueba cuánta más conciencia de tu cuerpo vas adquiriendo mientras haces este ejercicio.

Muchos de mis alumnos manifestaron que antes de practicar este ejercicio tenían la sensación de que su cuerpo estaba adormecido y no sentían absolutamente nada. Ser consciente de tu cuerpo es esencial para tener una vida intuitiva. En él es donde debes buscar tus vibraciones, porque tu cuerpo es el receptor. Si lo ignoras, no conseguirás percibir tus vibraciones.

Cuando realices esta simple práctica varias veces al día, te llevará otra vez a tu cuerpo. Y en cuanto hayas regresado a él, dedícate a observar cómo te sientes.

Si tu cuerpo está estresado, sediento o agotado, si has estado sentado demasiado tiempo, estás hambriento, has tomado demasiado café o no has satisfecho alguna de sus necesidades básicas, tu radar intuitivo se debilita. Como si fuera una radio, tu cuerpo deja de funcionar cuando la batería se agota. Y en estas condiciones no puedes percibir las cosas más evidentes que hay a tu alrededor y eres incapaz de sintonizar con las frecuencias más sutiles que viajan a través de las ondas de radio que te rodean.

DUERME LO SUFICIENTE

No dormir lo suficiente es fatal para nuestras vibraciones. Si buscas la palabra *intuición* en el diccionario, una de sus definiciones es 'percibir' y la otra es 'prestar atención'. Cuando no duermes lo necesario es muy complicado concentrarse, incluso en lo que hay justamente frente a tu nariz, así que lo más probable es que tampoco notes gran cosa en el plano psíquico más sutil de energía. Cuando estamos exhaustos, nuestro cuerpo deja de prestar atención, deja de sentir y se limita a pensar.

Una de las sugerencias más prácticas para conectar con tus vibraciones es «consultarlo con la almohada». Mi maestro Charlie Goodman explicó en cierta ocasión que el sueño permite que las emociones descansen y el espíritu se manifieste. Me consta que es verdad. Años atrás me preguntaba con inquietud si debería despedir a la jefa de recursos humanos. Era muy competente, y aunque mis vibraciones me indicaban algo *terrible* acerca de ella, no conseguía identificar de qué se trataba. Despedirla sin ninguna razón hubiera sido muy problemático y me hubiera causado más complicaciones de las que ya tenía. Luché contra mi preocupación, que me impulsaba a encontrar respuestas, hasta que me sentí agotada. Finalmente, decidí consultarlo con la almohada y reconsiderarlo por la mañana.

Mientras dormía, vi a esta mujer abriendo los cajones de una cómoda que había en mi dormitorio y luego merodear por mis armarios como un ladrón por la noche. La vi abrir el último cajón, tomar mi diario personal y guardarlo en su maletín. Luego la vi pasar a mi lado corriendo y entrar en unos grandes almacenes. Entonces me desperté. Eso fue suficiente para mí, ya no tenía que seguir dándole vueltas a mi decisión. Por motivos que escapaban a mi comprensión, mis vibraciones me habían comunicado que de alguna manera estaba robándome mi trabajo y quedándoselo para ella.

Al día siguiente hablé con ella. Le comuniqué sin rodeos que sabía que estaba llevándose mis cuadernos de notas y que por esa razón estaba despedida. No le mencioné que lo había visto en un sueño. Lo expuse como si fuera un hecho. Ella se sorprendió al escuchar mis palabras, pero no lo negó ni tampoco discutió. Simplemente me miró a los ojos y me dijo: «Lo siento mucho». Luego recogió sus cosas y se marchó.

Las vibraciones de mi sueño fueron impresionantes. La moraleja de esto es: duerme lo suficiente para que tus vibraciones puedan manifestarse.

CONSUME ALIMENTOS FRESCOS

Si quieres sintonizar con tus vibraciones, es importante que te alimentes bien. No puedes consumir comida basura y esperar funcionar a tu mayor nivel; tienes que prestar atención a los alimentos que ingieres y al efecto que producen en tu organismo. Muchas personas se sabotean con alimentos que son nocivos para ellas. No es de extrañar que suelan sentirse cansadas e inquietas, que sufran dolores de cabeza, que tengan dificultades para concentrarse o que sean incapaces de asimilar demasiadas cosas, y mucho menos advertir sus vibraciones sutiles.

No es necesario llevar una dieta estricta para vivir de una forma más activa y sintonizada; solo tienes que asegurarte de que lo que comes es beneficioso para *ti*. Los pasteles y la bollería, las grandes tazas de café, los alimentos salados de comida rápida y las cenas congeladas no son para mí. No puedo hacer lecturas intuitivas correctas si he tomado mucho azúcar y pocas proteínas. Necesito tener mucha energía para concentrarme; por ese motivo, cuando trabajo tomo avena, huevos o aguacates, que fomentan la concentración. Esta simple elección marca la diferencia en cuanto a la calidad de mi intuición.

No tienes que aceptar a pie juntillas lo que te acabo de decir; se trata únicamente de que prestes atención a cómo te sientes después de comer. Identifica la relación que existe entre los alimentos adecuados y las buenas sensaciones, y los alimentos perjudiciales y las malas sensaciones. Verás que es bastante evidente. No es necesario ser vegetariano, ni comer exclusivamente germinados y tofu; solo debes asegurarte de que tu dieta es lo más sana posible para ti. En otras palabras, utiliza el sentido común y presta atención a la relación que hay entre los alimentos que ingieres, cómo te sientes y las vibraciones que percibes.

A continuación expondré un ejemplo que ilustra lo que quiero decir. Mi amiga Valery, una experimentada auxiliar de vuelo, vino a verme después de hacer una consulta médica porque se sentía extremadamente cansada. Me contó que su médico le acababa de informar de que sus pruebas indicaban que podría tener un cáncer de tiroides y le había sugerido operarse lo más pronto posible para no correr ningún riesgo. No es necesario decir que las noticias eran tremendamente preocupantes; vino a verme porque quería una segunda opinión. Aunque nunca ofrezco consejos médicos, al hacer la lectura pude ver que su dieta era un factor importante en su mala salud. Le sugerí que buscara las respuestas en su alimentación. Valery me respondió que ella tenía la misma vibración. Entonces decidió posponer la intervención quirúrgica durante unas semanas y pedir cita con una nutricionista. A través de una serie de pruebas indicadas por esta especialista, Valery descubrió que tenía una gran intolerancia a los lácteos y al gluten, y este tipo de alimentos estaban afectando gravemente a su cuerpo. En ese momento decidió seguir aplazando la operación y dejar de tomar gluten y productos lácteos durante un mes. Valery quería encontrarse mejor antes de pasar por la sala de operaciones y sabía que este cambio sería de gran ayuda.

Cuatro semanas más tarde se sometió a una segunda prueba de tiroides. Habían pasado muy pocas semanas desde la primera exploración, y los resultados indicaron que la operación no era necesaria. Además, se sentía mucho mejor de lo que se había sentido en mucho tiempo.

Valery *había* cambiado drásticamente su dieta. Por ser una persona que se compromete con todo lo que hace, ante la amenaza de padecer un cáncer no solamente dejó de tomar gluten y productos lácteos, también abandonó la comida rápida que a menudo consumía en los aeropuertos. Sus vibraciones sencillamente no le permitían seguir tomando esos alimentos, de manera que empezó a preparar sopas vegetales y ensaladas en casa para llevarlas con ella cuando estaba de viaje. «Mis vibraciones me dijeron que la comida de los aeropuertos estaba haciéndome enfermar. No podía ignorarlas, por eso tomé la decisión de cambiar mi dieta».

Sus vibraciones también le comunicaron que no necesitaba operarse. Su médico se mostró sorprendido al comprobar el estado de su tiroides en comparación con la primera exploración y también por los cambios que había introducido en su dieta. Finalmente apoyó su decisión de no pasar por el quirófano. Ya han transcurrido cinco años de todo esto, y Valery nunca llegó a operarse de la tiroides. Desde entonces, confía plenamente en sus vibraciones.

El ego hace caso omiso de las conexiones ocultas que hay entre la dieta y la conciencia; en cambio, la intuición las percibe constantemente. Hasta el día de hoy, Valery atribuye acertadamente su curación a una dieta de alimentos sanos y preparados en casa, sin gluten ni productos lácteos, y también a haber prestado atención a sus vibraciones. Ahora bien, no estoy sugiriendo que los alimentos o la intuición deberían reemplazar un diagnóstico y un tratamiento médico; lo único que sugiero es que debemos prestar atención a lo que consumimos y observar los efectos que los alimentos tienen sobre nuestra salud. La intuición, la nutrición y la salud trabajan de forma conjunta. Independientemente de lo que pienses, todos necesitamos alimentarnos correctamente para que nuestro cuerpo y nuestros sentidos funcionen de la mejor manera posible.

DESCANSA

Estar conectado con tus vibraciones requiere un poco más de tiempo de inactividad. Además de que no hacer nada revitaliza tu cuerpo, es lo más indicado para crear un espacio interior con el propósito de abrir tus canales intuitivos. Si estás demasiado ocupado, las probabilidades de pasar por alto las sutiles señales del espíritu son bastante altas. El miedo y el estrés producen mucho ruido interior que te impide escuchar tus vibraciones. Si bien en estas condiciones tu ego podría urgirte a seguir con tu marcha independientemente de cómo te sientas, tu alma necesita descansar y dejar que el Universo se encargue de todo durante un rato. Cuando no haces nada, tus canales intuitivos se abren y las descargas intuitivas comienzan a llegar.

Mi amigo Bill aprendió esta lección de primera mano hace algunos años. Él y su novia estaban de vacaciones en París. Una mañana decidieron pasear cada uno por su lado y reunirse en la cafetería que había junto a su hotel a las cinco de la tarde. Se alojaban en un pequeño y pintoresco hostal, y tenían una sola llave de la habitación. Bill decidió que se quedaría con la llave. Su novia insistió en llevarla con ella, aduciendo que era más responsable que él, pero Bill se negó.

Después de pasear por la ciudad y hacer algunas compras Bill se encaminó hacia la cafetería, bastante cansado y con ganas de echarse una siesta. Había empezado a nevar y cada minuto que pasaba hacía más frío. A pesar de que no eran más que las cuatro de la tarde, Bill sintió que ya tenía suficiente. Al llegar a la cafetería pidió *café au lait** y luego buscó la llave en su bolsillo pero no la encontró. Buscó en vano en el resto de sus bolsillos, preocupado no solamente por haber perdido la llave (el empleado del hotel le había advertido que tuviera cuidado porque no había otra) sino también por quedar mal delante de su novia. Estaba prácticamente desesperado. Sin embargo, en vez de entrar en pánico se obligó a concentrarse en su humeante y tentadora taza de café, pensando que lo mejor que podía hacer en ese momento era saborearla y disfrutarla relajadamente.

Bill se dedicó a beber su café a sorbos mientras miraba pasar a los transeúntes, negándose a dejarse llevar por la preocupación. Finalmente, después de cuarenta y cinco minutos sintió la necesidad de abandonar la cafetería y caminar hacia la primera estación de metro a la que había entrado ese día. Recorrió con dificultad el camino debido a la nieve que se estaba amontonando con rapidez en las calles, pero se sentía relajado. Diez pasos antes de la entrada del metro bajó la mirada y encontró la llave sobre la nieve. Debía de haber estado allí todo el día y, sorprendentemente, nadie la había tomado. Sin poder creer la suerte que había tenido, recogió la llave y volvió a la cafetería, a la que llegó a las cinco en punto de la tarde.

Allí lo estaba esperando su novia, contenta de volver a verlo, cargada de paquetes y con aspecto de estar muy cansada.

---

* N. de la T.: En francés en el original.

—¿Cómo estás? —le preguntó.

—Genial —respondió él—. ¿Quieres un café?

—No, lo único que quiero ahora es volver al hotel. ¿Tienes la llave?

—Claro —le contestó Bill sonriente y con la llave la mano.

Bill insiste en que el secreto fue haber decidido permanecer sentado, beber su café y no hacer absolutamente nada durante unos momentos. De ese modo se concedió un poco de espacio para respirar, en vez de entrar en modo pánico. Tomó la decisión correcta. Y funcionó.

El doctor Tully, mi maestro, afirmaba que lo más potente que podemos hacer es no hacer nada. Cuando te relajas y das un paso atrás, creas espacio para que tu espíritu dé un paso adelante, intervenga y obre su magia en tu nombre. Me enseñó que cuando la guía no llega, solo tienes que sentarte sin hacer nada y relajarte durante algunos instantes para que se manifieste. He aplicado esta regla religiosamente durante más de cincuenta años, y puedo decir que realmente funciona. Así fui guiada a encontrarme con el decano de mi universidad en Denver para solicitar el ingreso a la Sorbona, y no solamente conseguí que me admitieran, sino también que me otorgaran una beca completa. Y de la misma forma recibí el consejo de recorrer el Camino de Santiago después de que mi padre y mi hermano fallecieran repentinamente, a pesar de que no tenía ninguna experiencia en senderismo. Y debo decir que esa fue una de las experiencias sanadoras más excepcionales que he tenido en toda mi vida, una experiencia que me permitió avanzar en una dirección completamente nueva, incluyendo la imprescindible decisión de divorciarme y mudarme a París, donde ahora tengo una vida extraordinaria. Así es también como recibo la inspiración para todos mis libros. Estos son apenas unos pocos ejemplos de los consejos que he recibido de mi espíritu y que me han cambiado la vida por el mero hecho de ofrecerme a mí misma un poco de espacio.

Las cosas positivas suceden cuando te ocupas de tener un poco de espacio para respirar. Tus nervios se relajan, tu ego se calla y tu espíritu empieza a alumbrar tu camino. Esto es lo que ocurre cuando decimos que alguien irradia energía y también el motivo por el cual dibujamos una bombilla sobre la cabeza de una persona para expresar que está inspirada. Hay un dicho francés que describe perfectamente esta transmisión centrada en el espíritu: *Je me sens bien dans ma peau*, que en castellano se traduce como 'me siento bien en mi piel'. Cuando permitimos que nuestro cuerpo y nuestra alma descansen, se nutran y tengan espacio, creamos las condiciones perfectas para que nuestros canales intuitivos se abran.

RESPETA TU CUERPO

Una de las cosas más valiosas que aprendí con Charlie Goodman fue la importancia de respetar tu cuerpo si quieres despertar tu intuición. Si tu cuerpo se siente ignorado, desatendido o agotado de manera crónica, tu espíritu se marcha a través de lo que se conoce como el «cordón de plata». Se trata de un cordón de luz brillante que se extiende desde tu plexo solar hasta tu campo áurico. Y cuando el espíritu abandona tu cuerpo, esto se nota. Tu mirada se apaga, tu rostro carece de expresión y tiene un tono maciento, y parece que nadie esté en casa. A nivel del alma, no hay nadie en casa, de modo que no puedes sentir mucha inspiración.

Incluso si piensas que estás consiguiendo eludir algún asunto, en realidad no es así. Cuando abusas de tu cuerpo consumiendo drogas, bebiendo o fumando mucho, solo te estás engañando. Tu cuerpo no puede vivir en una toxicidad permanente. Finalmente hablará de su verdad debilitándose y mermando tu aura. Un aura débil permite que entren las energías y las entidades negativas; y créeme que cuando esto ocurre no se produce ninguna vibración que sea «alta». Lo observo continuamente cuando hago lecturas a mis clientes. Ellos pueden pensar que durante esas lecturas están sentados solos, pero muchas veces no lo están. Cuando observo psíquicamente a estos individuos, a menudo tengo la sensación de que hay una multitud de pequeñas criaturas psíquicas *acampando* en sus auras. Estos polizones son energías de vibración más baja, compuestos por la contaminación psíquica general del pensamiento masivo, que incluye malestar general, cinismo, juicios y paranoia, y pueden hacernos caer en una depresión.

La forma de librarte de estos infelices campistas es hacerte responsable de tu cuerpo, permitiéndole descansar, ofreciéndole los alimentos adecuados y un tiempo de inactividad. Por otra parte, darse un baño con sales de Epsom es un recurso maravilloso para despejar tu campo energético y despojarte de lo que no te pertenece. Coloca dos tazas de sales de Epsom en una bañera con agua caliente y sumérgete para eliminar de tu cuerpo la contaminación psíquica.

Entrenamiento woo-woo

Cuida tu cuerpo. Si no has cuidado tu alimentación, introduce algunos cambios en tu dieta. Abandona la comida basura y cualquier producto que merme tu energía, ya que destruyen tus vibraciones. Descubre cuáles son los alimentos que te nutren adecuadamente y cómpralos. Consume alimentos frescos como frutas, verduras y cereales, y prepáralos para tenerlos siempre listos a la hora de comer. Pronto notarás que cuando consumes alimentos saludables te sientes mucho mejor y eres más consciente. Preparar los alimentos y cocinarlos para ti no tiene por qué ser complicado. Puedes preparar una cazuela grande de sopa y tomarla a lo largo de la semana. Planifica al menos una comida equilibrada de alimentos frescos cada día y prepárala o pídele a alguien que lo haga por ti. Olvídate de esa cuarta taza de café y sustitúyela por un vaso de agua. Te sorprenderá comprobar que somos mucho más intuitivos cuando nuestra batería no se ha agotado. La intuición mejora con el agua.

Si tomas chocolate (y personalmente creo que todos *debemos* tomarlo de vez en cuando), que sea chocolate negro de buena calidad por el bien de tu cerebro y de tu estado de ánimo.

Para recargarte por completo, olvídate de los telediarios, esconde tu móvil, utiliza una buena almohada y date baños tibios y relajantes. Escucha música sanadora mientras estás en la bañera, pues ayuda a despejar el aura y relajar el cerebro. Lee un libro que aparte tu mente del presente. Mientras estás tumbado en la cama con los ojos cerrados, concéntrate en tu respiración. Inhala con suavidad y exhala profundamente. Utiliza tu imaginación para dirigir la inhalación hacia el corazón y la exhalación hacia el abdomen. Mientras respiras, imagina que te estás fundiendo con la cama. Si te cuesta conciliar el sueño, en vez de esforzarte por conseguirlo intenta concentrarte en el descanso y la relajación. Tu cuerpo puede regenerarse solo si tú te entregas. Crea un espacio interior para hacer una «respiración psíquica». No programes cada momento; deja algo de tiempo libre entre una y otra actividad para relajarte. Y asegúrate de *cumplir* con esa parte de tu agenda.

Mantente receptivo a las señales que te da tu cuerpo y tenlas en cuenta en vez de ignorarlas. Por ejemplo, ve al baño en cuanto sientas la necesidad en vez de posponerlo hasta que termines un proyecto. Estírate cuando te duela la espalda, en vez de quedarte encorvado. Y trata de beber al menos seis vasos de agua al día.

No ignores tus necesidades básicas, pero no seas demasiado estricto a la hora de satisfacerlas; unas pocas decisiones simples e inteligentes son mucho más importantes para vivir bien. Sigue la filosofía de la vida «ponte primero la máscara de oxígeno para poder ayudar a los demás».* Ama a los demás pero no los antepongas a tu propia persona. Todo reside en la actitud. Una perspectiva de cinco sentidos te impulsa a darte prisa para hacer más cosas. Una perspectiva de seis

---

* N. de la T.: Esta expresión hace referencia a las indicaciones que recibimos antes de que despegue el avión en el que viajamos.

sentidos sostiene que es necesario un autocuidado responsable para mantener tu templo sagrado.

NOTA: Si tienes adicciones, debes saber que no solamente arruinan tu sexto sentido, sino también todo lo demás. Ten en cuenta que para acceder a un terreno más alto, es necesario *salir del pantano*. Antes de que puedas avanzar un solo paso, actúa desde la honestidad y admite que necesitas ayuda. Luego procura conseguirla. Ya es hora de hacerlo.

Sabiduría *woo-woo*

Cuida tu cuerpo.

CONÉCTATE A TIERRA

Necesitas estar en tu cuerpo y conectado a tierra para sintonizar con tus vibraciones. Esto significa que cuando no lo estás, no tienes la ayuda energética necesaria para conectar con la conciencia superior con precisión. Como resultado, incurres en reacciones exageradas y sientes ansiedad, preocupación, inquietud e impaciencia, además de perder la perspectiva de la realidad.

Reconoces esa desconexión porque experimentas cualquiera de las siguientes situaciones: exageras tus problemas, te preocupas por cuestiones imaginarias o actúas como el rey o la reina del drama. Te sientes inseguro, te enfadas por cosas insignificantes, lloras con facilidad y reaccionas con excesiva rapidez. Generalmente te sientes malhumorado, inquieto o indeciso. Das más de lo que puedes dar, te comprometes en exceso y luego te agotas o te sientes decaído: tiras la toalla, tropiezas, caminas en círculos o te repites sin ningún motivo. No eres capaz de concentrarte o gastas un montón de energía obteniendo escasos resultados. Y cuando no estás conectado, no tienes el sostén de la tierra *ni* de la conciencia superior de tu espíritu, lo que te provoca un vacío mental y emocional.

Estar conectados es fundamental para sintonizar con nuestra vibración. Nuestro cuerpo, como todas las cosas en la naturaleza, necesita estar en conexión con la Madre Tierra para funcionar de la mejor manera posible. Tu ego no tiene ninguna conexión con nada que no sea su propio miedo; no está conectado con el Padre Divino ni con la Madre Divina, de manera que intentará convencerte de que no necesitas a ninguno de ellos para existir. Esto sencillamente no es verdad. Tal como le sucede a una flor cortada y colocada en un jarrón, todos pereceríamos si estuviéramos desconectados de nuestra fuente.

Debo admitir que esta ha sido una de las lecciones más difíciles de aprender. Puedo quedarme atrapada en mi cabeza igual que cualquier otra persona, aun sabiendo que es un error. Cuando estoy desconectada, no puedo escuchar mis vibraciones; entonces me impaciento, me pongo a la defensiva, reacciono rápidamente y estoy de malhumor. Y si hay algo que me frustra es que esa desconexión cae sobre mí sigilosamente de tanto en tanto, como es muy posible que también te pase a ti. La única diferencia es que yo me doy cuenta y sé cómo solucionarlo.

LAS FASES DE LA DESCONEXIÓN

Es importante reconocer los signos que te indican que estás comenzando a desconectarte. Las fases son las siguientes:

- *Primera fase*: te sientes un poco ansioso.
- *Segunda fase*: empiezas a estar de mal humor.
- *Tercera fase*: comienzas a montar un pequeño drama, dejando que todos se percaten de que no te encuentras bien.
- *Cuarta fase*: pierdes la calma y empiezas a sentirte alterado, desconcentrado, disperso, enfadado, lloroso o triste. La clave aquí es prestar atención a estos pequeños cambios y volver a conectarte antes de venirte abajo.

Afortunadamente, la forma de recuperar la conexión y acceder a la ayuda universal es simple: solo tienes que volver a conectarte con la tierra haciendo algo físico. Cada vez que sientas que te has desconectado de ti mismo, o que estás agobiado, apártate de los demás durante algunos minutos, ponte de pie, estírate y mueve tu cuerpo. Si fuera posible, sal al exterior y da un pequeño paseo de diez a quince minutos. Mientras caminas, presta atención al mundo que te rodea. Nombra todas las cosas que ves, oyes y hueles mientras respiras profunda y lentamente. Por ejemplo: «Veo un coche rojo». Respira. «Oigo a los niños jugar en el porche». Respira. «Siento el aroma del arbusto de lilas al pasar por su lado». Respira.

Volver a centrar tu atención en una actividad física y en el mundo físico te devuelve a tu cuerpo, te conecta otra vez con la tierra y libera la adrenalina y el cortisol que corren por tus venas. Esta práctica calma tu sistema nervioso y te sintoniza nuevamente con la tierra. Moverte rápidamente mientras respiras lo más profundamente posible estimula los latidos de tu corazón y ofrece a tu cuerpo la fuerza vital que necesita para elevar tu vibración y ampliar tu conciencia.

Si tu cuerpo fuera un ordenador, estar desconectado sería como cuando el ordenador se queda colgado. Hacer alguna actividad física es el equivalente energético de reiniciar el sistema. Salir al exterior y respirar en profundidad varias veces ayuda a restablecer tu sistema energético y hace que todo vuelva a moverse en la dirección correcta. Puedo asegurarte que esto te calmará rápidamente y te ayudará a recuperar la conexión.

La actividad física también elimina cualquier energía negativa o sobrecargada que se haya instalado en lo que los científicos denominan biocampo y yo llamo aura. Es el campo energético que emana de ti y que se encuentra entre tu cuerpo y el de las demás personas. Cuando no estás conectado, tu biocampo se parece a Pig-Pen, el personaje de *Peanuts* que deambula envuelto en una nube de polvo.* Del mismo modo de un aguacero despeja la atmósfera, el movimiento

---

* N. de la T.: «Pig-Pen» es un personaje secundario en la tira cómica *Peanuts* de Charles M. Schulz. Su rasgo más característico es su falta de higiene, de ahí la nube de polvo que rodea constantemente su cuerpo y lo sigue a donde vaya.

físico elimina la contaminación psíquica, revitaliza tu biocampo o aura y reinicia tu sistema nervioso.

Mi maestro Charlie solía dar un paseo de media hora antes de ver a sus clientes y hacer una lectura intuitiva. Esto despejaba su campo energético de cualquier residuo psíquico persistente que pudiera haber acumulado durante el día, y agudizaba su conciencia para la tarea que tenía por delante. Además, liberaba su mente de distracciones para que pudiera ser un canal despejado cuando se concentraba en sus clientes.

Conectar tu energía te ayuda a no hundirte emocionalmente cuando te sientes agobiado; además, relaja tu sistema nervioso y aquieta tu mente para que puedas sentir realmente tus vibraciones.

Trasladar tu energía de una actividad mental hiperactiva a una actividad física suele poner en marcha tu creatividad. Tengo una clienta llamada Ana que tenía el deseo de escribir sus memorias desde hacía muchos años. Sin embargo, cuando se sentaba frente a su ordenador era incapaz de escribir una sola frase que mereciera la pena leer. Su mente se quedaba en blanco o, por el contrario, tenía tantas ideas que no sabía por dónde empezar. Se sentía muy frustrada. Vino a verme para pedirme que la ayudara a salir de esa trampa mental.

Le sugerí que comenzara el día haciendo yoga, pilates o algunos estiramientos suaves y luego saliera a dar un paseo antes de ponerse a escribir. Ninguna de mis sugerencias despertó su interés así que prefirió apuntarse a clases de hula.* Al cabo de un mes de sacudir sus caderas y talones durante cuarenta y cinco minutos, y regresar a casa andando, su voz interior comenzó a dictarle alto y claro sus memorias. Ana no solamente empezó a escribir, sino que lo que escribió era tan hermoso y estaba tan bien organizado que tenía la sensación de haber sido guiada desde un plano superior. Era su espíritu, y no su ego, el que estaba escribiendo. Por eso todo fluía tan bien. Ahora que estaba conectada, su ego se mantuvo en silencio permitiendo que sus

---

* N. de la T.: Hula es una danza hawaiana.

vibraciones se dedicaran a escribir por primera vez. Continuó con su ritual matutino de bailar hula y pasear durante los meses de verano, y para cuando las clases de hula se acabaron ya había completado el primer borrador de su libro.

Se dedicó a revisarlo a lo largo de los meses siguientes y cuando llegó la primavera autopublicó sus memorias completas. «Fue un sueño hecho realidad —afirmó—. Ni siquiera me importa si se vende. Lo escribí para mí, porque quería encontrar el sentido de mi vida. Fue la mejor terapia que pude hacer». Poco después, recibió la indicación intuitiva de convertirse en terapeuta especializada en terapia familiar sistémica,* una idea que surgió de su escritura y que nunca antes se le había ocurrido. También se dedicó a dar clases gratuitas de hula en el parque durante la primavera. Mover su cuerpo cada mañana finalmente le había permitido descubrir su verdadero propósito en la vida. Así es como funcionan las vibraciones.

Otro de mis clientes, Walter, un camarero de Chicago que había perdido su trabajo los primeros meses de 2020 durante la pandemia, no tenía ninguna perspectiva de encontrar un nuevo empleo. Me solicitó una lectura porque estaba muy deprimido. Le sugerí que corriera por las mañanas para activar su imaginación y estimular su guía interior. «Te has desconectado debido a la pandemia y necesitas reiniciar tu sistema». A pesar de que no era un hombre aficionado al ejercicio físico, mi sugerencia no le sorprendió. Sentía intuitivamente que ya no podía permanecer sentado a la espera de que algo sucediera, tenía que ir a por ello.

Comenzó a correr lentamente —más bien a arrastrar los pies, tal como me dijo más adelante— porque estaba en muy baja forma. Pero pronto se acostumbró y al final del primer mes ya corría tres kilómetros por día. Entonces comenzó a sentir su cabeza cada vez más

---

* N. de la T.: La terapia familiar sistémica se basa en la teoría general de sistemas, formulada por Karl Ludwig von Bertalanffy, un biólogo y filósofo que propuso mirar cualquier aspecto de la existencia como un conjunto de sistemas que se relacionan entre sí y no como una unidad individual aislada.

despejada. Mientras hacía ejercicio físico sus vibraciones lo instaron a abandonar Chicago para volver a Indiana. Hacía tiempo que sus padres lo habían invitado a volver a casa, pero él los había ignorado. De pronto supo exactamente lo que tenía que hacer. Sus vibraciones también le indicaron que se apuntara a una escuela *on-line* de animación, un sueño que había tenido en el instituto pero que más tarde había abandonado. Si volvía a vivir con sus padres, podría cumplirlo. En todo caso, lo mantendría ocupado durante el confinamiento. Y eso era realmente lo que necesitaba.

Escuchando sus vibraciones, Walter llamó a sus padres y les preguntó si podía volver a casa. Ellos lo recibieron con los brazos abiertos y además apoyaron sus proyectos. Estaba entusiasmado con la idea de tener una meta real y también por no tener que pagar un alquiler. Ocho meses después de haber tomado esta decisión, recibió una descarga intuitiva súbita sobre un programa de dibujos animados para niños, con un elenco completo de personajes. «Todo surgió en mi imaginación una mañana mientras tomaba el café —me dijo posteriormente—. Sentí como si fuera Walt Disney soñando con Mickey Mouse por primera vez. De hecho —comentó sin dejar de sonreír—, lo que voy a decir es muy raro, pero incluso a veces he llegado a pensar que el espíritu de Walt Disney me envió esa idea, dado que yo también me llamo Walter». No me lo tomé a risa, pues estaba segura de que había sido así.

La última vez que hablamos, Walter estaba en el proceso de dar a conocer su programa y divulgarlo en el mundo. Estaba inspirado y entusiasmado, en camino de cumplir con su propósito. «Todo comenzó con la rutina de salir a correr en vez de quedarme sentado intentando descubrir qué podía hacer con mi vida, lo que me hacía sentir cada vez peor». Su vida comenzó a fluir porque volvió a estar conectado, tal como yo le había dicho que sucedería.

MANTÉN TU CONEXIÓN A TIERRA CUANDO TODO PAREZCA DERRUMBARSE

El periodo de mi vida en el que más necesité estar conectada a tierra fue después de la muerte repentina de mi hermano mayor, Anthony, a la cual siguió, seis semanas más tarde, la muerte de mi padre. Esto coincidió con el fin de mis más de treinta años de matrimonio con el que entonces era mi marido, Patrick. Tras la separación él decidió trasladarse de improviso a Colorado. Bloqueada por el dolor y la tristeza que me provocaron estos inesperados finales, una mañana recibí una intuición que me indicaba recorrer el Camino de Santiago, una peregrinación de ochocientos kilómetros en España. Era incuestionable que se trataba de una Indicación Divina, porque acababa de someterme a una operación de rodilla y en ese momento era prácticamente incapaz de andar. Además, hasta entonces, no acostumbraba a caminar más de unas pocas calles, de manera que hacer senderismo no se correspondía con la idea de una experiencia de sanación. Había oído hablar vagamente del Camino, pero jamás se me había cruzado por la mente embarcarme en esa aventura hasta que esa descarga intuitiva llegó a mi conciencia como un telegrama enviado directamente por Dios. Y por extraño que parezca, supe que tenía que aceptar ese consejo.

Un mes más tarde, estaba preparada para hacer el Camino. Los siguientes treinta y seis días fueron los más complicados, místicos y sanadores que he vivido jamás, y transformaron mi vida. Mientras andaba, acepté el pasado y lo dejé ir, y gracias a ello encontré la inspiración y el coraje para abandonar Chicago, donde había vivido la mayor parte de mi vida adulta, para mudarme a París, un sueño y una llamada que había sentido durante años. Así fue el inicio de una nueva fase de mi extraordinaria vida. (He compartido ambas experiencias en mis libros *Walking Home* y *Waking Up in Paris*).

Cuando lo que recibes te sorprende, eres capaz de reconocer si una indicación es fiable y puedes distinguirla de las vanas ilusiones.

Créeme, haber sido guiada a hacer el Camino fue una *verdadera* sorpresa. Me siento muy feliz de haber confiado en esas vibraciones y haber viajado a España. Abandoné una vida que no me hacía feliz, para adoptar otra que liberó mi espíritu. Desde entonces, mantengo el hábito de andar cada día durante al menos treinta minutos. Estos paseos son mi práctica diaria de conectarme a tierra, en la que sintonizo con mi espíritu y recibo mis descargas diarias. En esas caminatas, recibo y escucho instrucciones claras sobre todo tipo de cuestiones, importantes y secundarias. Estas instrucciones me conectan a tierra, y me siento guiada, inspirada y con una idea clara de hacia dónde me dirijo.

Entrenamiento *woo-woo*

Esta semana, practica ejercicio o realiza alguna actividad física todos los días durante al menos quince minutos. Comienza con una breve caminata y luego realiza alguna actividad que requiera más esfuerzo. Durante ese tiempo dedícate simplemente a disfrutar de lo que estás haciendo y deja que tu mente se relaje. Toma nota de que la energía negativa comienza a abandonar tu cuerpo y de que cuanto más te mueves más relajado te sientes. Puedes ampliar este efecto respirando profundamente, eliminando toda la ansiedad y la preocupación con cada exhalación e incorporando salud y vitalidad con cada inhalación.

Sé consciente de que la actividad física aumenta tu intuición y tu conciencia. Por ejemplo, los pensamientos son más claros después de dar un paseo que después de permanecer todo el día en la oficina. Hacer alguna actividad física abre los caminos intuitivos, despeja tu mente, limpia tu aura, agudiza tu atención y la sintoniza con las señales.

Sabiduría *woo-woo*

Tu cuerpo es tu receptor intuitivo.

ESCUCHA TU CUERPO

Tal vez la forma más inmediata de sintonizar con tus vibraciones sea escuchar la información energética que te ofrece tu cuerpo físico. Tu cabeza presta atención a tu ego, que filtra y distorsiona la información, cree en lo que no es verdad o te convence de que es correcto hacer cosas dañinas. Sin embargo, tu cuerpo presta atención al espíritu, que siempre dice la verdad. El espíritu refleja honesta y exactamente de qué manera la energía tiene un impacto sobre tu nivel vibracional, enviándote señales físicas —como pueden ser dolores, palpitaciones, malestar, tensión, rigidez, cansancio, o incluso enfermedades— para mantenerte a salvo y alineado con tu espíritu. Como es evidente, las señales cambian dependiendo de lo que el espíritu está intentando comunicarte.

La buena noticia es que el cuerpo no es únicamente un canal intuitivo y honesto, también es franco y directo. En otras palabras, si estamos en el camino correcto, haciendo lo que es positivo para nuestra alma y nuestro espíritu, nos sentimos más a gusto, vitales, relajados y en paz. Cuando esto es así, tu corazón se abre y late con un ritmo ininterrumpido. Tu energía aumenta y estás relativamente más a salvo del estrés. Si, por el contrario, tomas decisiones que comprometen o traicionan tu espíritu, o te encuentras en circunstancias que amenazan con interrumpir tu bienestar energético, tu corazón comienza a latir con fuerza, tu estrés aumenta, te cuesta conciliar el sueño e incluso puedes tener dolores corporales.

Si ignoras estas señales durante mucho tiempo, tu cuerpo físico intentará por todos los medios capturar tu atención subiendo el volumen. Estas señales más intensas dan como resultado mayor tensión, irritabilidad, insomnio, reactividad, ansiedad o un sinfín de alteraciones físicas más importantes. Y si ignoras por completo las señales de tu cuerpo, se activa una sirena de «alerta roja» que se manifiesta como un malestar físico todavía más intenso, y aumentan las posibilidades de que enfermes o caigas en una depresión.

TU CUERPO HABLA

Afortunadamente, las señales de tu cuerpo son fáciles de entender. Se trata principalmente de pura deducción. Por ejemplo, los problemas que afectan a las piernas o los pies reflejan generalmente la dirección que has tomado en tu vida, si estás conectado a tierra o si eres capaz de procurarte todas tus necesidades sin ayuda de nadie. Los síntomas en los órganos sexuales y el área inferior del abdomen, revelan frecuentemente una creatividad bloqueada, ausencia de placer sexual o sensación de inseguridad frente a la sexualidad. También pueden ser una señal de peligro o sufrimiento relacionado con la persona con la que mantienes una relación sexual.

Mi clienta Elaine sufría de infecciones recurrentes de vejiga y un síndrome premenstrual caracterizado por dolores intensos cada vez que vivía con su novio, Jim. Acudía a la consulta de su médico cada dos meses. Sin embargo, Jim se enfadaba con ella por sus malestares físicos crónicos en vez de mostrar empatía, lo cual no ayudaba en absoluto a que Elaine se encontrara mejor. Finalmente, seis meses después de haber dado por terminada su relación al comprender que Jim era un infiel crónico, Elaine reparó en el hecho de que en ese periodo de tiempo no había tenido ninguna infección de vejiga y además su síndrome premenstrual había mejorado. Al principio no lo relacionó con el fin de su relación, pero un buen día se le ocurrió que su mejoría estaba vinculada con el hecho de que Jim ya no estaba en su vida.

Los síntomas gastrointestinales, el colon irritable, el reflujo y otros trastornos digestivos pueden indicar que te sientes agobiado, no nutrido, o incapaz de «digerir» la vida en general o una situación en particular. Mi clienta María había sufrido de reflujo grave y diarreas durante tres años. Después de descartar que su dieta y otros motivos médicos eran la causa de sus dolencias, cierto día antes de dormir preguntó a su cuerpo por qué tenía esos malestares. Estaba cansada de sufrir. Diez minutos más tarde sintió el deseo de abandonar su trabajo en una organización sin ánimo de lucro que se encargaba de distribuir alimentos. Seguía creyendo en los ideales de su trabajo, pero a menudo manifestaba que no podía soportar a su jefe, el director de la organización, que era arrogante e incompetente. Había una conexión tan evidente entre su malestar intestinal y su insoportable jefe que no entendía cómo no se había dado cuenta antes.

María estaba casada con un hombre extremadamente rico y se sentía culpable por disfrutar de tanta abundancia mientras había tantas personas en el mundo que pasaban hambre. Reconoció que quizás se estaba castigando por su buena fortuna al comprometerse con un trabajo muy mal pagado por una noble causa, un trabajo que resultó ser la causa de su enfermedad. Después de renunciar a su empleo, María se unió a un grupo de voluntarios que cultivaban un pequeño huerto comunitario. A través de ese nuevo trabajo se enteró de la existencia de un puesto de voluntaria en un colegio de educación secundaria en el casco urbano de Chicago, donde acababan de iniciar su propio huerto comunitario experimental. Los jóvenes estaban aprendiendo a cultivar alimentos, que luego llevaban a casa para compartir con sus familias. El tiempo que pasaba entre esas dos nuevas actividades le proporcionaba mucha satisfacción y lo pasaba realmente bien. Fue necesario que pasara prácticamente un año para que el reflujo remitiera y sus problemas intestinales comenzaran a mejorar. María pudo reducir su medicación a la mitad. «Estaba resentida con mi cuerpo por todos los problemas que tenía. Más tarde me di cuenta de que simplemente estaba tratando de salvar mi alma, y que me obstinaba en no escucharlo», admitió.

Los problemas del corazón a menudo están asociados a la sensación de estar desconectado de tus emociones, aunque también pueden reflejar dificultades para dar y recibir amor. Los problemas del cuello y la garganta pueden relacionarse con el hecho de pronunciarse y hablar sin reservas, ser escuchado y también observar y escuchar al mundo con la mente y el corazón abiertos. Las dificultades con los ojos suelen indicar contrariedades con la percepción, la visión, los puntos de vista, no querer ver lo que es evidente o incluso tener miedo de ver lo que tienes justo enfrente. Los síntomas cerebrales pueden reflejar un dolor emocional profundamente arraigado, que incluso puede ser kármico.

Como es obvio, lo antedicho es una versión muy simplificada de la forma en que el espíritu se comunica con el cuerpo (y ciertamente no pretende afirmar que estas son las *únicas* razones por las que el cuerpo puede enfermar). El espíritu envía señales corporales por múltiples razones, algunas de las cuales son advertencias. Si esas señales de advertencia son ignoradas durante cierto tiempo, su intensidad puede aumentar hasta el punto de causar una perturbación física. En consecuencia, cuidar tu cuerpo debería incluir escuchar las señales emocionales e intuitivas que concurren con otros factores y prestarles atención. Cada vez son más los médicos que comienzan a reconocer que esta conexión mente-cuerpo-espíritu es imprescindible para gozar de buena salud, y como parte del tratamiento formulan preguntas a sus pacientes relacionadas con su intuición.

Nuestro cuerpo es extremadamente sofisticado y complejo. Si queremos gozar de buena salud debemos amarlo, escucharlo y ofrecerle todo el apoyo que necesita.

OBSERVA LAS SEÑALES SUTILES

Comienza a observar qué es lo que sucede en tu cuerpo en lugar de ignorarlo. Si hay algo que no funciona bien, no lo niegues; por el contrario, pregúntate cuál podría ser el motivo. Observa tu cuerpo con interés y pregúntale qué es lo que está sucediendo: tu cuerpo te indicará claramente lo que no está funcionando bien y también te dirá cuáles son las causas si deseas saberlo.

A pesar de que en el sistema de información psíquico de todos los individuos hay algunas semejanzas generales, cada persona tiene un conjunto de señales que le son propias. Por ejemplo, cuando me expongo a algo o alguien que es potencialmente peligroso o dañino para mi espíritu, mi cuerpo me lo indica acelerando los latidos de mi corazón y también mediante una sensación de hormigueo, como si quisiera advertirme que debo alejarme lo más rápidamente posible de esa situación. En cuanto recibo estas señales sé que estoy haciendo algo que debería evitar; por lo tanto, actúo en consecuencia.

Mi amigo Dave recibe las señales intuitivas de advertencia más intensas en la espalda. Cada vez que le duele la espalda, sabe que ha estado asumiendo demasiada responsabilidad por su familia y amigos, y necesita dar un paso atrás. Dave es un hombre generoso por naturaleza, y no es infrecuente que los demás tiendan a aprovecharse de su generosidad, lo que ocasiona que se involucre a menudo en problemas ajenos. No obstante, ha comenzado a poner límites más claros porque ya no está dispuesto a experimentar ese sufrimiento.

Cuando yo era joven, mi madre comenzaba a escuchar un zumbido en los oídos cuando sentía que algo no era bueno para ella (o que estaba «desconectada», como ella lo llamaba). Recuerdo docenas de ocasiones en las que, hablando con mi madre, de pronto me hacía callar en mitad de una frase porque en sus oídos comenzaba a sonar una señal de advertencia y necesitaba prestar atención.

Me viene a la mente una ocasión en especial: yo tendría alrededor de trece años, acababa de volver del colegio y mi mejor amiga y yo estábamos contándole a mi madre lo que había sucedido durante el día. Súbitamente nos hizo callar, inclinó la cabeza hacia un lado y dijo: «¡Silencio! Acaba de suceder algo importante». Se quedó callada durante alrededor de diez segundos y luego continuó: «Anthony ha tenido un accidente». Cinco minutos más tarde mi hermano llamó desde el hospital que había a tres calles de nuestra casa. Efectivamente, había tenido un accidente, tal como mi madre había percibido. Se había hecho bastante daño pero, por fortuna, nada más grave que unos cuantos golpes. Lo sorprendente fue que mi madre percibió el accidente en el preciso instante en que había tenido lugar. Este tipo de cosas sucedían constantemente con mi madre, y siempre eran bastante impactantes.

Cuando doy clase a mis alumnos, observo que algunas veces están muy cansados y casi no pueden mantenerse despiertos. Por lo general, esto sucede cuando les sugiero un cambio que parecen no estar demasiado dispuestos a hacer, como por ejemplo dar por terminada una relación conflictiva, renunciar a un trabajo que no es apropiado para ellos o admitir que tienen una conducta contraproducente, como puede ser una adicción. Lo que en realidad sucede es que todavía no están preparados para tomar conciencia de ese tema. Cada vez que ocurre algo semejante lo recalco, y los que se sienten culpables de estar adormecidos en relación consigo mismos suelen reírse y admitir que es verdad. Este es un ejemplo de cómo nuestro ego bloquea nuestra guía interior.

Por otra parte, esta desconexión puede indicar también que algo es tan poco adecuado para ti que tu cuerpo no está dispuesto a cooperar en absoluto. Mientras estaba en el instituto, conseguí un trabajo en una empresa de ropa masculina. Trabajaba en la trastienda encargándome de labores administrativas y me ocupaba de hacer los informes mensuales de las cuentas y enviarlos a los clientes. Puedo decir con toda franqueza que aquel fue el peor trabajo que he tenido en toda mi vida. Todos los días, en cuanto llegaba a la empresa me sentía incapaz de mantenerme despierta. Era una verdadera tortura. Sabía que ese trabajo no era bueno para mí, principalmente porque además de ser mortalmente aburrido, mi jefa era alcohólica y una persona tan tóxica que me daba miedo. Un día estuve a punto de desmayarme sobre mi escritorio debido a la resistencia que tenía a estar allí. De repente, la máquina en la cual introducía las facturas mensuales comenzó a echar humo. Mi jefa se puso a gritar: «¿Qué está pasando?». Yo no sabía qué era lo que estaba ocurriendo porque me había dormido. Me desperté sobresaltada y dije «dejo el trabajo» en el preciso momento en que ella decía «estás despedida».

Me fui de allí corriendo, dejando la máquina echando humo detrás de mí, contenta por haber podido escapar de esa terrible situación. Después de aquello me juré a mí misma que jamás volvería a trabajar en una oficina. No era un trabajo adecuado para mí, y teniendo en cuenta lo que había sucedido con aquella máquina, tampoco podía ser seguro que trabajara en ninguna oficina.

Las señales físicas son como «telegramas psíquicos». Debes leerlos. ¿Qué es lo que tu telegrama corporal te está comunicando? ¿Sientes malestar intestinal, tensión en el pecho, vibración en la garganta o escalofríos en los brazos? Al principio estas señales intuitivas generalmente son sutiles y tal vez nunca se tornen más intensas, pero siempre están allí; si les otorgas la importancia que tienen, les prestarás atención.

Tengo un cliente que es propietario de un restaurante muy exitoso. Cada vez que se involucra con gente sin escrúpulos recibe intensas señales de advertencia en sus intestinos. Y esto suele sucederle en todos los asuntos relacionados con su negocio gastronómico. Llegó a aprender la lección de no ignorar sus intestinos después de haberse asociado con una persona respecto de la cual no había tenido buenas sensaciones. Un año más tarde descubrió que esa persona le estaba robando dinero. Mi cliente tuvo que denunciarla, y pasó por un verdadero suplicio. De manera que ahora se abstiene de involucrarse con nadie, o implicarse en ninguna situación, en cuanto recibe la más *ligera* advertencia de sus intestinos.

Otra clienta, Stephanie, que solía trabajar como agente de ventas, me explicó que sentía un nudo en la garganta cada vez que hacía un trato con alguien que no tenía intención de pagarle. Esto llegó a ser tan claro que en un determinado momento decidió abandonar su trabajo. «¿Por qué habría de trabajar tan duro para cobrar una comisión teniendo en cuenta que algunos clientes compran productos que luego no pagan y yo, como resultado, no cobro ni un céntimo? Finalmente presté atención a ese nudo que sentía en la garganta y comuniqué a la empresa que renunciaba». Stephanie trabaja ahora en una escuela para ciegos y está encantada con su empleo.

En cuanto empiezas a prestar atención a las vibraciones de tu cuerpo, puedes apreciar que te informa fielmente no solo de todo lo que está sucediendo a tu alrededor, sino también de lo que está ocurriendo dentro de ti.

TU CUERPO ES TU ALIADO

Escuchar las señales de tu cuerpo contribuye a que te mantengas equilibrado y a salvo. Después de todo, los profesionales que se encargan de nuestra salud son humanos, de manera que necesitan nuestra ayuda para mantenernos sanos. A lo largo de los años he hablado con varios médicos capaces de admitir que en algunos casos sus colegas se limitan a aventurar un diagnóstico sin tener ninguna seguridad y apelan a cualquier tipo de ayuda para resolver el problema. Tal vez ahora puedas comprender que, independientemente de lo talentosas que sean, poner completamente tu bienestar en las manos de otras personas es un enfoque muy restrictivo. Una conducta mucho más inteligente para el cuidado de tu salud es trabajar en colaboración con los expertos médicos.

Mi clienta Tracy es otro ejemplo de la intensidad que pueden alcanzar las señales corporales. Después de cinco años de numerosos intentos por quedarse embarazada mediante tratamientos de fecundación *in vitro* y fármacos para la fertilidad, Tracy seguía sin poder concebir un segundo hijo. Frustrada y desmoralizada, acudió a mí para que hiciera una lectura con el fin de conocer la causa del problema. Los médicos únicamente podían suponer cuál era la dificultad, pero mi lectura mostró que ni ella ni su marido tenían ningún problema físico específico. La cuestión era que se resistía emocionalmente a quedarse encinta. Pude ver que a nivel del alma había estado muy preocupada por la superpoblación mundial y en una ocasión se había comprometido a contribuir con el problema acogiendo a un niño abandonado. Aunque a nivel consciente Tracy se había olvidado de todo aquello, su cuerpo no lo había hecho. Su cuerpo seguía siendo fiel a su compromiso y se negaba a concebir otro hijo biológico.

Después de compartir con ella la información que había obtenido, le pregunté:

—¿Algo de esto tiene sentido para ti?

Tracy no se mostró sorprendida y me respondió:

—Así es, en efecto. En el fondo siempre he sentido que podría adoptar un niño, incluso antes de casarme. No obstante, poco después del nacimiento de mi hijo, me olvidé del asunto. Jamás lo hablé con mi marido. Él tiene un deseo tan grande de tener otro hijo que no he sacado el tema. Sin embargo, debo admitir que me siento culpable de continuar con nuestro empeño cuando hay tantos niños esperando ser adoptados en nuestra propia ciudad, y a los que yo podría ayudar. Es un asunto que me preocupa, pero lo he estado ignorando.

Hace dos años Tracy me envió una nota para comunicarme que ella y su marido habían adoptado a una niña de cuatro años. Nueve meses más tarde me notificó que también habían adoptado a un niño pequeño. Su cuerpo se había mantenido fiel a lo que su alma deseaba en realidad, incluso aunque ella no fuera consciente en aquel momento. Desde entonces no he sabido nada más de Tracy.

Independientemente de lo confusas que puedan parecer las señales de tu cuerpo, si estás abierto a escucharlas y a aprender su lenguaje descubrirás que siempre tienen sentido. Escuchar las vibraciones de tu cuerpo con el propósito de recibir ayuda e información puede parecer un poco raro al principio, pero no te olvides de que tu cuerpo es un conducto directo con tu Ser Superior y no te engañará. Cada señal que te envía tiene un significado directo y una información esencial para tu bienestar físico, tu equilibrio espiritual y tu seguridad. No es necesario ser un místico para leer y entender sus mensajes; después de todo, es *tu* cuerpo. Cuanta más atención le prestes, y cuanto más dispuesto estés a comprender lo que intenta comunicarte, más fácil te resultará identificar esos mensajes.

Considera cuidadosamente las señales de tu cuerpo. Si tienes dolor de estómago cada vez que vas al trabajo, tal vez tu cuerpo te esté diciendo que no vayas. Si no puedes dormir por la noche, tal vez sea la forma que ha elegido tu cuerpo para comunicarse contigo porque no consigue captar tu atención durante el día. Si sientes un gran cansancio cada vez que tienes una cita con una persona determinada, es posible que esté mermando tu energía. No es necesario ser detective para darse cuenta, lo único que se requiere es un poco de atención.

Entrenamiento woo-woo

Te propongo que pruebes algo que yo denomino «chequeo de vibraciones». Realiza un escaneo mental desde la cabeza hasta los dedos de los pies para comprobar si estás recibiendo alguna señal. ¿Percibes algún telegrama psíquico en forma de malestar, dolor, hormigueo, enfermedad o tensión? Si la respuesta es afirmativa, pregunta directamente a la sensación qué es lo que está intentando decirte. Luego repite la respuesta en voz alta. No le des demasiadas vueltas ni te empeñes en descubrir la respuesta, porque volverás a quedarte atrapado en tus pensamientos. Por el contrario, intenta sondear esa respuesta conectándote directamente con el corazón, y hazlo cuanto antes. Cuanto más rápido identifiques lo que sientes mientras compruebas tus vibraciones, más precisa será la respuesta. Siente curiosidad por el mensaje y deja que tu cuerpo se encargue de la escucha.

Comprueba otra vez tus vibraciones mientras estás bajo la ducha. El agua lava todos los residuos y las interferencias mentales, y acalla tu mente para que puedas escuchar tu corazón. Algo dentro de ti se abre mientras el agua cae sobre tu cuerpo y libera la voz intuitiva que hay en tu interior. Escanea mentalmente tu cuerpo desde los pies hasta la cabeza muy despacio. Comprueba si experimentas alguna sensación, por muy ligera que sea, que esté intentando decirte algo. Recuerda que las vibraciones son sutiles. Si te detienes en alguna parte de tu cuerpo y te surgen dudas, esto puede significar que está tratando de comunicarte algo. No lo ignores; por el contrario, pregúntale directamente qué es lo que está ocurriendo. Debes preguntarle qué es lo que pretende que sepas, si hay algo esencial que no has advertido hasta el momento y también qué es lo que necesita. Luego hazle saber que ahora le prestas atención.

Si maldices, rechazas o criticas tu cuerpo de forma regular, te ruego que dejes de hacerlo porque al atacar a tu receptor intuitivo principal realmente te estás haciendo daño. Tu cuerpo es tu aliado, de modo que deja de despreciarlo, intoxicarlo, dañarlo o ignorarlo. No dispares contra el mensajero. Después de todo, tu cuerpo solamente puede trabajar con lo que tú le ofreces, y lo único que intenta es protegerte de ti mismo y también de algunas cosas presentes en tu mundo. Si tienes un problema físico en particular, pregúntale a tu cuerpo qué puedes hacer para aliviarlo. Resiste la tentación de considerar que es una pérdida de tiempo. El doctor David Edelberg, buen amigo mío desde hace veinticinco años, es uno de los médicos holísticos más respetados de Chicago y autor del libro *Healing Fibromyalgia* [Curar la fibromialgia]. En una ocasión me comentó que después de cincuenta y cinco años de práctica médica había observado que lo más adecuado para mantener la salud es hablar primero con tu cuerpo: «Es la mejor forma que conozco de tener un diagnóstico».

Cuando tu cuerpo te habla, no descartes lo que sientes como si solo se tratara de tu imaginación; aunque lo fuera, lo que estás imaginando tiene sentido. Presta mucha atención y repite en voz alta estos mensajes corporales para que puedas escuchar lo que tu cuerpo está intentando comunicarte. Sus mensajes serán más claros y más precisos cuanto más capaz seas de reconocer sus señales y repetirlas en voz alta.

Chequea tus vibraciones cada día. Presta atención a cualquier tensión, rigidez, ruido, parpadeo, malestar, dolor, pérdida o aumento de energía, o desasosiego, y comprueba si se relaciona con la situación que estás viviendo. Por ejemplo, ¿sientes el pecho rígido cada vez que entras en tu lugar de trabajo? ¿El subidón de energía tiene algo que ver con la amiga estupenda que acabas de conocer o con la clase a la que te has apuntado? Advierte de qué manera tu cuerpo enciende las luces roja y verde de la información intuitiva, no censures ni descartes nada de lo que percibes.

Entablar un diálogo con tu cuerpo es el primer paso para crear un mejor estado de salud físico y psíquico.

Sabiduría *woo-woo*

Tu cuerpo dice la verdad.

SEGUNDA PARTE

LA MENTE SOBRE LA MATERIA

TÓMATELO CON CALMA

Es muy útil mantener una actitud apacible y un estado interior relativamente sereno mientras aprendes a sintonizar con tu intuición. Cuando estamos tensos, nerviosos o ansiosos, nuestra mente se altera y se bloquea, y así es difícil conectar con nuestro centro cardíaco, a través del cual se comunican nuestro espíritu y nuestras vibraciones.

Mantener la calma independientemente de lo que está sucediendo a tu alrededor es increíblemente complicado. No obstante, serenarte aunque solo sea ligeramente te ayudará a sintonizar con tus vibraciones para recibir la guía que necesitas y probablemente prolongará tu vida algunos años. Después de todo, agobiarse únicamente empeora las cosas. Todos sabemos que en la vida siempre habrá dramas y desafíos, pero si te entrenas convenientemente, llegarás a no perder los nervios ni tener reacciones desmedidas. Tienes la opción de reaccionar menos emocionalmente y confiar en que si eres capaz de mantener la calma y conectarte con lo que hay en tu interior siempre habrá una solución que llegará a ti a través de tus vibraciones.

A los alumnos de artes marciales se les enseña que su mejor defensa es mantener un estado mental sereno, pues ese es el secreto para percibir los problemas antes de que se presenten y apartarse de los peligros en vez de dirigirse directamente hacia ellos. Si te entrenas para mantener la calma, es mucho más fácil sintonizar con tus vibraciones cuando lo necesitas con el fin de percibir las dificultades antes de que aparezcan. Uno de los beneficios principales de sentir las vibraciones es recibir advertencias para que los problemas no te pillen desprevenido. Percibir el peligro es mucho más factible si estamos abiertos, relajados y nos sentimos a gusto.

ALERTAS PSÍQUICAS

Los animales son un buen ejemplo de este fenómeno. En su libro *El don de la sensibilidad*, Elaine Aron escribe que cuando los antílopes sienten una estampida, logran eludirla apartándose media hora antes de que llegue gracias a que conservan la calma. Nosotros los humanos tenemos un sistema de autodefensa intuitivo que es todavía más sofisticado y podemos solventar cualquier situación complicada si no nos ponemos histéricos. Sin embargo, no se necesita ser intuitivo para entender que si nos alteramos y agobiamos, nosotros mismos estamos generando una gran conmoción interior que nos llevará a interpretar erróneamente la energía que nos rodea.

Mi cliente Adam, vendedor de *software*, estaba de camino a una reunión que había sido convocada a primera hora de la mañana. Mientras conducía escuchaba música clásica en la radio, como solía hacer cada día para llegar tranquilo a su trabajo. No obstante, pocos minutos después de salir de casa, sintió una súbita urgencia de volver. Durante un par de calles ignoró esa sensación, pero era tan intensa que el coche prácticamente dio la vuelta por sus propios medios. Sin saber muy bien qué era lo que estaba sucediendo, Adam pensó que quizás se había olvidado algo. Era la primera vez que sentía una vibración que le indicaba hacer algo que no comprendía, de modo que mientras abría la puerta de su casa se preguntó cuál sería el motivo de aquella señal. Sentía una gran curiosidad. Nada más entrar notó un olor acre que procedía de la parte trasera del lavavajillas, que había puesto en marcha antes de salir. Se apresuró a desconectar los interruptores que conducían la electricidad hacia la cocina y llamó de inmediato a emergencias. A los pocos minutos llegaron dos camiones de bomberos y seis hombres irrumpieron en la cocina. Apartaron el lavavajillas y utilizaron sus hachas para romper la pared que había detrás. Entonces descubrieron unos cables en llamas a punto de producir un incendio, que fue rápidamente sofocado.

En cuanto se calmó todo ese alboroto, uno de los bomberos se giró hacia Adam y le dijo:

—Tiene mucha suerte de haberlo descubierto a tiempo, menos mal que estaba en casa.

—La verdad es que no estaba aquí — le respondió Adam, sorprendido y contento de haber hecho caso a sus vibraciones y haber vuelto a casa—. Estaba de camino a una reunión de trabajo, cuando de repente sentí la necesidad de regresar a casa, y eso fue exactamente lo que hice.

Al escuchar esto el bombero elevó sus cejas y luego comentó:

—¡Señor, debe de tener usted alguna especie de ángel allá arriba!

—Así es —convino Adam, aliviado de que su casa no hubiera sido devorada por el fuego.

Después de que los bomberos se marcharan, Adam se sentó a respirar unos instantes antes de llamar a la compañía aseguradora para informar sobre lo que había sucedido. Sorprendido por la suerte que había tenido, se sintió agradecido por haber estado tranquilo y relajado aquella mañana; de lo contrario, podría haber ignorado sus vibraciones y haber perdido su casa.

RESPIRA

Estar sereno es una habilidad que comienza con la respiración adecuada. El doctor Tully me enseñó que respirar profunda y regularmente es la clave para mantener la calma y conectar instantáneamente con una vibración más elevada. Cuando estamos estresados o tenemos miedo, tendemos a contener nuestra respiración, y esto nos condena a quedar atrapados en nuestros pensamientos y nos desconecta de nuestro corazón, nuestro espíritu y nuestras vibraciones intuitivas. Cuando respiramos superficialmente nuestro cuerpo se coloca en una actitud de luchar o huir, sin que nos percatemos de ello. En este estado, bloqueamos toda posibilidad de recibir una guía. El doctor Tully decía que es casi imposible estar tenso físicamente y al mismo tiempo respirar en profundidad. También es prácticamente imposible dejarnos atrapar por una reacción dramática de otra persona si respiramos al unísono con ella. Esto se llama compartir la respiración. Es una forma de liberarse de un conflicto y sintonizar con nuestro interior cuando nos encontramos con alguien que está agitado y desconectado.

La forma de hacerlo es empezar a respirar sincronizadamente con esa persona y luego bajar el ritmo de la respiración hasta que sea cada vez más profunda y más serena. La persona que está contrariada imitará automáticamente el ritmo de tu respiración y también se tranquilizará. En realidad, esto es más fácil de lo que piensas porque los seres humanos podemos sintonizarnos naturalmente entre nosotros. Tal vez sean necesarias hasta diez respiraciones para poder alcanzar un ritmo sincronizado con la persona que está alterada. Cuando ambos respiran relajadamente, la situación dramática se diluye e incluso puede desaparecer. Más aún, es muy probable que en ese momento tus vibraciones puedan manifestarse y ofrecer una solución para el problema que causa la situación dramática. Pruébalo, y lo comprobarás.

Jane, diseñadora de interiores, no creía que esto funcionara, pero aun así decidió probarlo. Estaba trabajando con una colega cuyos constantes dramas la desesperaban y solo aspiraba a conseguir un poco de alivio. Le sugerí que experimentara con esta técnica respiratoria. Al día siguiente la compañera de Jane irrumpió furiosa en su despacho, muy enfadada porque la alfombra que tenían que entregarles ese día no iba a llegar a tiempo. Mientras despotricaba e insistía en el desastre que eso significaba, Jane empezó a respirar con ella sin decir ni una palabra. La mujer dejó finalmente de hablar y advirtió que Jane estaba respirando tranquilamente.

—¿Qué estás haciendo? —le preguntó alterada y al mismo tiempo algo confundida.

Sin dejar de respirar lenta y profundamente, Jane se limitó a responder:

—Te estoy escuchando.

Como si se sintiera obligada a imitarla, su compañera comenzó a su vez a respirar pausadamente. «Lo gracioso es —me dijo Jane más adelante— que en cuanto comencé a respirar dejé de escuchar a mi compañera, y empecé a prestar atención a mis vibraciones. La demora en la entrega de la alfombra realmente suponía un gran problema ya que habíamos programado varias actividades en torno a esa entrega. Necesitábamos que alguien nos echara una mano. Pregunté a mis vibraciones y rápidamente sentí la necesidad de llamar al propietario de la empresa de alfombras para pedirle ayuda».

Sin dejar que sus pensamientos se interpusieran, preguntó a su colega:

—¿Tienes el nombre del director de la empresa?

—No, pero puedo conseguirlo —respondió.

—Por favor, ocúpate de eso —le dijo Jane sin dejar de respirar tranquilamente.

En cuanto su compañera le pasó el teléfono, Jane llamó a la empresa y habló con el director. Sin perder la calma le explicó que acababa de enterarse de que la entrega de la alfombra había sido cancelada y le comunicó que eso era catastrófico para el proyecto que tenían pendiente.

—¿Podría usted hacer algo al respecto? —le preguntó.

El hombre se mostró sorprendentemente receptivo. «Estoy convencida de que fue porque yo estaba muy serena», me comentó Jane.

En lugar de informarle que eso no estaba en sus manos, y que el problema era de la empresa distribuidora, el director le dijo:

—Deme un minuto.

Sin embargo, Jane tuvo que esperar alrededor de diez minutos, durante los cuales mantuvo la calma y siguió respirando lo más lentamente posible. Su compañera permaneció en su despacho sin decir absolutamente nada. A esas alturas de la situación, su histeria había abandonado su cuerpo y estaba tan calmada como Jane.

Esos diez minutos parecieron una eternidad, pero finalmente el director volvió a ponerse al habla y le comunicó:

—Ha tenido usted mucha suerte. Me ha llamado justo a tiempo para que la empresa distribuidora vuelva a programar la entrega para hoy mismo. Recibirán la alfombra a las tres de la tarde. Su llamada ha sido muy oportuna: unos minutos más tarde y no hubiera habido nada que hacer.

Jane le agradeció efusivamente y colgó. Luego se giró hacia su compañera y le informó:

—Problema resuelto.

La mujer guardó silencio durante diez segundos y luego le dijo:

—Esto ha sido increíble. Muchas gracias.

—De nada —respondió Jane—. Si mantienes la calma y respiras, se resuelven muchas cosas.

—Sin duda —contestó su compañera—. No tengo que olvidar lo que ha sucedido hoy.

«Por favor, hazlo», pensó Jane mientras se limitaba a sonreír.

EL PODER DEL «AHHHH...»

Mi técnica de respiración favorita es inhalar y luego abrir lentamente la mandíbula todo lo que me resulte posible, y finalmente exhalar diciendo en voz alta «ahhh...». Esta práctica me centra y me tranquiliza inmediatamente.

Pruébala ahora mismo, y verás que funciona. El doctor Tully me hacía respirar de este modo diariamente y durante algunos minutos, comenzando por dos respiraciones y ampliando gradualmente la práctica hasta que se convirtiera en una segunda naturaleza. Me llevó tiempo, pero conseguí que esta forma de respirar se convirtiera en un hábito, especialmente cuando me siento estresada.

Otro buen ejercicio de respiración consiste en colocar una mano sobre el abdomen y la otra sobre el pecho; luego hay que inhalar por la nariz y exhalar muy despacio por la boca, como si estuvieras soplando para apagar una vela. Este ejercicio alivia el estrés y puedes recurrir a él cuando estés asustado o te sientas inseguro con el fin de que tus vibraciones cobren impulso. En pocos minutos te ayudará a alcanzar un terreno más elevado y te indicará la dirección que debes seguir.

Mientras estás entrenando tu mente para confiar en tus vibraciones, toma conciencia de qué es lo que te impulsa a estar con el agua al cuello y, si es posible, elimina de raíz el factor desencadenante. Me llevó años percatarme de que los ruidos intensos me hundían emocionalmente; cuando los oigo es como si me electrocutaran. Los plazos estrictos y poco razonables causaban que mi amiga Julie hiperventilara y bloqueara cualquier inspiración intuitiva. Mi vecina Celine sentía un nudo en la garganta cada vez que tenía demasiados compromisos, y sus vibraciones se bloqueaban.

Por el hecho de saber todas estas cosas, las tres intentamos evitar las situaciones que nos producen estrés: yo regulo el nivel de sonido imperante en el espacio donde me encuentro, Julie negocia sus plazos y Celine ha aprendido a decir no.

¿Qué puedes cambiar en tu vida para sentirte más tranquilo y relajado?

ELIMINA A TU CONTROLADOR COMPULSIVO INTERIOR

Otra forma de conservar la calma es impedir que tu perro ladrador siga intentando controlar a todas las personas que te rodean. Cuanto más control ejerce, más luchas tú con la vida y con las personas incluidas en ella. Algunas veces ni siquiera eres consciente de que tu ego es el que lleva el control. Es sagaz e intenta engañarte, hacerte creer que es motivación espiritual cuando, de hecho, se trata nuevamente de la misma antigua actitud del ego enmascarada. He aquí una pista: cuando quien te guía es el espíritu, todo sucede pacíficamente. Cuando el que te impulsa es el ego, por lo general suele haber una lucha o una pelea. Esto te permite enterarte de cuál de los dos está al mando.

Por ejemplo, mi clienta Marion se consideraba una mujer muy espiritual. En realidad, rara vez escuchaba a su espíritu y, por el contrario, siempre estaba imaginándose cosas. Por ejemplo, insistía en que amaba a sus hijos adolescentes, y para demostrarlo se levantaba cada mañana para prepararles el desayuno antes de que se fueran al instituto. Y aunque eso suena muy cariñoso por su parte, la cuestión era que sus hijos no tenían hambre por las mañanas y se lo repetían una y otra vez. A pesar de todo, debido a todo el trabajo que se tomaba para prepararles el desayuno, Marion se empeñaba en que tomaran algo antes de salir, y sus hijos reiteradamente se negaban. Como consecuencia, sus buenas intenciones deterioraron la relación. Había luchas de poder diarias y todos los miembros de la familia comenzaban la jornada de forma lamentable.

Finalmente, Marion comenzó a escuchar sus vibraciones en busca de ayuda. Recibió el mensaje de limitarse a preparar su propio desayuno y salir luego a dar un paseo antes de que sus hijos se despertaran. El mero hecho de pensar en hacerlo la hizo sentir mejor, a pesar de que su cerebro le decía que era una egoísta. Como resultado, las mañanas de Marion empezaron a ser el momento preferido del día y también sus hijos estaban más contentos.

STA

A veces me preguntan: «¿Cómo puedes discernir entre tu espíritu y tu ego?». Esta es una buena pregunta. La respuesta es que la energía que sientes en tu cuerpo es significativamente diferente cuando escuchas a tu espíritu que cuando escuchas a tu ego.

Cuando es el espíritu el que guía tu camino, tu cuerpo se siente relajado y abierto, incluso expansivo, como si tuvieras un poco más de espacio interior para respirar. También tiendes a sentirte alegre y espontáneo. Tu mente generalmente está en silencio y tú te sientes a gusto y plenamente presente. No piensas en el futuro ni en el pasado. Puedes ver fácilmente la parte humorística de las cosas y reírte te resulta más fácil. Como tu corazón está abierto, también tiendes a ser más tolerante, indulgente y compasivo con los demás, y no te ofendes con facilidad. Tiendes a buscar soluciones a los problemas, o al menos confías en que las soluciones aparecerán. Y aun en esos momentos en los que tu espíritu te advierte de la necesidad de modificar el rumbo, o te señala un peligro, tiendes a mantenerte sereno y centrado, en vez de sentirte agitado, confuso o ambivalente.

En contraste, cuando tu ego es el que lleva la voz cantante, tu cuerpo siente tensiones y se pone rígido, como si inconscientemente se preparara para lo peor. Tus músculos se contraen, tu mandíbula se tensa, tu respiración es cada vez más superficial, dejas de escuchar y te desconectas de los demás. De forma divertida a este estado lo llamo STA o «síndrome del trasero apretado». Cuando el protagonista es tu ego, tus nalgas se tensan, tus caderas tienden a bloquearse y tienes una sonrisa de madera como las marionetas de *Howdy Doody*,* en vez de tener una sonrisa real iluminando tu cara.

Cuando tu espíritu asume el control, si alguien te pregunta «¿cómo estás?», tu mirada se ilumina, sonríes francamente y lo más probable es que respondas «¡genial!». Cuando tu ego lo controla todo, tu respuesta normalmente es un lacónico «bien», pero tanto tú como las demás personas sabéis perfectamente que no es verdad. No obstante, eso es lo máximo que tu ego está dispuesto a revelar. Por miedo a sentirse herido o descubierto, el ego normalmente construye una barrera energética sutil con el propósito de que nadie pueda acercarse demasiado a ti.

La verdad es que nuestro ego/perro ladrador solamente intenta cuidarnos, como el fiel sirviente que es. Sin embargo, fracasa miserablemente porque no es capaz de ser un buen líder. Tu espíritu, en contraste, es un líder natural. Si tu perro ladrador está tratando de

* N. de la T.: *Howdy Doody* es un antiguo programa de televisión infantil estadounidense.

controlarlo todo, en primer lugar reconoce que se trata de un intento fallido de mejorar tu vida, luego respira profundamente una o dos veces, contrae con fuerza las nalgas durante cinco segundos y por último relaja completamente tu cuerpo diciendo «ahhhh» en voz alta.

Contraer todos los músculos y luego relajarse por completo elimina la tensión acumulada en tu cuerpo, libera la mandíbula, abre el corazón y te ayuda a volver a sintonizarte con tu espíritu.

Entrenamiento *woo-woo*

Vamos a entrenar tu ego para que se relaje y se abandone. Comienza cada día haciendo algunos minutos de respiración profunda. Inhala y después exhala produciendo el sonido «ahhhh». Repite el ejercicio durante uno o dos minutos. Cuando te encuentres en situaciones estresantes, recuerda colocar una de tus manos sobre el abdomen y la otra sobre el pecho; luego inhala por la nariz y exhala por la boca. Si puedes, recibe un masaje relajante. Si eso no es posible, date un baño de burbujas cada noche y permanece en la bañera el tiempo suficiente como para relajarte.

Imagina que tu espíritu ha tomado el mando. Si no logras sentirlo, ¡simúlalo hasta que lo consigas! Entrenar a tu ego es como entrenar a un cachorro, se requiere perseverancia y paciencia. Muéstrale a tu ego cómo es un ego entrenado. Ve películas graciosas y entretenidas con personajes que no pierden la calma bajo presión, como por ejemplo *La pantera rosa* o *La leyenda del indomable*. Esta es una forma rápida de pasar del ego al espíritu. Finge que estás relajado como los personajes de la pantalla y pronto habrás retornado al espíritu.

Si te involucras en discusiones motivadas por tus reacciones, intenta recordar la importancia de hacer una pausa y respirar. Y si eres valiente, di «tú ganas» y déjalo estar. (Sé que esto no es sencillo de hacer, pero debes intentarlo). Si no puedes abandonar la discusión de inmediato, no te preocupes. Estamos buscando el progreso, y no la maestría. Se requiere tiempo y muchas repeticiones para entrenar al ego porque aprende muy lentamente. Pero si eres perseverante, al final se calmará y se quedará en silencio.

Habla con tu perro ladrador. Pregúntale cuál es el problema, cuál es la causa que lo desencadena y qué es lo que lo lleva a perder los nervios. ¿La ansiedad? ¿La inseguridad? ¿La inquietud? ¿El aburrimiento? ¿La impaciencia? ¿El miedo?

Recuerda respirar mientras hablas con él. Esta es la forma de que tu ego se calle y se tranquilice, para que puedas reconectarte con tu espíritu. Y otro consejo es que te vayas a la cama temprano, con la seguridad de saber que tu espíritu y el Universo han asumido el control y que el líder ya no es tu perro ladrador.

Domar las tensiones (bono extra)

Practica el ejercicio de tensar firmemente tus músculos y luego relajarlos: contrae los músculos durante diez segundos; después relájalos. Comienza por el cuello y los hombros, y luego pasa a los músculos de la cara: tensar, retener, soltar. A continuación, haz lo mismo con los músculos del abdomen, del pecho y de la espalda: tensar, retener, soltar. Luego ocúpate de los músculos de las nalgas, los glúteos: tensar, retener, soltar. Y finalmente repite el ejercicio con los músculos de las piernas y los pies: tensar, retener, soltar.

Cuando termines de tensar todos los músculos de tu cuerpo, sacúdelos como si este fuera un cuenco de gelatina; produce algunos sonidos que nazcan en el abdomen, como pueden ser «ahhhh» u «ohhhh». Repite el ejercicio hasta que sientas que has liberado toda la tensión que había en tu cuerpo. Observa cuánto más consciente eres cuando no estás tenso.

Sabiduría *woo-woo*

Contrae, después respira.

DEDICA UN POCO DE TU TIEMPO A LA TRANQUILIDAD

Antes de confiar en tus vibraciones debes sintonizar con ellas, y para conseguirlo tienes que aquietar los ruidos de tu mente. Tus vibraciones son sutiles y discretas, y a pesar de que siempre están presentes, pueden ser fácilmente acalladas por tu clamor mental. No se trata de que tu espíritu sea reticente o tímido; sencillamente tiene perfil bajo y no suele interrumpir. De manera que mientras tu mente no esté suficientemente tranquila, es muy fácil que tus vibraciones te pasen desapercibidas. Así como es prácticamente imposible escuchar a dos personas hablando al mismo tiempo, no puedes escuchar tus vibraciones si tu ego está parloteando sin parar, compitiendo con tu espíritu para conquistar tu atención.

RELAJARSE

Sin embargo, todos sabemos que cuando se trata de aquietar la mente, es más fácil decirlo que hacerlo, al menos al principio. Tu ego, la fuente de toda esa cháchara interior, es mal intencionado, tremendamente obstinado y no le gusta renunciar a hacer uso de la palabra. La clave es encontrar formas de silenciarlo sin luchar contra él. Empieza por tomar nota de los momentos en que tu ego se tranquiliza de forma natural. Por ejemplo, cuando trabajas en el jardín, preparas la cena o sales a dar un paseo en coche. Estas son excelentes oportunidades para sintonizar con tus vibraciones y recibir su guía.

Una de mis clientas, Kim, agente comercial de una empresa farmacéutica, tenía que conducir sesenta y cinco kilómetros dos veces por semana para acudir a las citas concertadas. Le gustaba viajar con la radio apagada para poder recibir las descargas intuitivas de su espíritu mientras conducía. Cierto día, mientras se dirigía a una de sus citas regulares en la ciudad más cercana, sintió una súbita e intensa vibración que le indicaba que ese día era perfecto para pedir su traslado a San Francisco, donde vivía su familia, algo que deseaba hacer desde hacía mucho tiempo.

Kim se sorprendió al recibir ese mensaje puesto que en la empresa le acababan de comunicar que no había ninguna vacante en San Francisco. Aunque sus vibraciones fluían en un momento en el que las probabilidades de tener éxito eran escasas, de cualquier modo las escuchó. «Muy bien, lo preguntaré una vez más», le comunicó Kim en voz alta a su voz interior mientras conducía por la autopista. Esa misma tarde volvió a solicitar su traslado, y justo antes de sentarse a cenar recibió una llamada inesperada de la oficina de San Francisco. Le comunicaban que un empleado que llevaba muchos años en la empresa tenía un problema de salud y necesitaban alguien que ocupara rápidamente su puesto. Le otorgarían el traslado siempre y cuando estuviera dispuesta a mudarse de inmediato. Kim estuvo a punto de saltar de alegría y, como me dijo más tarde: «De no haber sido por conducir en silencio, estoy segura de que me hubiera perdido esta gran oportunidad. Estar en silencio me permitió escuchar a mi espíritu, que me habló lo suficientemente alto como para que le hiciera caso y volviera a insistir en pedir el traslado ese mismo día».

LOS SUEÑOS DIURNOS PUEDEN SER VISIONES INTUITIVAS

Mi amiga Lara es una panadera vegana. Hace algunos años abrió una panadería de productos sin gluten en su pequeña ciudad, que con el paso del tiempo se ha convertido en un éxito regional. Su panadería abrió sus puertas mucho antes de que la mayoría de las personas advirtieran que consumir gluten no era beneficioso para su cuerpo, y solían reírse de su concepto de panadería especializada. Le pregunté cómo había tenido la idea de abrir un negocio en aquel momento, a pesar de que gran parte de sus amigos y familiares no respaldaban su idea.

Lara me respondió que una tarde estaba soñando despierta mientras se balanceaba en la hamaca que tenía en el patio de su casa, cuando de pronto la asaltó esta idea. «En mi sueño diurno, veía personas haciendo cola, y las veía tan claramente como si estuvieran físicamente de pie frente a mí, todas deseosas de probar mis galletas y panes sin gluten. De inmediato supe que esa visión se convertiría en realidad si abría una panadería».

Conocí a un escultor que creaba hermosas obras de granito y acero. Cuando le pregunté cómo obtenía su inspiración, me respondió que tenía visiones por las noches, cuando todo el mundo estaba dormido y la casa permanecía tan en silencio que podrías oír si se caía un alfiler. «De repente veo estas esculturas en tres dimensiones con el ojo de mi mente —me explicó—. Camino a su alrededor y las estudio muy cuidadosamente. Casi puedo tocarlas, ¡parecen tan reales! Luego me limito a recrear lo que he visto. El hecho es que esas visiones solo aparecen cuando reina un silencio total».

Con el paso de los años, he recibido muchos mensajes intuitivos inesperados en momentos tranquilos y silenciosos como los que acabo de describir. En especial cuando duermo una breve siesta por la tarde, algo que acostumbro hacer diariamente. Uno de mis recuerdos favoritos es el día que Eric, un buen amigo de Francia, me llamó para comunicarme que su padre, Serge, acababa de morir repentinamente.

Yo quería mucho a Serge; de hecho, fue su familia la que me recibió la primera vez que me trasladé a su país para estudiar en la Sorbona. Eric estaba impactado y devastado por la muerte de su padre. Al enterarme de que al final de la semana debía viajar a Chicago por motivos de trabajo, lo invité a cenar.

Antes de que Eric llegara, me eché una siesta de veinte minutos en mi sillón favorito. En realidad no estaba demasiado dormida ni demasiado despierta, y en ese estado escuché con claridad dos veces en mi mente las palabras *cherry clafoutis*. Sabía perfectamente que *cherry clafoutis* era un postre francés, pero eso era lo único que sabía. Me pregunté por qué habría recibido ese mensaje, teniendo en cuenta que nunca lo había probado y nunca había pensado en él. De cualquier manera, sonaba interesante. Cuando me incorporé, supe de inmediato que le iba a servir ese postre a Eric pese a que no tenía la menor idea de cómo se preparaba.

Inspirada por el desafío, encontré una receta y preparé el postre. Durante la cena, él se mostró muy emocionado y también acongojado, principalmente porque no había podido despedirse de su padre y decirle cuánto lo amaba. Al final de la cena, con la intención de reconfortar a mi amigo, le dije:

—Bueno, Eric, sé que esto no necesariamente te va a consolar, pero he preparado un postre especial para ti esta noche; se llama *cherry clafoutis*. ¿Qué te parece?

Eric casi pegó un salto en su silla.

—¡*Mon Dieu*! —exclamó sorprendido—. ¡*Cherry clafoutis*! Este era el postre favorito de mi padre. ¡Le encantaba!

—Debe de habérmelo pedido él mismo esta tarde mientras yo estaba descansando —comenté a mi desconsolado amigo.

Fue como si Serge hubiera pretendido decirle a su hijo que seguía estando cerca de él. Y, de alguna manera, aquel *cherry clafoutis* permitió que Eric se sintiera un poco mejor y aceptara la despedida.

Todos somos capaces de aquietar nuestro ego y crear espacio para que nuestro espíritu se manifieste mientras hacemos «de forma mecánica» ciertas actividades que no requieren demasiada atención –como puede ser ordenar o limpiar la casa, doblar la ropa limpia o echar una siestecita– pero para la mayoría de las personas esos momentos pasan inadvertidos, a menos que estén muy atentas. Tus momentos de tranquilidad no tienen que ser aleatorios ni tampoco tienes que renunciar a ellos. Puedes sintonizar intencionadamente con tus vibraciones, reconociendo qué es lo que consigue que tu perro ladrador se calme de manera natural, y realizar esa misma actividad cada vez que necesites conectarte con tus vibraciones.

GUARDA TU TELÉFONO

Mucho antes de que la tecnología empezara a secuestrar nuestra atención durante tantas horas del día, las personas tenían más tiempo para dejar que su mente divagara, para descansar, soñar despiertas, imaginar y conectarse consigo mismas. Pero, desafortunadamente, los dispositivos electrónicos –en especial los teléfonos móviles– nos roban ese precioso tiempo interior y evitan que nos conectemos con nuestro espíritu y nuestro ser interior, mucho más que cualquier otro obstáculo. Este es un problema muy importante, porque cuando no tenemos tiempo para establecer esa esencial conexión interior con el espíritu, nuestro ego asume el mando y nos aparta del camino mientras nuestro espíritu es empujado hacia el fondo de nuestra conciencia.

Es esencial que preservemos nuestro tiempo de tranquilidad dejando todos los días nuestro teléfono lejos de nosotros durante un rato, con el propósito de prescindir del mundo exterior y dirigir nuestra conciencia hacia nuestro corazón y nuestro espíritu. Comprobarás que te resultará muy útil encontrar esos momentos a lo largo del día, pues esa simple disposición te permitirá estar en silencio y sin estímulos externos para poder relajarte mentalmente y sintonizar con lo que hay dentro de ti.

Larry, profesor de biología de instituto, se encontró un buen día obligado a trabajar en casa debido a la pandemia. Durante meses, estuvo pegado a la pantalla de su ordenador durante una ingente cantidad de horas, lo que le resultaba absolutamente frustrante. Al finalizar el curso escolar, estaba tan quemado que renunció impulsivamente a su trabajo. «Sabía que tenía que hacerlo, pero no lo pensé demasiado», afirmó más adelante al darse cuenta de las consecuencias que tendría para él no contar con su sueldo. Como tenía mucho tiempo libre, buscó su bicicleta, que estaba guardada en el desván y comenzó a dar paseos por la orilla del lago en Chicago cada mañana con el fin de descargar su estrés. Tenía la costumbre de dejar su teléfono móvil en casa, pues eso le permitía observar la salida del sol y encontrar la música de las horas tranquilas del día, tan beneficiosa para su alma.

Después de tres semanas de salir cada día muy temprano por la mañana con su bicicleta, Larry sintió la vibración de buscar trabajo como jardinero paisajista, algo que siempre le había gustado pero que nunca había tenido tiempo de considerar seriamente como un empleo posible. «En el mismo momento en que tuve esa idea, todo mi ser se iluminó —me explicó—. Sabía que era lo adecuado para mí». Ese mismo día se dirigió en bicicleta hacia el centro de jardinería local para pedir trabajo. «Me contrataron inmediatamente y me anunciaron que me pagarían quince dólares la hora. Yo estaba alucinado», me comentó. Al cabo de cuatro meses, fue trasladado al departamento de paisajismo con la función de ayudar a los clientes a diseñar sus propios jardines. Seis meses más tarde era el diseñador principal de la empresa. «Me aumentaron sustancialmente el sueldo y el centro de jardinería creó un puesto para mí que antes no existía. Trabajaba directamente en la casa de los clientes para poder diseñar sus jardines *in situ*».

La primavera siguiente Larry creó su propio negocio, y pronto comenzó a tener tantos pedidos que prácticamente no tenía tiempo para atenderlos todos. «Nunca he estado más ocupado ni me he sentido más feliz en toda mi vida», afirmó. El premio sorpresa fue que durante todo ese proceso conoció a una mujer, y al cabo de unos pocos meses decidieron casarse. Ahora están juntos en este nuevo camino.

«Y todo esto sucedió gracias a mis paseos en bicicleta para ver el amanecer, dejando el móvil en casa —me dijo Larry mientras cenábamos juntos cuando me visitó el pasado verano—. Nunca habría hecho este cambio en mi vida si no hubiera sido por eso».

MEDITA

Mis maestros espirituales me enseñaron que la mejor manera de disfrutar de momentos tranquilos es meditar todos los días. Y yo estoy de acuerdo con ellos, al menos en teoría. A pesar de que aconsejo la meditación en todos mis libros, he trabajado con muchas personas a lo largo de los años y he observado que la mayoría todavía no la practican a pesar de la ingente cantidad de información disponible que avala su inestimable valor. Además de ayudarnos a estar en contacto con nuestra intuición, la meditación reduce el estrés, nos ayuda a sentirnos conectados a tierra y en paz, agudiza nuestros sentidos y potencia nuestra paciencia y creatividad. Aun así, hay muchas personas que se resisten a meditar. No tienen muy claro cómo hacerlo o no lo hacen de la manera tradicional, que es encontrar un sitio donde estar a gusto, relajar la mente, centrar la atención y respirar tranquilamente durante cinco a veinte minutos para vaciar la mente de pensamientos y preocupaciones.

No se requiere ningún talento para meditar; lo único que se necesita es paciencia, regularidad y expectativas razonables. Si te planteas esos objetivos, tu mente se acostumbrará a la idea y comenzará a cooperar. Por ejemplo, si meditas diariamente a la misma hora, cada vez que te sientes a meditar te resultará más fácil y más rápido alcanzar el estado de calma interior que estás buscando. La clave del éxito es no tener ninguna otra expectativa más que conseguir un poco de paz y tranquilidad. Si piensas que tienes que alcanzar el nirvana mientras meditas (eso es lo que te dice tu ego), solo conseguirás frustrarte y abandonar.

CREAR CALMA EN EL EXTERIOR PARA ENCONTRAR CALMA EN TU INTERIOR

Cuando se trata de meditar, generar tranquilidad a tu alrededor ayuda a conseguir calma interior. Y esto significa apagar el móvil, la música, el televisor, el ordenador y cualquier otra cosa que pueda distraerte. Por otra parte, no tienes que meditar necesariamente en el santuario de tu casa. Muchos de mis clientes han tenido más éxito meditando en los lugares más inverosímiles. Por ejemplo, Lee descubrió que meditaba mucho más fácilmente en la iglesia episcopal que había junto a su tienda, en Chicago, durante la hora del almuerzo, que cuando lo hacía en casa con tres adolescentes en la habitación contigua. Aunque no era episcopaliana, la iglesia era un lugar perfecto para meditar. «El ambiente es tan sosegado que fomenta la serenidad de la mente; descubrí que allí podía silenciar rápidamente mis pensamientos».

Martin encontró su lugar de meditación en un banco de Regent Park que estaba cerca de su oficina, en Londres, a donde acudía cada mediodía para sentarse y alimentar a los gansos durante treinta minutos. «Mi apartamento es pequeño y los vecinos son muy ruidosos. Me resultaba muy frustrante intentar meditar allí, de modo que finalmente lo abandoné. Y cuando estoy en ese banco no pienso en nada, aunque no estoy sentado con los ojos cerrados. Y eso es para mí la meditación», me dijo. Y yo estoy de acuerdo con él. Se llama mindfulness.

Michelle encontró paradójicamente la tranquilidad mientras estaba sentada en un centro comercial de Denver lleno de gente, mirando a los niños jugar en un pequeño parque instalado en medio del complejo. «Mientras miraba a aquellos niños pasándolo tan bien, me relajé, me olvidé de mis propias preocupaciones y disfruté de toda esa inocencia que había frente a mí. Dejé de agobiarme por mis problemas, y sencillamente desaparecieron», me dijo maravillada.

Sin embargo, conquistar la tranquilidad por el mero hecho de sentarse en silencio no funciona para todo el mundo. Algunas personas están demasiado excitadas como para relajarse fácilmente, y meditar de la forma tradicional les resulta demasiado complicado. Si entras en esta categoría, busca soluciones creativas que sean eficaces para ti. La meditación tradicional, aunque es muy potente, no tiene el monopolio del acceso a tu sexto sentido. Hay días que incluso yo misma no puedo permanecer sentada en silencio. La solución es comprender cuál es tu propia naturaleza y, en vez de recurrir a la meditación tradicional, probar formas alternativas para alcanzar el mismo resultado. Por ejemplo, intenta recuperar la calma haciendo alguna tarea con las manos en silencio durante un rato.

David era la persona más inquieta y ansiosa que puedas imaginar. Estaba constantemente dando golpecitos con los dedos sobre cualquier superficie, sacudiendo un pie o moviéndose en la silla. Y aunque la meditación podría haber sido claramente beneficiosa para él, no tenía mucho éxito. Al hacerle una lectura intuitiva, sus guías sugirieron que encontrara un *hobby* que cautivara su imaginación, atrajera su atención y silenciara sus pensamientos, como por ejemplo, hacer maquetas de aviones. La idea le encantó, y decidió probarlo. Empezó muy poco a poco, pero pronto descubrió que la actividad le relajaba tanto que se convirtió en su pasión y empezó a dedicarse a ella en cuanto volvía a casa después del trabajo. Pasaba alrededor de cuarenta y cinco minutos al día despejando su mente, concentrado únicamente en su proyecto.

Después de cierto tiempo, mientras trabajaba para construir un nuevo modelo de aeroplano o de coche, comenzó ocasionalmente a recibir guía intuitiva y soluciones para los problemas que tenía en el trabajo y en su vida. Una tarde, mientras estaba montando las alas de una aeronave, sintió claramente que el espíritu de su hermano había entrado en la habitación. Hacía muchos años que no se hablaban. En ese momento sintió una conexión muy fuerte con él y se dio cuenta de que en todo ese tiempo lo había echado mucho de menos. De manera que decidió dejar su ego a un lado y llamarlo esa misma noche. Mientras estaba a punto de hacerlo, sonó el teléfono. Era su hermano, que lo llamaba para comunicarle que acababan de diagnosticarle un cáncer de próstata, aunque también le habían informado que era muy probable que lo superara. Sin embargo, esa noticia lo había hecho reflexionar sobre lo que era realmente importante para él, y quería restablecer el contacto. La afición diaria de David fomentó que su ego se hiciera a un lado y que su espíritu tuviera espacio para manifestarse, lo que realmente significa ser intuitivo. Y esto, a su vez, le permitió tener una actitud receptiva y abierta en relación con su hermano, y la discusión que inicialmente había causado su distanciamiento se tornó insignificante.

Cuanto más practiques estar tranquilo y en silencio, más rápida y claramente sentirás tus vibraciones. Es totalmente indiferente cuál es el enfoque que utilices para meditar, siempre y cuando consigas silenciar tu mente durante un rato cada día. Dedícate a hacer lo que sea más efectivo para ti. Mi mente se acalla cuando doblo la ropa lavada, organizo cajones o salgo a dar un paseo. Mi hija Sonia se calma tocando la guitarra.

Mi padre se sentía tranquilo todos los domingos por la mañana mientras lavaba el coche, y nosotros sabíamos que en esos momentos teníamos que dejarlo solo. La meditación diaria de mi madre era coser. Se pasaba horas y horas en su cuarto de costura escuchando a su espíritu y a sus guías, recibiendo inspiración y una cantidad ingente de ideas creativas. Su espíritu le mostraba cómo hacer hermosos vestidos, encontrar telas preciosas en las rebajas, diseñar, hacer joyas y muchas cosas más. Y aunque su cuarto de costura era sencillamente un armario grande, ese espacio era su templo, su santuario, y no se nos permitía entrar allí, como si en él ocurriera algo sagrado.

La clave para encontrar un tiempo de tranquilidad es valorarlo. Si en realidad para ti es importante estar en calma, no cabe duda de que vas a encontrar el momento para relajarte. Sé constante. Organiza tu agenda para tener un rato de calma a la misma hora cada día. Planifícalo por anticipado, en vez de albergar la esperanza de poder robar pequeños momentos de aquí y de allí. Entrena tu mente con perseverancia. Tu mente coopera cuando se da cuenta de que estás anclado en la tranquilidad y te ayuda a calmar tus pensamientos. Cuanto más sereno estés internamente, más capaz serás de escuchar tus vibraciones. Y cuanto más las escuches, más confiarás en ellas y las dejarás guiarte hacia una vida mejor.

MEDITACIÓN MATUTINA FÁCIL

Si te apetece probar la meditación tradicional porque nunca lo has hecho, comienza el día con una meditación fácil de cinco minutos. Siéntate en silencio en una habitación y mira a tu alrededor. Observa una o dos cosas que estén frente a ti y luego cierra los ojos suavemente. Con los ojos cerrados, dirige tu atención hacia el interior para tomar conciencia de tu respiración y observa qué es lo que sientes cuando inhalas y luego exhalas en profundidad. Continúa haciéndolo durante diez respiraciones más, contando las inhalaciones y exhalaciones lo más despacio posible. Inhala..., uno. Exhala..., uno. Inhala..., dos. Exhala..., dos... Y así sucesivamente. Durante las siguientes diez respiraciones, di «estoy» durante la inhalación y «en paz» durante la exhalación. También puedes repetir «estoy» durante la inhalación y «en calma» durante la exhalación. Disfruta de la serenidad interior que empiezas a sentir. A continuación, sonríe y estira tu cuerpo para comenzar tu jornada.

Si en algún momento tu cerebro se acelera, no debes luchar contra él. Sigue respirando, presta atención a cada inhalación y exhalación y acaba la meditación con una sonrisa. Aun cuando no tengas la sensación de que está sucediendo algo positivo, en realidad sí sucede. Al repetir este mantra entrenas a tu mente para que se relaje, para que no reaccione de forma impulsiva y para que produzca menos ruido mientras respiras. Es un trabajo sutil que al principio pasa prácticamente inadvertido, pero al cabo de unas pocas semanas podrás comprobar la diferencia.

MÁS AYUDA PARA MEDITAR

Ahora existen muchas aplicaciones excelentes para ayudarte con la práctica de la meditación. Dos de mis favoritas son *Headspace* y *Calm*. Ambas son fáciles de usar y pueden entrenar gradualmente a tu cerebro para que esté en quietud. Hay centenares de aplicaciones con meditaciones guiadas, incluidas muchas de las mías, que puedes encontrar en mi página web y en la aplicación *Hay House*. Lo importante no es saltar de la cama por la mañana como si la casa se estuviera incendiando, sino comenzar suavemente el día, conectado a tierra y en calma, sintonizado con tu corazón y tu espíritu, y no con tu ruidoso e hiperactivo ego. Aprende a afrontar el resto del día de la misma forma.

Entrenamiento *woo-woo*

Esta semana dedica al menos diez minutos diarios a permanecer en silencio. Si te gusta meditar y no es un esfuerzo para ti, dedica un poco de tu tiempo a hacerlo porque es la mejor manera de conectar con tu espíritu y escuchar la voz de tu Guía Divina. Si la meditación tradicional no te resulta efectiva, escucha música relajante o simplemente permanece sentado y en silencio durante algunos momentos cada día. Revisa tu vida para descubrir si ya has creado oportunidades para estar en calma. Por ejemplo, ¿pasas muchas horas al día conduciendo tu coche? En ese caso, puedes apagar la radio y utilizar ese tiempo para meditar. ¿Te gusta planchar? Este puede ser un momento de tranquilidad perfecto para ti. ¿Disfrutas cocinando o limpiando la casa? No te rías. Muchas personas disfrutan haciendo las tareas del hogar, y también es un tiempo perfecto para serenarse. Cuanto más tiempo de calma te regales, más fácil te resultará escuchar tu intuición.

Beneficio de la meditación

La meditación guiada es una de las mejores formas de desconectar del ruido que procede del mundo y también de tu ego, y dirigir tu atención al interior para escuchar la voz de tu espíritu. Me encanta canalizar meditaciones diarias, y lo he hecho durante años. El siguiente enlace te llevará directamente a una meditación guiada, en inglés, que creé para mis alumnos con el fin de ayudarlos a alcanzar este estado interior de serenidad y relajación del que estoy hablando. Escucha esta meditación con auriculares, por la mañana, por la noche o en cualquier momento que necesites aquietar tu ego y conectar con tu espíritu.

Visita https://www.hayhouse.com/downloads. Entra en la ID del producto **TKTK** y descarga el código **tktktk**.

Sabiduría *woo-woo*

Medita al menos una vez al día, aunque sea durante unos pocos minutos.

OBSERVA, NO ABSORBAS

No es suficiente con que tus vibraciones funcionen; lo que cabe esperar es que funcionen *bien*. ¿Por qué? Porque a menos que seas perceptivo, puedes sintonizar inconscientemente con algo que no deseas. Las ondas psíquicas son como las frecuencias de radio y transmiten muchos niveles de información al mismo tiempo. Piensa en todas las señales de tu espíritu como un equivalente psíquico de una estación satélite de música clásica, es decir, un magnífico canal para una guía espiritual superior y también para la sanación. En contraste, lo que yo denomino «gentuza psíquica» –o la retransmisión general de los sentimientos, los estados anímicos, los miedos, los pensamientos, las ansiedades e incluso las pesadillas de otras personas– es el equivalente psíquico de las emisoras AM de la radio con baja vibración. En otras palabras, un ruido que no sirve para nada.

Si tu canal intuitivo está conectado pero tu sintonizador no está en el sitio que le corresponde a tu espíritu, puedes recoger accidentalmente esa energía negativa de baja vibración sin siquiera advertirlo. Por ejemplo, puedes sintonizar inconscientemente con la ansiedad, la depresión o el miedo de otra persona, y absorberlos, incluso creyendo que te pertenecen, cuando no es así. Esto puede ocasionar que te sientas deprimido, agotado, inseguro y tal vez también paranoico. Asimismo, puede suceder que absorbas la ansiedad, la rabia e incluso la enfermedad de otra persona y que de pronto te sientas irritado y vacío sin tener ningún motivo. En cierta ocasión una de mis clientas me dijo con desesperación: «¡Sonia, creo que cuando viajo en el metro estoy todo el tiempo canalizando a todos los que van en él! Cuando llego al trabajo me siento como si estuviera cargando a mis espaldas todos sus dolores, preocupaciones y sufrimientos». Y así era, en efecto, créase o no.

¿Has estado alguna vez con una persona muy ansiosa y excitada? ¿Cuánto tardas en descubrir que te has infectado con la misma energía? Incluso si antes de estar con ella te sentías plenamente sereno, de repente puedes sentirte agobiado por su estado de ánimo negativo. Para evitar esta «contaminación psíquica», debes mantenerte centrado y comprometido con tus propias prioridades y objetivos. Cuanto más definidas estén tus metas, más probable será que consigas evitar la gentuza psíquica y no te identifiques con esa energía que no te pertenece ni te sirve y que incluso puede apartarte de tu camino. Cuanto más firmes sean tus intenciones y prioridades, mejor funcionará tu GPS intuitivo y tus límites energéticos estarán mejor definidos. De este modo, más a salvo estarás de cualquier influencia no deseada.

Las personas que tienen sus canales intuitivos bien abiertos, pero no tienen filtro para decidir qué es lo que entra y qué es lo que sale, pueden llegar a estar muy saturadas de una energía que ninguno de nosotros deseamos experimentar. Yo misma soy bastante sensible, por lo que tengo que recordarme una y otra vez que debo mantener mi foco muy claro y mis límites energéticos bien definidos para no absorber la frecuencia de baja vibración de otra persona.

EVITA LOS VIRUS PSÍQUICOS

De la misma forma que mantienes la distancia con alguien que tiene gripe, también deberías mantener una distancia psíquica con cualquiera que no esté energéticamente sano. Aunque esto es de puro sentido común, también tengo que recordármelo periódicamente.

Por ejemplo, cuando estoy con una persona que se siente triste o está estresada, puedo absorber fácilmente su ansiedad al cabo de unos tres minutos si no estoy conectada con mi propio cuerpo y tengo claras mis prioridades. Es algo parecido a pillar un virus psíquico.

Hace algunos años, tenía un vecino llamado Phil que era muy ansioso, malhumorado e impulsivo. Era un hombre mayor que acababa de perder a su pareja de toda la vida, una relación que había durado cuarenta años. La pareja de Phil se llamaba Gary, y había sido la parte serena de la relación, mientras que él era la parte «emocional» y se alteraba por cualquier nimiedad. Gary se ocupaba de pagar las facturas y gestionar las situaciones difíciles que se presentaban en sus vidas, en tanto que Phil era el cocinero, diseñador y jardinero, y su tarea era mantener la belleza en su hogar y en su vida en común. Después de la muerte de Gary, Phil solía dejarse caer por casa con frecuencia, preocupado por alguna tontería. Recuerdo una ocasión en la que llegó casi al borde de las lágrimas, terriblemente disgustado después de ver a un niño arrojar la envoltura de un caramelo sobre el césped esmeradamente cuidado de su casa. Aquello lo había enfurecido. Cuando llamó a la puerta, dispuesto a descargar sobre mí la ira que le había despertado lo que él consideraba una escandalosa infracción, descubrí que yo estaba preparándome para contener una tormenta emocional. Como era de esperar, al cabo de unos minutos estaba tan enardecida como él. Mi cuerpo se encontraba tan saturado con toda esa energía negativa que me sentí enferma. El corazón me latía precipitadamente, mi respiración estaba alterada y podía sentir cómo la tensión subía por mi columna vertebral.

Luego recordé una técnica que mi maestro Charlie me había enseñado años atrás para detener este secuestro corporal. Mientras seguía asintiendo con la cabeza, comencé a girar el torso ligeramente hacia la derecha en vez de estar frente a frente con Phil. Luego crucé los brazos muy despacio y comencé a respirar lentamente –inhalando mientras contaba hasta cuatro y exhalando mientras contaba hasta cuatro otra vez– en tanto que él no paraba de hablar. Durante todo ese tiempo me rodeé mentalmente de una luz blanca, un escudo de amor energético, y desvié de mi cuerpo todo lo que Phil me estaba diciendo. Esta maniobra evitó que absorbiera los torpedos negativos que me estaba enviando y que venían directo hacia mí. Pocos minutos después de haber descargado toda su ira, Phil se tranquilizó. Afortunadamente, por el hecho de haber girado el cuerpo, cruzado los brazos y respirado lentamente, estaba ilesa. Él se sentía mejor y yo sobreviví sin experimentar ningún daño.

PROTECCIÓN PSÍQUICA FRENTE A LAS MALAS VIBRACIONES

Inspira muy despacio y exhala profundamente. A continuación, gira ligeramente el cuerpo hacia la izquierda o la derecha de la energía negativa que está llegando a ti. Cruza despreocupadamente los brazos por delante del plexo solar, la parte de tu cuerpo que más absorbe la energía del ambiente que te rodea. Sigue respirando lentamente, inhalando y exhalando mientras cuentas hasta cuatro. Permanece en esta posición y sigue respirando todo el tiempo que lo necesites. Esto puede parecer complicado cuando te enfrentas a una intensa tormenta emocional ajena, de manera que es aconsejable, y muy útil, practicarlo antes de que se produzca una situación semejante, es decir, cuando todo está en calma. De ese modo, tu cuerpo ya lo habrá experimentado y lo repetirá automáticamente cuando surja la necesidad.

ABUSO PSÍQUICO

Una energía negativa más insidiosa a la que también debemos estar muy atentos es el abuso psíquico. Una cosa es quedar atrapado en el torbellino de una evidente descarga psíquica de otra persona, pero algo muy distinto es ser víctima de un ataque psíquico por sorpresa. Esto es mucho más perjudicial para el espíritu, porque no estamos preparados, ignoramos qué es lo que nos ha golpeado, y el otro normalmente lo niega. Las personas se impulsan mutuamente todo el tiempo a incurrir en estados emocionales reactivos, y esto es tóxico. Ser golpeado psíquicamente por las vibraciones negativas de otro individuo es dañino para nuestro espíritu y causa una profunda confusión y dolor emocional; por otra parte, no es menos doloroso que recibir un golpe físico en la cabeza.

Estas bombas psíquicas encubiertas tienen lugar cuando una persona tiene una energía muy oscura, sea debido a su inseguridad, ira, celos, envidia o frustración, o por una sensación de fracaso. En vez de ocuparse de sanar lo que le sucede, dicha persona esparce su energía tóxica a su alrededor, negando de forma flagrante que lo está haciendo. Este tipo de gente deja detrás de sí un reguero de densas vibraciones negativas de enfado y resentimiento allá a donde vayan, como una especie de nube contaminada, lóbrega y oscura, que absorbe toda alegría y hace que la habitación apeste. Cuando se pretende hacerles ver la energía espantosa que tienen, esas personas suelen dar la vuelta la situación, se ponen a la defensiva, te acusan de estar loco y afirman que no saben de lo que estás hablando. Por decirlo suavemente, su reacción es exasperante.

Este tipo de abuso psíquico es mucho más común que los arrebatos y exabruptos manifiestos, y algunas veces hacen que las personas tengan la sensación de estar perdiendo la cabeza. Sin embargo, sucede todo el tiempo. Por ejemplo, mi clienta Margaret me comentó que tenía discusiones horribles con el que en ese momento era su marido, William, porque él estaba siempre de malhumor y la criticaba sin tener ningún motivo. Su actitud era pasivo-agresiva, malintencionada e incluso hostil. Y cuando ella se lo reprochaba, William lo negaba a todo. En vez de «hacerse cargo de su propia basura», según las palabras de Margaret, respondía que estaba loca y que estaba proyectando su propia rabia en él. Jamás se hizo responsable de su enfado ni de su tristeza.

Durante años Margaret toleró esta situación, pero cuando William comenzó a maltratar a su hijo de cinco años, decidió poner fin a la relación. «No iba a quedarme sentada viéndolo jugar al mismo juego con nuestro hijo». Comprendí perfectamente lo que me estaba describiendo. En mi casa, a esas bombas fétidas energéticas solíamos llamarlas «pañales sucios» en medio del suelo del salón.

Cuando Margaret me describió por primera vez su situación, se preguntaba si acaso sería ella la que tenía mala energía. Después de todo, cuando estaba con William siempre estaba tan enfadada y excitada como él. Sin embargo, tal como le señalé, ella no era así con ninguna otra persona.

Margaret decidió poner fin a su matrimonio porque sabía en lo más profundo de su corazón que vivir con él la hacía enfermar y que además era perjudicial para su hijo. Lo importante para ella era saber si estaba tomando la decisión correcta. Su marido prácticamente la había convencido de que la que tenía el problema era *ella* y no él. La última vez que supe de Margaret, tenía una nueva pareja con una energía maravillosa que la amaba, amaba a su hijo y los trataba a ambos con gran cariño. «Siento que he pasado de vivir en una tormenta eléctrica crónica, a vivir en un día soleado y tranquilo. ¡Qué diferencia!», me dijo.

Todos hemos conocido personas como William. La solución de Margaret fue divorciarse y seguir su camino. A ella le funcionó, pero esto no necesariamente funciona para todo el mundo. Si estás regularmente expuesto a este tipo de energía tóxica, independientemente de la solución a largo plazo que elijas, existe una solución a corto plazo que es simplemente alejarte de ella. Si necesitas una excusa, puedes limitarte a decir: «No me encuentro bien. Tengo que irme». Y luego mantenerte lo más lejos posible del pañal sucio.

Las personas rara vez admiten sus pañales sucios energéticos, de manera que ni siquiera lo intentes. En vez de insistir, encárgate de cuidar tu espíritu y preservar tu espacio.

LUGARES TÓXICOS

Así como hay personas que pueden ser tóxicas o tener malas vibraciones, también hay lugares con esas características. Por ejemplo, cuando iba a la oficina de Correos local en Chicago solía sentir que allí había alguna especie de infección psíquica. En cuanto entraba, sentía que mi cuerpo se ponía tenso, era una forma de autoprotección. El edificio era viejo, oscuro, lúgubre y depresivo, y las personas que trabajaban allí estaban claramente afectadas por sus terribles vibraciones. Eran indiferentes, groseras, y no ponían ningún interés en lo que hacían. Y esa infección se propagaba por todos los que esperaban en la cola. Con frecuencia, la gente entraba sonriente, pero al cabo de unos pocos minutos comenzaban a contraerse, a cerrar su corazón y a estar cada vez más nerviosos mientras esperaban su turno. A menos que me protegiera completamente de esa energía, al salir de allí podía estar de tan mal humor que podría empezar a morderme las uñas.

Como la oficina de correos quedaba cerca de casa, decidí seguir yendo pero con la determinación de aprovechar cada oportunidad para practicar lo que predicaba, algo que había aprendido cuando yo misma me estaba formando con mi maestro Charlie. En las siguientes ocasiones que fui a correos, decidí limitarme a *observar* las vibraciones que imperaban en el local y evitar *absorberlas*. Sentía mucha compasión por las personas que allí trabajaban y que estaban infectadas por esa «vibración tóxica». Algunos días me iba mejor que otros, y eso dependía de cómo me sentía antes de entrar. Aprendí a no ir si estaba cansada, porque seguramente sería la receta perfecta para un desastre. No obstante, cuando estaba relajada y de buen ánimo, era capaz de mantener la distancia adecuada y mi escudo de protección permanecía intacto.

Tú también puedes aprender a tomar distancia y mantenerte psíquicamente centrado y conectado a tierra, cuando te expones a las energías caóticas, intensas y estresantes que abundan en diversos lugares y situaciones. Esperar en una cola de un aeropuerto, comer en un restaurante lleno de gente, estar sentado en el cine, visitar un hospital, ver un evento deportivo, utilizar el transporte público y, lo más difícil de todo, compartir las vacaciones con tu familia son todas ocasiones en las que podrías sentirte inclinado a absorber vibraciones negativas que no te pertenecen y perder tu bienestar por no prestar suficiente atención. Desde que comenzó la pandemia de 2020, la cantidad de este tipo de energía caótica y estresante que pulula por ahí ha aumentado hasta niveles tan elevados que son prácticamente ridículos. En consecuencia, hay más motivos para aprender a observar y no absorber la energía de otras personas.

Mientras practicas puede ser útil tener en mente este secreto intuitivo —«observa, no absorbas»—, como si de un mantra se tratara, hasta que se transforme en un hábito.

APRENDE A DESCONECTAR

Cuando me estaba formando con mi maestro Charlie, me pidió que mirara fotografías y dibujos de escenas que despertaran emociones —desde bebés recién nacidos hasta personas escapando de edificios en llamas y todo lo que puede haber entre ambas representaciones— intentando permanecer indiferente. Mi tarea era estudiar estas imágenes sin implicarme emocionalmente. Hasta que fui capaz de hacerlo, siempre corría el riesgo de que esa energía pudiera anular mis vibraciones y llevarme a un estado de confusión.

Como algunos de esos dibujos y fotografías eran muy intensos, me llevó meses estudiar las escenas y mantenerme neutral, en lugar de dejarme llevar por mis emociones. Día tras día, Charlie me mostraba una foto de algo horrible, o muy extraño, y yo retrocedía chillando: «¡Dios mío! ¡Qué horror!». Él coincidía conmigo y se reía, pero insistía en que no era necesario que reaccionara emocionalmente ante esas imágenes.

Me preocupaba que tener una actitud impasible pudiera significar que aquello no me afectaba. Y lo más extraño es que ocurrió precisamente lo contrario: cuanto menos reaccionaba emocionalmente, mejor podía sintonizar con mi intuición para recibir una señal y, al mismo tiempo, sentir compasión y amor por mis congéneres humanos. En cuanto ponía en juego mis emociones, mis vibraciones dejaban de funcionar, así que no podía sentirlas.

Cuando pienso en los desafíos que afronté en mi vida, y en mi lucha para que no me afectaran, a menudo me vienen a la mente aquellos cuyo trabajo es rescatar personas en catástrofes o situaciones límite. ¡Qué abnegados deben de ser para poder sumergirse en los horrores de la vida y ayudar a las víctimas sin agobiarse emocionalmente! Siento profunda admiración por esos maravillosos maestros. ¿Qué haríamos sin ellos? Eso es lo que Charlie me estaba enseñando. Los trabajadores de todo el mundo que se dedican a labores de rescate son mi referente y mi modelo. ¡Que Dios los bendiga!

Recientemente conocí a una clienta llamada Macy que estaba muy enfadada con su familia, que según ella era muy agresiva, especialmente sus parientes políticos. Bañada en lágrimas, Macy me contó su versión de la historia, que incluía proferir amenazas, robarle dinero, fisgonear en sus efectos personales, acusarla constantemente de cosas terribles, decirle que era envidiosa y excluirla de las reuniones familiares. Todo lo que me contó indicaba que sus familiares la trataban de una forma terriblemente hiriente. Sin identificarme con la situación que estaba describiendo, utilicé mi intuición para analizarla más profundamente. Pronto descubrí un escenario totalmente diferente que no correspondía en absoluto con la versión de Macy. Vi intuitivamente que aunque su propia familia y su familia política no eran precisamente un premio, ella tenía una grave adicción a los analgésicos, al alcohol y a las compras compulsivas que no había mencionado porque no la admitía. Su familia no quería saber nada de ella, a menos que abandonara sus adicciones. El hecho es que esas adicciones estaban completamente fuera de control y habían generado un gran caos en su vida. Sus familiares estaban intentando evitar que ella también arruinara sus vidas.

Le sugerí a Macy que intentara mantenerse sobria y que buscara la ayuda de un profesional, pero no estaba preparada para ocuparse de sus problemas y se enfadó conmigo de la misma forma que se enfadaba con todos los demás. Sufría una grave alteración psíquica, pero no por las razones que me había comunicado. Si yo hubiera empatizado con su estado emocional, podría haber omitido el problema real y hubiera perdido la oportunidad de ayudarla.

Aprender a no identificarse es una habilidad difícil para todos aquellos que son naturalmente empáticos. Cuando captamos vibraciones, tendemos a captarlas *todas*; se necesita estar muy centrado para no hacerlo. Algunas personas, como Macy, me han acusado de ser poco sensible cuando las aconsejo. Sin embargo, es esencial comprender que el hecho de mantener distancia frente a energías emocionales intensas no significa que no me preocupe por ellas. Sencillamente, eso me permite abrir más mi corazón para poder ver exactamente cuál es la mejor manera de responder.

Pensar que cuidar a alguien requiere compasión es solamente un mito. Cuidar significa darle el espacio que necesita para solucionar sus problemas sin poner tus propias emociones en juego. También es importante prestar atención a tus propias vibraciones y no sobrecargar tu sistema. Si el empleado de la tintorería, el tipo grosero de la frutería o alguno de los pasajeros con los que compartes vagón en el tren, deja de frecuentar esos lugares. Aléjate de los problemas siempre que sea posible y practica la indiferencia cuando no puedas hacerlo. (En cualquier caso, ¡trata de conservar tu sentido del humor!).

Mi técnica favorita para no implicarme emocionalmente es imaginar que el mundo que me rodea es una película maravillosa de la cual puedo aprender y con la que puedo disfrutar aunque no sea yo la protagonista. Así como jamás me dejo llevar por una película hasta el punto de querer saltar de mi asiento para correr hacia la pantalla, también me abstengo de absorber las energías que me rodean y considerarlas como propias. Recurriendo a esta técnica, puedo observar lo que sucede a mi alrededor con una actitud de indiferencia creativa.

Y tú puedes hacer lo mismo. Si te dejas llevar por la negatividad que te rodea, recuérdate que se trata únicamente de tu película; no eres tú.

¿DE QUIÉN SON ESAS VIBRACIONES?

Si tienes la costumbre de absorber la energía de otras personas, presta más atención a tus vibraciones y luego pregúntate si en realidad esa energía te pertenece. La depresión o la ansiedad que estás sintiendo puede no ser tuya, sino el resultado de absorber demasiadas cosas que hay a tu alrededor. Por ejemplo, una vez tuve una clienta que trabajaba en la oficina de una prisión y a menudo se sentía deprimida debido a las vibraciones presentes en el lugar. Cuando renunció para comenzar a trabajar en una organización sin ánimo de lucro, su depresión desapareció de inmediato. La energía lúgubre de la prisión simplemente era demasiado para ella. Siguiendo su propósito de servir a la sociedad, encontró un sitio mucho mejor en su nuevo lugar de trabajo, donde la energía era menos intensa.

Otra forma de evitar que te invada la energía de otras personas es dejar de hacer todo lo que estés haciendo en ese momento y dedicarte a nombrar lo que ves a tu alrededor durante algunos minutos, si es posible en voz alta. Por ejemplo, ahora mismo podrías hacerlo y decir: «Veo una lámpara de escritorio negra, un teléfono de color beis, tres revistas, un jarrón con un clavel rojo, tres lápices amarillos, una papelera marrón, mi jefe sonriéndole a un cliente», y así sucesivamente. Sigue haciéndolo durante tres o cuatro minutos, o hasta que te sientas completamente relajado, sereno y neutral. Este ejercicio te entrena para abandonar tu cabeza y estar presente, en lugar de permitir que los dramas propios o ajenos te secuestren emocionalmente.

Los beneficios de mantenerte impasible frente a una actividad emocional intensa no pueden ser desestimados. Esta actitud no te desconecta de tu centro cardíaco; por el contrario, lo abre más. Cuando te abstienes de absorber la energía que te rodea, tienes la mente clara y mantienes la conexión a tierra. En este estado te resulta más fácil acceder a tu canal creativo intuitivo y actuar de acuerdo con los mensajes que recibes de tu Ser Superior.

Entrenamiento *woo-woo*

Dedica tiempo a ver programas de televisión o películas, con el fin de aprender a observar las situaciones sin dejarte atrapar por el drama. Elige temas diversos, desde historias de amor hasta películas de acción, suspense e incluso comedias.

Sé paciente y mantén tu mente enfocada en permanecer indiferente y neutral, mientras al mismo tiempo valoras lo que está sucediendo. Toma nota de cuánto te resuena la energía de los actores. Estudia tus reacciones frente a lo que estás viendo, y piensa por qué en algunos momentos puedes permanecer neutral, pero en otros no lo consigues. Pregúntate si reaccionas de la misma forma ante los dramas de la vida real y ante los de las películas.

Practica ser objetivo y observar lo intuitivo que eres cuando no te identificas con lo que estás viendo. Si te das cuenta de que comienzas a dejarte absorber por la vibración de la película, haz una pausa, ponte de pie y muévete por la habitación, cruza los brazos y respira hasta que vuelvas a conquistar la sensación de impasibilidad. Por último, para comprobar si eres capaz de predecir el resultado de la película recurre a ese estado mental más observador. Esta es una forma divertida y eficaz de fortalecer tu canal intuitivo.

Sabiduría *woo-woo*

No seas una esponja para las energías.

TERCERA PARTE

BUENAS VIBRACIONES

ELIGE BIEN TUS PALABRAS

Las palabras son energías potentes que, una vez pronunciadas, pueden crear condiciones y circunstancias en tu vida como si fueran varitas mágicas. Cada palabra que pronuncias tiene un tono, una vibración y una intención particulares que atraen a su equivalente en el plano terrenal.

Las palabras se pueden emplear para sembrar semillas de destrucción o para generar experiencias transformadoras maravillosas. Lo que te dices a ti mismo y lo que les dices a los demás tiene poder, y si quieres tener una vida extraordinaria que fluya fácilmente guiada por tu espíritu, aprovecha ese poder utilizando palabras verdaderas, amables y generosas verbalizadas de una manera tranquila y armoniosa.

Mis maestros espirituales me enseñaron la importancia y el poder de las palabras en las fases tempranas de mi aprendizaje. Con ellos aprendí que todos somos seres divinos, cocreadores con el Universo, y que nuestra vida se construye a través de nuestras palabras. Nada de lo que decimos se pierde ni es inútil. De hecho, cada declaración es poderosa, más allá de cualquier creencia y de las órdenes que el Universo nos da para que las obedezcamos. En lo que se refiere al Universo, lo que decimos es ley porque él considera que todo lo que decimos es verdad y se esmera para que así sea.

¿Has llamado alguna vez a tu trabajo para decir que estabas enfermo porque te apetecía tener un día libre, y antes de que acabe el día te encuentras realmente mal? ¿Has dado alguna vez una excusa para evitar enfrentarte con alguien, y más tarde te has encontrado con esa persona? A mí sí me ha ocurrido. En una ocasión, cuando era adolescente, cancelé una cita con un chico a la que no me apetecía ir, con la excusa de que tenía que trabajar de canguro. Sin sentir ninguna culpa, repetí varias veces que lo sentía mucho y que esperaba poder verlo pronto. Más tarde, mientras daba mi tercera vuelta a la pista de patinaje me encontré frente a frente con el chico de la cita. «Así que trabajando de canguro, ¿verdad?», me dijo con rabia antes de alejarse. Me sentí estúpida y avergonzada, y no pude evitar pensar que debía haber previsto que eso podía suceder. Como había dicho que realmente quería encontrarme con ese chico, supongo que el Universo simplemente pensó que estaba diciendo la verdad.

Presta atención no solamente a lo que dices sino también a la forma en que lo dices, porque el Universo se basa en el sonido y la intención. Cuanto más precisas y tranquilas sean tus palabras, más elevada será tu intención y mejor será tu creación. Y a la inversa, las palabras duras, disonantes o irritadas —incluso cuando sepas que representan lo que verdaderamente sientes— tienen un impacto destructivo sobre ti mismo y los demás.

Esta fue una dura lección para mi clienta Jennie. Acudía a la consulta de un terapeuta que la había animado a elevar la voz para decir la verdad. Con la ayuda de su terapeuta, Jennie comenzó a decirle a todo el mundo exactamente lo que sentía sin ningún filtro. Empezó a atacar verbalmente a su marido, comunicándole que no le gustaba su cabello, su aliento, su forma de vestir ni sus maneras. Luego les dijo a sus suegros que no los apreciaba. Tomando impulso y sintiéndose orgullosa de sí misma, le comentó a su jefe que sus ideas eran anticuadas y que quería que le aumentara el sueldo. Jennie se sentía cada vez más empoderada, de manera que cuando perdió su trabajo, su marido la abandonó y su hijo se fue a vivir con sus suegros, se quedó completamente perpleja y confundida. Había sido sincera, de modo que no podía entender por qué su cambio de actitud no solo no había mejorado su vida, sino que la había complicado todavía más. Después de todo, su terapeuta había pasado dos años convenciéndola de que ser sincera era la única manera de ser feliz. Desafortunadamente, cuando empezó a decir lo que de verdad sentía a las personas de su entorno, todos la abandonaron.

El problema que tienen las Jennies de todo el mundo es que no se detienen a discernir entre verdad y opinión. Las opiniones que proceden de tu ego corresponden a la perspectiva del «yo contra ti», que hace que tú siempre tengas razón y sean los demás quienes están equivocados, ¿recuerdas? La verdad genuina, pronunciada desde el espíritu, nunca ataca a nadie; por el contrario, fomenta la comprensión y el respeto mutuo, y su intención es sanar y no atacar. Comunicarse de esta forma es un arte y una disciplina, y produce vibraciones poderosas que unen los corazones, promueven la confianza, favorecen el apoyo mutuo y generan sanación. Además, este tipo de verdad tiene un poder mágico, ya que permite que tus deseos se hagan realidad.

El Universo está organizado para respaldar a tu verdadero Ser, y cuanto más claramente puedas comunicarte con él, mejor lo hará. Sin embargo, desafortunadamente, cuando hablamos movidos por la confusión, la ira, la culpa o la victimización, esas notas amargas y esos mensajes ambivalentes hacen que el Universo se mueva en círculos, intentando ayudar pero incapaz de hacerlo.

Mi clienta Madelyn se quejaba constantemente de su exmarido, Bob. Según ella, le causaba innumerables problemas y le hacía sentir que su vida era miserable. Ya habían pasado diez años desde que se habían divorciado y Bob vivía en otra ciudad, se había casado otra vez y rara vez la llamaba. Por lo que conozco de la situación, psíquicamente, él casi nunca pensaba en ella. Madelyn no era capaz de concluir la relación ni aceptar que su matrimonio se había acabado mucho tiempo atrás. Y por este motivo, cada vez que hablaban, acababan discutiendo. Ella se quejaba constantemente y los dos terminaban sintiéndose tensos y a la defensiva. Él había seguido adelante con su vida, pero ella seguía enfadada y no perdía ocasión de pelearse con él porque sentía que la había abandonado. Su incapacidad para aceptar la situación y calmar su rabia para ocuparse de su propia sanación la mantenía atrapada entre el dolor y la sensación de soledad.

La gente evitaba a Madelyn porque era muy negativa. Cada vez que hablaba con alguien solo conseguía dar un poco de lástima, y esto no le permitía alcanzar la libertad que necesitaba para continuar con su vida. Ocasionalmente mencionaba el deseo de encontrar un nuevo amor, pero en realidad se trataba más bien de una pausa publicitaria de la saga Madelyn-y-su-exmarido que de un deseo genuino. El Universo solo podía trabajar con lo que ella expresaba como deseo, de manera que le enviaba cada vez más problemas con Bob, y nunca atrajo otro hombre a su vida. Hasta que dejara de ser tan dura con Bob y empezara a hablar de sí misma con cariño, seguiría siendo incapaz de disfrutar de la vida.

Aunque le llevó bastante tiempo, finalmente llegó a entenderlo. Poco a poco, Madelyn está empezando a concentrarse en su propia vida y a aprender a hablar con amabilidad, amor y aprecio por su espíritu, que es lo que más necesitaba.

Pregúntate de qué manera estás comunicando tus deseos. Si las palabras son los pilares esenciales de la vida, no puedes arrojar al mundo palabras negativas ni degradantes y esperar que el mundo te devuelva el Taj Mahal.

Además, para una persona sensible e intuitiva un discurso desconsiderado e irrespetuoso con el paso del tiempo llega a ser agotador, porque crea una vibración disonante y negativa. Maldecir excesivamente o utilizar un lenguaje vulgar, en lugar de pronunciar palabras correctas, perturba el alma. Aunque puede parecer inofensivo, utilizar este tipo de lenguaje erosiona tu cuerpo de luz y hace que tu vibración descienda drásticamente. Y con esto no pretendo decir que debes ser tan puro como la nieve. Todos sabemos que un improperio pronunciado con entusiasmo a veces es precisamente una manifestación sincera de cómo nos sentimos y de lo que queremos decir. Estoy hablando de la tendencia a utilizar el lenguaje vulgar sin hacer el menor esfuerzo por comunicarse adecuadamente. El Universo solo puede trabajar con lo que tú le ofreces y con la forma en que se lo ofreces.

Todas las palabras son poderosas, pero las que se pronuncian con amor son positivamente irresistibles. Las palabras dichas con amor son tan poderosas como los hechizos mágicos y traen el mundo hasta la puerta de tu casa. En cierta ocasión tuve una clienta que había luchado contra la obesidad prácticamente toda su vida. A pesar de llevar una dieta estricta y de hacer ejercicio cada día, solo había conseguido perder unos pocos kilos. Decía constantemente «estoy perdiendo mi grasa», aunque en realidad no estaba perdiendo nada. Entonces, cierto día cambió sus palabras y empezó a decir con entusiasmo que estaba recuperando su belleza. Esta forma más inspiradora de expresar su objetivo la entusiasmó y la motivó, y la primera semana adelgazó cuatro kilos. Estaba encantada con su «proyecto de belleza» y decidida a cumplir su objetivo sin hacer ningún esfuerzo. También dejó de despreciar su talla y rechazar su cuerpo, y consiguió disfrutar de la paz y la autoaceptación a las que había aspirado durante tanto tiempo.

Te aconsejo que seas muy consciente de las palabras que empleas y también de las que escuchas. Esto te da poder. Debes saber que las palabras preparan el terreno para atraer cosas a tu vida. De manera que si escuchas que alguien está chismorreando, aléjate. Si una persona está criticando a otra, guarda silencio. Cuando te abstienes de intervenir en conversaciones negativas, por un lado mantienes tus vibraciones oscilando a un ritmo superior, y por otro, también proteges a los demás, pues al dejar de escucharlos los ayudas a que sus vibraciones no disminuyan.

SÉ SINCERO

Además de ser consciente de las palabras que utilizas y de la vibración que transmiten, es igualmente importante que seas sincero y auténtico mientras hablas. Esto es útil por todo tipo de razones obvias, pero desde la perspectiva de conectar con tu intuición, decir la verdad es esencial para generar calma y silencio dentro de ti y poder así escuchar tu voz interior. No decir la verdad de forma intencionada, o por defecto, crea una cacofonía interna de vibraciones conflictivas ruidosas. Esto se debe a que el cuerpo dice únicamente la verdad, mientras que el cerebro del ego puede manifestar muchas cosas que no son verdaderas. Y el choque de estas vibraciones es intensamente disonante. Gran parte de nuestro ruido interior procede de nuestra propia frustración y pesadumbre por no expresar lo que realmente sentimos o por no comunicarnos sinceramente desde el corazón. Estas condiciones generan una frecuencia tan conflictiva que nuestra voz interior queda sofocada, y ya no podemos escucharla. Quizás sea esta la razón principal por la que muchas personas tienen problemas para percibir su intuición; no son capaces de superar las interferencias para sintonizar con su guía interior.

Puedo entender el motivo por el que las personas no se expresan sinceramente. Muchos de nosotros hemos sido entrenados y condicionados desde que éramos niños para no ser francos con aquellos que tienen poder sobre nosotros. ¿Quién no ha escuchado en su infancia advertencias constantes —como por ejemplo «pórtate bien», «no digas eso» o «shhhh, eso no es de buena educación»— cuando decíamos la verdad? De esta forma, nos enseñaron a que nos resignáramos a no ser nosotros mismos para poder pertenecer a la sociedad y recibir cuidados y atención. El precio que pagamos por renunciar a nuestra propia persona es la confusión. Hemos sido condicionados para ignorar nuestra verdad interior y buscar la aprobación externa, con el fin de ser aceptados en el mundo. No obstante, si cuando éramos niños dependientes no teníamos el poder de decir la verdad, ahora que somos adultos sí lo tenemos. Tal vez no sea fácil, y es probable que tu niño interior siga estando asustado, pero en el mismo momento en que te liberas de ese miedo y pronuncias tus verdaderos sentimientos, recuperas el poder de tu espíritu. Cuando hablas desde el corazón –tu verdadero Ser– con valentía, convicción, y calma, cualquier trauma psíquico del pasado se disuelve, comienzas a reconectar rápidamente con tu voz interior y vuelves a fluir armoniosamente con tu espíritu.

Se necesita coraje para decir la verdad porque hacerlo puede resultar peligroso pero, en última instancia, esto es mucho mejor que renunciar a ser tú mismo. La clave es mantener la serenidad y tener claridad y, como mínimo, ser sincero contigo mismo. Si decir la verdad frente a otros puede generar consecuencias peligrosas, no reveles tus verdaderos pensamientos y empieza a hacer planes para alejarte de esas personas.

Ser sincero no significa imponer tus puntos de vista. Significa expresar tus verdaderos sentimientos en vez de ignorarlos. Deja de estar siempre de acuerdo, o aprobar discursos ajenos que no son adecuados para ti, y comienza a comunicar de la mejor forma posible lo que necesitas o lo que te resulta más efectivo en cualquier situación, incluso si al principio esto te hace sentir incómodo o te provoca ansiedad.

Para poder expresar tus opiniones, relájate, conéctate contigo mismo y con todo aquello que está realmente alineado con tu espíritu, antes de empezar a hablar. Luego respira profundamente, concéntrate en tu propia persona y comienza a hablar de forma serena y sensata.

Mi clienta Jeanne trabajaba como veterinaria en un hospital para animales en el que había una plantilla insuficiente. Su agenda laboral se duplicó cuando una colega pidió una baja por maternidad y el hospital no la reemplazó por otra cirujana, como debería haber hecho.

Como a Jeanne le gustaba trabajar en equipo, aceptó cubrir durante algunos meses el puesto de la veterinaria que estaba de baja, aunque esto supuso estar sometida a una tremenda presión y prácticamente le impidió ocuparse de sus propios compromisos familiares.

Un poco más adelante, la colega que estaba de baja decidió extenderla otros tres meses.

El director del hospital llamó a Jeanne para informarle que tendría que mantener su apretada agenda otros tres meses. No le preguntó si estaba dispuesta a mantener esa agenda, simplemente le comunicó lo que tenía que hacer. Jeanne estaba furiosa porque el hospital seguía cargándola con todo ese trabajo sin siquiera preguntarle si estaba de acuerdo. Necesitaban otro veterinario, pero se estaban aprovechando de Jeanne para no tener que contratar a nadie.

Mientras escuchaba al director indicándole lo que tenía que hacer como si ella no tuviera nada que decir sobre el asunto, todo en Jeanne estaba gritando: «¡NO, no es justo! ¡Esto no es bueno para ti!». Luchó contra el condicionamiento que había recibido durante toda su vida, de ser una «buena chica» y «hacer todo lo que se le dice» y, finalmente, respiró profundamente y dijo con toda serenidad:

–Lo siento, no puedo hacerlo. No puedo asumir más trabajo. Sería perjudicial para mí y para mi familia, y por otra parte no haría bien mi trabajo con los pacientes.

El director se mostró sorprendido y respondió:

–¿Perdone?

Una vez más, con absoluta calma y resolución, Jeanne clavó los talones en el suelo para sentirse más segura y repitió con gran firmeza:

–Que no puedo trabajar más horas de las que ya trabajo.

Y luego permaneció en silencio. No sentía la necesidad de explicar nada e intuitivamente percibió que si seguía hablando perdería su determinación y su poder. El director y ella se miraron mutuamente sin decir palabra durante lo que pareció una eternidad, aunque en realidad solamente habían transcurrido unos escasos treinta segundos. Entonces el director respondió:

–De acuerdo.

Y eso fue todo.

Jeanne se giró y abandonó su despacho contenta y plenamente alineada con su espíritu. Era la primera vez que se había hecho escuchar en el trabajo para manifestar lo que quería sin echarse atrás. Estaba tan satisfecha consigo misma que sintió ganas de reír. Mientras regresaba a su consulta, su mente estaba en calma y se sentía conectada con su verdadero Ser, su espíritu.

Ser tu verdadero Ser —es decir, comunicar quién eres, lo que es adecuado para ti y lo que no lo es— requiere práctica, pero no dudes de que es la mejor decisión que tomarás en toda tu vida. La mejor vida posible es una vida auténtica, y no una vida que cambia por encargo con el fin de complacer a los demás y que supone grandes costes para ti. Para defenderte no es necesario que te quejes, te enfurezcas, ni chilles, ni hagas algo todavía peor. No obstante, requiere que seas fiel a ti mismo y lo expreses con palabras directas, amables y firmes. Esta es una decisión increíblemente empoderante. Es probable que al principio te dé un poco de miedo, pero a medida que lo practiques te resultará cada vez más fácil, y cuando menos lo esperes sencillamente ya no podrás vivir de otra manera.

SÉ CARIÑOSO

La mejor forma de tener una vida extraordinaria es conseguir que cada pensamiento y cada palabra que utilizas o escuchas sea lo más amable y enriquecedor posible. Esmérate por conseguir que hablar sinceramente, emplear las mejores palabras, expresarte desde el corazón y con respeto hacia ti y hacia los demás sea un valor personal. No hay forma más directa que esta: no hay atajos, desviaciones ni excepciones. En vez de mascullar «bien» cuando alguien te pregunta cómo te encuentras, expresa tus verdaderos sentimientos. No tienes ninguna necesidad de quejarte o protestar, solo debes ser auténtico. Cuando alguien te saluda, di: «Es un placer enorme verte. ¿Cómo se encuentra hoy tu espíritu?», en lugar de decir: «Estoy harto de este clima». Esto te ayuda a expresar tu gratitud por algo, en vez de sentir pena de ti mismo. Para ser auténtico y amable con las demás personas, primero tienes que ser amable y respetuoso contigo mismo. La energía que comunicas intenta ser honesta, amable, enriquecedora, cariñosa o creativa. O tal vez no lo intenta en absoluto, y en este caso te desconectarás de tu guía interior y desaprovecharás la oportunidad.

Intenta practicar la comunicación auténtica y afectuosa en cada oportunidad que se presente, hasta que se convierta en tu segunda naturaleza. Cuanto más sinceras, atentas y amables sean las palabras que utilizas, más rápido sentirás que tus vibraciones están despertando. Te sentirás más ligero, más libre, más empoderado y liberado de tu caos interior. Tu pecho se expandirá, tus hombros se relajarán, tu corazón se abrirá y tú te sentirás presente. Tu cháchara mental se acallará y será reemplazada por un tono más suave y más dulce, pero también más poderoso. Tu voz interior se hará escuchar, y tú te sentirás más en paz, mucho más creativo, alineado claramente con la persona que eres, y te dejarás guiar hacia dónde necesitas ir.

Entrenamiento *woo-woo*

Presta atención a lo que dices y a lo que escuchas. Utiliza bien las palabras y observa cómo te afectan las de otras personas. No participes en conversaciones provocadoras, independientemente de que tu participación esté o no justificada, porque te apartarán de tu camino. Resulta tentador dejarse arrastrar por el juego que propone el ego de «yo contra ti», pero este enfrentamiento no termina nunca. No entres en ese juego. Recuerda que estás íntimamente conectado con todas las personas que hay en el mundo, de manera que cuando atacas a alguien también te atacas a ti mismo. Esto es absolutamente cierto, más allá de que tu ego lo comprenda o no.

Reflexiona antes de hablar, y cuando manifiestes tus opiniones hazlo con sinceridad y confianza, y también con autocontrol, utilizando palabras amables que expresen aceptación, convicción y humor. Si te resulta necesario, puedes ensayar a utilizar este tipo de palabras, especialmente si no forma parte de tu estilo habitual. Si expresarte en persona te resulta muy difícil, hazlo por escrito empleando palabras que no sean defensivas, acusatorias ni ofensivas, y con total sinceridad. Tienes el derecho de ser quien eres, y conformarte con algo menos que eso nunca te hará feliz.

Debes tener mucho cuidado con las conversaciones a través de mensajes de texto. No han sido creadas para ser utilizadas en lugar de la comunicación de corazón a corazón, de modo que no te escondas detrás de ellas ni te dejes arrastrar hacia ellas. Limita tus mensajes de texto a tres oraciones. Todo lo demás es mejor decirlo con una llamada telefónica, en persona o por escrito en una carta real y enviada por correo.

Siéntete libre para enviar correos electrónicos, cartas y tarjetas cordiales y sinceras. Es una forma excelente de hacerles saber a los demás que piensas en ellos. Sin embargo, no dejes que todo termine ahí. Entrénate para decir lo que pretendes comunicar de forma eficaz y amable, aunque esto por el momento no sea un hábito regular. Presta especial atención a evitar el uso irreflexivo de expresiones inconscientes que pueden ser destructivas. Por ejemplo: «Morir por», «Mataría por», «¡Qué patético!», «Estoy harto de esto», «No puedo soportarlo» o «¡Aborrezco eso!». Amplía tu vocabulario para incluir palabras que sean precisas, bellas, sensuales, inspiradoras, misteriosas, convincentes y que fomenten pensamientos: palabras que expresen la belleza de tu maravilloso espíritu. Hazte con un calendario de esos que incluyen una palabra cada día, o con un diccionario, y aprende nuevos términos para expresar mejor tus intenciones. Cada día añade una nueva palabra a tu vocabulario, y ese mismo día utilízala al menos tres veces. Intenta irte a la cama cada noche pronunciando en voz alta cinco cosas positivas utilizando tu nuevo y bonito lenguaje.

Sabiduría *woo-woo*

Tus palabras tienen poder.

PROTEGE TU ESPÍRITU

Uno de los beneficios más prácticos que reporta escuchar tus vibraciones es la capacidad de reconocer la energía negativa para protegerte de ella antes de que te haga daño. Esto comienza por reconocer las vibraciones negativas en tu cuerpo, identificar la energía negativa en vez de negarla, intentar descubrir el origen de dicha energía, disiparla o distanciarte de ella rápidamente y transformarla en energía positiva cada vez que sea posible. Esto es más efectivo si lo haces paso a paso.

Paso 1. Identifica cómo siente tu cuerpo una mala vibración. Presta atención a cómo sientes físicamente las malas vibraciones, de la misma forma que cuando alguien te está mintiendo o engañando, o cuando algo no te parece bien, como por ejemplo en un acuerdo comercial. Así como reconocer prontamente los síntomas de un resfriado te permite hacer el tratamiento adecuado antes de que se convierta en algo más grave, la capacidad de detectar la negatividad antes de agobiarte puede ahorrarte enormes problemas y perjuicios potenciales.

Tu cuerpo registra las malas vibraciones antes que tu cerebro; percibe la energía discordante y te envía una señal. Puede ser a través de una opresión en el pecho o tal vez de una sensación de pesadez en la barriga. Incluso puede suceder que el vello de los brazos o de la nuca se te erice. Acaso simplemente experimentes una vaga sensación de temor o malestar. Todas estas señales pueden ser sutiles y es fácil que pasen desapercibidas a menos que estés muy atento. Sin embargo, hay algunas personas que sienten las malas vibraciones de una manera muy intensa. Independientemente de que sean sutiles o intensas, la clave es reconocer estas señales lo antes posible. En cuanto empiezas a reconocer conscientemente estas advertencias por lo que son, ya no serás capaz de ignorarlas nunca más.

El primer indicio que suelo tener ante una mala vibración es que mi respiración se torna superficial, como si me faltara el aire, y siento tensión en la parte superior del pecho y la garganta. A menudo noto una fuerte presión en la parte posterior de la cabeza o una sensación de desasosiego en el corazón. Si la vibración es realmente terrible o peligrosa, incluso puedo llegar a sentir pánico. Estas sensaciones me indican que la negatividad está apoderándose de mí, como si se acercara una tormenta, así que tengo que apartarme rápidamente de esa situación.

Suelo pedir a mis clientes que describan cómo sienten las malas vibraciones, para ayudarlos a que sean más conscientes de ellas. Jeanne dijo: «Cuando percibo malas vibraciones, siento como si estuviera hecha añicos». Gary respondió: «Al minuto de recibir malas vibraciones, me impaciento e incluso puedo ser grosero. Quizás esta sea la forma de defenderme de ellas». Otros clientes afirmaron que su corazón latía más rápido, que sentían la cabeza pesada, hormigueo en las manos o que se quedaban paralizados.

Haz una pausa ahora y describe cómo percibes físicamente las malas vibraciones. Intenta hacerlo de la forma más específica posible. Una vez que reconozcas qué es lo que siente tu cuerpo, serás capaz de comprender más rápidamente estas señales para poder protegerte mejor.

Paso 2. Exprésate en voz alta sin reservas y reconoce una mala vibración *en cuanto* la sientas. De esta forma muestras a los demás que estás plenamente alerta en toda situación. En el instante en que sientas que hay energía negativa a tu alrededor, di simplemente: «Tengo malas vibraciones»; «Aquí pasa algo, esto no me suena bien» o «De pronto no me encuentro bien», aunque lo digas en voz muy baja. En algunas ocasiones, el mero hecho de anunciar que sientes vibraciones negativas en el aire es suficiente para eliminarlas, especialmente si proceden de francotiradores psíquicos ocultos. Algunas malas vibraciones son muy evidentes, como cuando tu pareja te grita o un extraño te amenaza con ademanes ofensivos. No obstante, las vibraciones de los francotiradores psíquicos, esos que te envían secretamente sus flechas venenosas de negatividad mientras se enmascaran detrás de apariencias amables y halagos, son aún más siniestras. Este tipo de malas vibraciones son más fáciles de eludir o ignorar, especialmente si no tienes experiencia, no estás habituado a confiar en tu radar psíquico, eres demasiado confiado o eres una persona que solo intenta ser «amable».

Mi clienta Celine conoció en cierta ocasión a una mujer que le dio malas vibraciones, pero aun así insistió en ser su amiga. Esta mujer era aduladora, la invitaba a eventos interesantes y solía hacerle pequeños regalos. Era muy divertida y no parecía poner a prueba sus límites, ya que no hacía nada abiertamente que pudiera sugerir un peligro. Sin embargo, Celine se sentía un poco incómoda cada vez que estaban juntas. Aun así, pensaba que no estaba bien estar en guardia con una mujer tan dulce como ella, de manera que les restó importancia a sus vibraciones. «Bajé mis defensas —se lamentó Celine mientras me contaba esta historia—. Al poco tiempo, mi nueva amiga me pidió que le dejara algo de dinero, y se lo presté. Luego me preguntó si podía quedarse en mi casa, porque su compañera de piso se había mudado repentinamente y había cancelado el alquiler. Otra bandera roja. Sentí que su petición era inapropiada, puesto que no la conocía muy bien. No obstante, me avergüenza decir que acepté, a pesar de que en lo más profundo de mí sabía que estaba cometiendo un error. Sencillamente, no fui capaz de encontrar un motivo para negarme.

Se quedó en casa durante tres días y luego se marchó a la ciudad llevándose algunas de mis joyas y también algunas prendas de vestir. Y después de eso, ya no volví a verla. No me sorprendió. Sencillamente estaba enfadada conmigo misma por haber permitido que todo esto sucediera. Superar este episodio fue como haber superado una terrible enfermedad».

Sentí compasión por Celine. Quería ser amable y su amiga se aprovechó de ella. Sin embargo, sabía interiormente que no era una persona de fiar, aunque le resultara difícil reconocerlo. (Mi madre solía decir: «Un huevo podrido no deja de ser un huevo podrido, aunque esté decorado como un huevo de Pascua»).

Como le pasó a Celine, tú también puedes cuestionar, o incluso negar, una mala vibración porque no tienes una evidencia clara que respalde lo que estás sintiendo. No obstante, no debes comprometer tu seguridad cayendo en esta trampa. Si tienes malas vibraciones, no necesitas ninguna otra prueba. Si sientes que algo no va bien, independientemente de lo difícil que pueda ser comprobarlo, confía en tus vibraciones y mantente alejado. Tendrás que soportar un poco de presión por tus sospechas, especialmente de aquellas personas que solo tienen cinco sentidos y lo niegan prácticamente todo, pero ¿a quién le importa?

He hablado con mucha gente que prefiere no admitir que siente malas vibraciones, porque les resulta muy incómodo y les parece de mala educación. Sin embargo, esto no es más que el viejo condicionamiento que te insta a asumir la responsabilidad de hacerte cargo del ego de otra persona y darle prioridad sobre tu bienestar. Esto de ningún modo es así, y nunca da buenos resultados, solamente causa que te sientas molesto y renuncies a ti mismo.

Ámate a ti mismo y acepta expresarte cuando tienes la sensación de que las malas vibraciones te están afectando. Las malas vibraciones pueden dañarte tanto como un maltrato físico, y no tienes ninguna necesidad de tolerarlo. Puedes reconocer una mala vibración sin ser grosero, limitándote a decir: «Esto no me parece bien», y nada más. A menudo, la energía negativa comienza a disolverse por el mero hecho de ponerla al descubierto, porque se alimenta de oscuridad y ocultación y no puede soportar ser expuesta a la luz.

LA NEGACIÓN NO ES PROTECCIÓN

Tal vez el mayor bloqueo que te impide protegerte de las malas vibraciones sea la negación. Algunas personas prefieren no enterarse de que algo negativo está acechándolas. Esto puede ser difícil de entender; sin embargo, es tan común que me quita el aliento. En vez de ser sinceros con nosotros mismos, elegimos evitar las sensaciones negativas. Entonces aceptamos esa ilusión y terminamos sufriendo y sintiéndonos víctimas, a pesar de que en lo más profundo de nuestro corazón siempre habíamos sabido que algo estaba fallando.

Betty me pidió una cita porque quería compartir conmigo una buena noticia. Estaba entusiasmada porque tenía un nuevo novio, Mark, a quien había conocido recientemente en una plataforma digital. Habían estado chateando durante más de un mes, antes de conocerse en persona un par de semanas atrás. No podía creer lo buena persona que era este hombre, especialmente porque había sufrido mucho durante los últimos quince años. Él le había contado que había perdido a su mujer cinco años atrás debido a un cáncer de mama y estaba empezando a entrar de nuevo en el mundo de las citas después de un devastador periodo de duelo. En la primera conexión por Zoom se produjo el amor a primera vista. Él era guapo, tierno, le encantaba bailar, se reía con facilidad y quería pasar todo el tiempo posible con Betty. Ella me contó que se divertía mucho con él, pero añadió que a veces era «un poco intenso» y que «iba a tope». Luego sonrió ampliamente una vez más y continuó:

—¡Realmente es un tío increíble!

—*Intenso* y *va a tope* no son palabras que describen buenas vibraciones —respondí, antes de seguir escuchándola.

Betty se justificó diciendo:

—¡Oh no!, no lo decía en sentido negativo. Me refiero a que estoy acostumbrada a estar sin pareja, y él quiere estar todo el día conmigo. Eso me hace sentir muy halagada.

—¿Te sientes halagada o sofocada? —continué.

Ella comenzó a enfadarse conmigo.

—Sonia, te estoy dando una impresión equivocada. Mark es un hombre maravilloso. ¡Mira, nos hemos prometido! —dijo rápidamente mientras extendía la mano hacia mí para mostrarme una enorme sortija.

—¡Guau, qué rápido! —exclamé—. Y, válgame Dios, esa sortija es realmente impresionante.

—Sí, lo sé —respondió con un tono de voz un poco más suave—. Pero, en realidad, me parece que está muy bien —insistió.

La miré directamente a los ojos y le pregunté:

—¿Bien para quién, Betty?

—¿Qué quieres decir? —me preguntó a su vez, como si no entendiera mi insinuación e ignorando las alarmas psíquicas que empezaban a sonar en la habitación—. Lo único que quiero es que me digas que voy a ser feliz, Sonia. Y que tú seas feliz por mí —dijo apresuradamente.

Aunque me hubiera gustado alegrarme por Betty, no podía hacerlo porque en realidad estaba preocupada por ella. Cada palabra que pronunciaba rebotaba en mí y luego caía al suelo con un ruido sordo. Lo que se estaba vendiendo a sí misma, y me estaba vendiendo a mí, sencillamente no era verdad. Sonaba a manipulación, control, presión y falta de honestidad.

—Betty, me gustaría tener buenas vibraciones. No quiero arruinarte la fiesta, pero te sugiero que te tomes un poco de tiempo, que seas sincera contigo misma y no te dejes llevar por lo que él desea. Te arrepentirás. Si es el hombre perfecto, no tendrá ningún problema en dejar pasar un poco de tiempo, para que las cosas fluyan más armoniosamente.

Betty se enfadó al escuchar mis palabras.

—No puedo creer que estés diciéndome esto. Por primera vez en toda mi vida, sé que esto es algo positivo para mí. Y voy a casarme con él la próxima semana. Me siento decepcionada al ver que no te alegras por mi felicidad —dijo Betty antes de marcharse furiosa.

Para mí fue un disgusto que siguiera adelante con sus planes, pero no había nada que pudiera hacer. Ya lo había decidido, de manera que recé para que su alma pudiera aprender lo que necesitaba saber viviendo esa experiencia con el menor daño posible.

Betty se casó con Mark, tal como me había dicho. No supe nada más de ella hasta que pasaron dos años. Cuando finalmente volvió a verme, me dijo:

—¿Por qué no impediste que me casara con Mark?

—No quisiste escuchar lo que quería decirte, así que respeté tu deseo —respondí.

—Ojalá no lo hubieras hecho. Ahora estoy inmersa en un divorcio muy complicado. Una verdadera pesadilla.

A pesar de lo dulce que parecía ser, Mark no resultó ser un tipo tan amable. Era adicto a los somníferos y se había endeudado hasta las cejas después de que lo despidieran de su trabajo un año después de la boda. Betty había perdido mucho dinero porque, embelesada con su romance, se había negado a firmar un acuerdo prenupcial, a pesar de los consejos de sus amigos, que habían intentado convencerla sin éxito.

—Y lo peor es que el anillo de compromiso era de zirconio, ni siquiera era un diamante de verdad —se lamentó—. Me embaucó desde el principio hasta el final.

En ese momento, no pude menos que cuestionar sus palabras.

—¿De verdad, Betty? ¿En ningún momento tuviste malas vibraciones?

Betty se quedó en silencio y luego admitió:

—Sí, las tuve. Sabía que algo iba mal, pero quería convencerme desesperadamente de que Mark era de fiar, así que ignoré esas vibraciones.

Betty no tuvo el final feliz que tanto deseaba. Se había subido a un tren que había descarrilado, y lo peor de todo es que lo había visto venir.

Paso 3. Identifica de dónde procede la negatividad. Empieza por comprobar si eres tú la fuente de esa negatividad. Si estás cansado, hambriento, estresado, tienes prisa, no te sientes a gusto contigo mismo o algo de lo que hay en tu vida no te hace feliz, no debes sorprenderte de que seas tú quien envía malas vibraciones a otras personas (ver el paso 2, página 130). A veces somos nuestro peor enemigo y una simple negligencia física es todo lo que necesitamos para sentir que el mundo está en contra nuestra.

También puedes sentir vibraciones negativas porque estás siendo excesivamente crítico contigo mismo. Si es así, ¡relájate! Cambia tu foco de atención y empieza a pensar en ti mismo, en los demás y también en el mundo entero en términos más positivos. La negatividad es contagiosa, pero también lo son las energías positivas. Muévete rápidamente hacia un plano superior, llenándote de la mayor cantidad posible de energía positiva. Emana buenas vibraciones y pide a los demás que hagan lo mismo contigo.

Yo tengo un mensaje en mi contestador que dice: «Ahora no estoy en casa. Deja un mensaje positivo y te devolveré la llamada». Es increíble la cantidad de gente que cuelga al escuchar ese mensaje que bloquea una tonelada de malas vibraciones y comunicaciones negativas. Y los mensajes que quedan grabados son tan maravillosos y alentadores que me alegran el día.

Cuando no eres capaz de identificar el origen de las malas vibraciones y sientes la necesidad de conocerlo, puedes hacer una investigación psíquica. Pídele a tu espíritu que te guíe y luego hazle un montón de preguntas. Para empezar puedes preguntar: «¿Estas malas vibraciones son mías o provienen de otra persona?». A continuación, puedes hacer preguntas referidas a los demás: «¿Esta energía procede de mi familia, mis vecinos, mis amigos o mis compañeros de trabajo?». Otra forma de descubrir el origen de la mala vibración es cerrar los ojos y preguntar: «¿Quién eres?», y luego prestar atención a quién es la primera persona que aparece en tu cabeza. Después puedes preguntar: «¿Qué es lo que quieres?», y estar atento a la respuesta que recibes. Esto es como un trabajo de detectives, que te ayuda a poner a punto tu propio detector de malas vibraciones. Cuanto más te dediques a encontrar evidencias psíquicas, más preciso será tu radar de malas vibraciones.

Recientemente salí a comer con mi amiga Elena y me di cuenta de que su Ser no brillaba con su intensidad habitual. Por ser como soy, evidentemente, le pregunté qué era lo que le estaba pasando.

—Pareces estar ausente —le dije.

—Lo estoy —admitió—. He estado así toda la mañana. Tengo malas vibraciones y me siento incómoda.

—¿Podrías decir de dónde proceden? —le pregunté.

—Creo que provienen de una mujer llamada Josephine, que acaban de contratar en mi empresa. No sé cuál es el motivo, pero he sentido que por alguna razón no le he caído bien. Y ahora siento que su energía me está afectando más de lo que desearía. Esta sensación surgió durante una reunión en la oficina ayer por la mañana y no me ha abandonado desde entonces. No quería admitirlo, porque me genera ansiedad y me hace sentir incómoda, pero ahora que he podido expresarlo en voz alta, sé que es verdad.

—¿Y qué crees tú que es lo mejor que puedes hacer con sus malas vibraciones? —le pregunté. Se quedó pensando un buen rato.

—Pues creo que lo mejor es no hacer nada. Voy a devolverle sus malas vibraciones. No me pertenecen y no tengo que hacer nada. Es ella la que debe ocuparse de resolverlas.

Elena pudo relajarse en cuanto identificó a la culpable de esa mala energía. Al identificar el origen de sus malas vibraciones, estas dejaron de afectarla negativamente. Y la decisión de no asumirlas como propias fue una excelente idea. Después de hablar de ese tema, disfrutamos de una maravillosa comida y del resto del día.

¡ALTO AHÍ!

En algunas ocasiones no podemos estar seguros del origen de la ne-gatividad independientemente del empeño que pongamos. La buena noticia es que con un poco de práctica, todo puede cambiar. Cuanto más entrenes tu mente para prestar atención, más astucia desarrolla-rás, especialmente en lo que se refiere a la protección psíquica. Mien-tras tanto, puedes crear un escudo psíquico de protección contra ma-las vibraciones, diciendo simplemente «¡alto ahí!»* y con la intención real de que eso suceda.

Mi amiga LuAnn me enseñó a llevar esto un poco más lejos, uti-lizando un bote de vidrio con tapa y metiendo en él un trozo de papel con la frase: «Congelo toda negatividad, conocida o desconocida, que se dirija hacia mí a partir de este mismo momento». Si decides hacer-lo, llena el frasco con agua y colorante alimentario azul para añadir más protección y congélalo. En cierta ocasión trabajé con una ayudante que se sentía muy desgraciada y proyectaba constantemente su energía negativa en mi dirección. Quería despedirla, pero en aquel momento no tenía suficiente valor para hacerlo, de manera que la «congelé». Al día siguiente renunció, y creo que las dos nos sentimos muy aliviadas.

Congelar las malas vibraciones siempre obra milagros para mí, porque el ritual potencia mi intención. Cada vez que defines una in-tención con un deseo genuino, esta se torna muy potente. El vidrio, el colorante azul, la escritura y el congelador involucran todos mis sen-tidos y activan mi imaginación, que es la herramienta más maravillosa que tenemos para las intenciones. Una clienta me contó una vez que había utilizado una cubitera para congelar la negatividad que llegaba a su vida. Había escrito el origen de cada mala vibración, uno por uno, y había colocado cada trozo de papel en los espacios destinados a los cubitos. Luego había puesto la cubitera en el congelador. «La primera

---

* N. de la T.: En inglés una de las expresiones que se utilizan para dar el alto es *Freeze!*, que literalmente significa 'congelar', de ahí que en los párrafos siguientes la autora hable de congelar la negatividad.

vez que lo hice no podía dejar de reírme —me comentó—. Yo no sé si es la risa o el hecho de congelarlos, o tal vez ambas cosas, pero el caso es que siempre funciona».

También puedes detener las malas vibraciones dirigiéndote en voz alta a su origen, sea conocido o desconocido: «¡Que salgan a la luz! No tengo ninguna intención de recibirlas. No me pertenecen». Pronuncio estas palabras en cuanto siento malas vibraciones alrededor de mi cabeza. Enviar la energía negativa a una frecuencia más elevada evita que se pegue a mí y logra que en el camino se transforme.

Paso 4. Coloca un escudo de protección a tu alrededor. Si sientes que la negatividad se está acercando a ti, comprueba si te sientes en peligro. Si experimentas esa sensación, aléjate y cúbrete mentalmente con un escudo de protección amoroso que tenga una luz blanca. Envía todas esas malas vibraciones hacia la luz y no mires atrás.

No debes tener miedo de la energía negativa de otras personas. Puede ser desagradable, incluso repugnante, pero si no tienes miedo le arrebatarás su poder. De la misma forma que te alejarías de un perro que te ladra, apártate lentamente, mira directamente a la negatividad y proyecta que eres tú quien está al mando, conectado con tu espíritu y sin albergar ningún temor. Tu espíritu es más poderoso que cualquier ego.

Comprueba tu corazón. ¿Esta mala vibración es algo que puedes abordar con serenidad, mediante una comunicación serena y amable? Si la respuesta es sí, y eso no te expone a ningún daño, puedes intentar mejorar las cosas preguntándole a la fuente de tus malas vibraciones si le importaría discutir contigo lo que está ocurriendo. Invoca al amor Divino para que te ayude a resolver el problema y transformar la situación. Si hay malas vibraciones entre tú y un buen amigo o amiga, un miembro de tu familia o cualquier otra relación personal íntima, lo más coveniente y lo que mejor funciona es una comunicación afectuosa y sincera. Si la mala energía procede de alguien desconocido, o incluso de alguien que no te cae bien, envía la situación negativa y su fuente hacia la luz y déjalas ir.

La negatividad a menudo se origina en malentendidos que pueden resolverse fácilmente si te acercas a la otra persona con una actitud amable y el corazón abierto. Por lo general, las malas vibraciones no son más graves que el mal aliento y pueden curarse rápidamente si se consigue llegar a la causa. Debes identificar el problema y ocuparte de él lo más pronto posible, expresándolo siempre con amabilidad. Por ejemplo, puedes decir: «Creo que entre nosotros se ha instalado la confusión y la negatividad. ¿He hecho algo que haya podido ofenderte? ¿Hay algo que necesites de mí y que yo no he sabido ver? Me gustaría despejar la energía negativa que hay entre nosotros, y para hacerlo necesito tu ayuda». Esto genera una oportunidad para que ambas partes expresen sin ningún temor cuáles son las necesidades que no han sido atendidas. Algunas veces las malas vibraciones son solamente malentendidos que se nos van de las manos. Ocuparse del «elefante de malas vibraciones que hay en la habitación» con el deseo genuino de resolverlas es a menudo todo lo que se necesita para mejorar las cosas.

Paso 5. Por último, recuerda que a veces una mala vibración es solamente una mala vibración. Quizás alguien está teniendo un mal día, y tú accidentalmente te interpones en su camino. Te sugiero que no te tomes personalmente la energía negativa de otra persona, aun cuando esté dirigida a ti. Las malas vibraciones son oportunidades perdidas para amar, comprender y comunicarse eficazmente. De modo que reza por la sanación y luego aléjate rápidamente. Mientras lo haces, rodéate de los pensamientos más afectuosos y amables posibles. Envía pensamientos cariñosos a todas las fuerzas hostiles que se acercan a ti, porque los necesitan.

El mero hecho de distanciarte de la negatividad interrumpe la conexión, despeja el aire, te conecta a tierra y te ayuda a bajar tus defensas. Esta actitud abre tu corazón y te conduce hacia una perspectiva más elevada. Esto es especialmente cierto cuando te encuentras en medio de una discusión acalorada. Si decides marcharte, lo mejor es que lo hagas con delicadeza, sensibilidad y discreción. Si eres capaz de abandonar una situación tóxica, hazlo lo más rápido que puedas. Si la vibración negativa está enfocada en ti, pero no tienes la posibilidad de marcharte rápida y discretamente, puedes simplemente decir: «Necesito dar un paseo y pensar. Podemos volver a hablar de esto cuando los dos estemos más tranquilos». Y luego abandona el lugar.

Cuando tomas distancia te resulta más fácil utilizar tu juicio sabiamente para discernir hacia dónde te diriges y con quién. Si algo no te parece adecuado para ti, confía en tus vibraciones y mantén la distancia. No te preguntes por qué algo no está funcionando, no necesitas comprender la energía negativa para saber que es tóxica. Después de todo, cuando se trata de protegerte a ti mismo, tú estás al mando. Nadie puede hacerlo mejor que tú. En gran parte, vivir una vida más elevada implica prestar atención a todo lo que sientes y actuar en consonancia.

Y recuerda: todos estamos conectados, de modo que cuanto más positivas sean las vibraciones que envías a los demás, menos vibraciones negativas encontrarás en tu camino.

Entrenamiento *woo-woo*

Protégete energéticamente del siguiente modo:

1. Presta atención a tu cuerpo y observa si sientes una mala vibración.
2. Reconoce la energía negativa rápidamente y nómbrala en voz alta.

CONFÍA EN TUS VIBRACIONES

3. Intenta identificar de dónde proceden las malas vibraciones y aléjate de ellas si es necesario.
4. Transforma lo negativo en positivo mediante una comunicación amable.
5. Haz todo lo que esté en tus manos para enviar hacia la luz el resto de la energía negativa.

Una vez hecho esto, crea conscientemente buenas vibraciones. Reconoce a las personas y las situaciones que son adecuadas para ti. Presta siempre mucha atención a la energía que te rodea. Recuerda que no debes considerar ninguna vibración o energía negativa como algo personal. Simplemente no permitas que te haga daño alguien que ha perdido la oportunidad de amar. Coloca un escudo de energía positiva y cordial a tu alrededor para detener cualquier energía desagradable. Y recuerda que si las vibraciones que estás recibiendo son negativas, siempre puedes alejarte de ellas o congelarlas.

Sabiduría *woo-woo*

Envía buenas vibraciones y aléjate de las negativas.

PRÁCTICA INTUITIVA 10

SINTONÍZATE

A partir del momento en que empiezas a confiar en tus vibraciones, paulatinamente tomas conciencia de que somos algo más que seres físicos, separados unos de otros y limitados por el tiempo y el espacio. Comienzas a entender que somos seres espirituales, e independientemente de que nuestro ego lo sepa o no, estamos psíquicamente conectados y nos comunicamos mutuamente en diferentes niveles energéticos: compartimos pensamientos, sentimientos, ideas y creencias en todo momento. Esto se conoce como telepatía. La telepatía funciona igual que una emisora de radio, solo que envía y recibe frecuencias en anchos de banda que no son físicos.

Tenemos dos canales telepáticos principales, la cabeza (ese perro ladrador que es el ego) y el corazón (el espíritu). Las transmisiones del canal de la cabeza van de ego a ego. Cuando nos conectamos telepáticamente a través de este canal, enviamos y recibimos los pensamientos, ideas, creencias y sentimientos de nuestro ego. Estas transmisiones pueden ser beneficiosas o perjudiciales, y eso depende de lo evolucionado que sea tu ego. Un ejemplo de intercambio beneficioso es cuando dos científicos que están en regiones opuestas de la Tierra tienen simultáneamente la misma comprensión científica sin haberse comunicado directamente. En este caso, ambos están sintonizados con la misma transmisión energética en el mismo momento, están descargando la misma información y aplicándola para ayudar a la humanidad. Un intercambio de bajo nivel se produce cuando las personas de una raza sugieren que las que pertenecen a otra raza son todas «iguales» y que no merecen respeto. Esta conversación radiofónica AM del tipo de blablablá perpetúa los pensamientos, las creencias y los sentimientos negativos, que generan aún más separación y desconfianza entre las personas y favorecen que el miedo siga dominándonos. Estas transmisiones de bajo nivel se cuelan en las mentes y se apoderan de ellas, y es bastante frecuente que esas personas ni siquiera se den cuenta de lo que está ocurriendo. Aquellos que son dispersos, están desconectados, son adictos o luchan denodadamente por sobrevivir, por lo general son más vulnerables a ser secuestrados por la telepatía masiva de bajo nivel. Estos individuos pueden advertir que estas comunicaciones de bajo nivel llenan su cabeza con todo tipo de creencias negativas, ideas aterradoras, convicciones nocivas y proyecciones desagradables que no nacen de su experiencia directa sino de rumores psíquicos. Esto es un ejemplo de lo que en un capítulo anterior denominé gentuza psíquica. Lamentablemente, la cantidad de personas que hoy en día sintonizan con gentuza telepática está creciendo a un nivel exponencial, y esto tiene efectos devastadores sobre nuestra sociedad y nuestro planeta.

Esta clase de intercambio telepático es realmente desalentador y fomenta el estrés, la ansiedad y el temor a «otras personas que no son como tú», además de generar impotencia. No añade nada a tu calidad de vida ni mejora tus relaciones. La mejor manera de evitar la telepatía de bajo nivel es desactivar ese canal, concentrándote en lo que te interesa y en las personas que amas. Esta actitud cambia tu foco de atención para dirigirlo hacia tu espíritu y te sintoniza automáticamente con tu canal telepático superior, el corazón. La telepatía del corazón no se transmite de espíritu a espíritu. Es una frecuencia muy superior en la que nos conectamos mutuamente desde nuestro más auténtico Ser Divino Superior. Esta relación telepática afirma que siempre estamos conectados a través del amor con las personas que están sintonizadas con la misma frecuencia elevada que nosotros y que están aquí para amarnos y ayudarnos espiritualmente a lo largo de nuestra vida.

Afortunadamente, la telepatía del chakra del corazón también está creciendo de manera exponencial. Cada vez somos más los que abrimos espontáneamente nuestro chakra del corazón y volvemos a conectarnos con el Espíritu Divino que hay en nuestro interior y también nos conectamos entre nosotros, aportando cada vez más amor al planeta. La telepatía del chakra del corazón es uno de los placeres más dulces de la vida. Transforma la vida en experiencia mágica a través de millones de pequeñas cosas que marcan una gran diferencia en nuestros puntos de vista.

Un ejemplo simple de telepatía del chakra del corazón es pensar en un viejo y querido amigo del instituto y ese mismo día cruzarnos con él en la calle. O pensar en una canción que te gusta, y a los pocos segundos escucharla por la radio. O tener ganas de comer chocolate y al dar la vuelta a la esquina encontrarte con una maravillosa tienda de chocolates que acaban de inaugurar. Todas estas son sorpresas maravillosas. Esta clase de telepatía es la razón de que existan las sincronicidades, esos encuentros aparentemente fortuitos que se producen por estar en el lugar adecuado en el momento oportuno. La telepatía del chakra del corazón nos hace sentir conectados, amados, sorprendidos, seguros y apoyados, y facilita que nos encontremos en el lugar idóneo para recibir todo tipo de bendiciones, o lo que se conoce como «dejarnos fluir».

El ejemplo más común de una relación basada en la telepatía del chakra del corazón es la que se establece entre los miembros de una familia. Cuando yo era pequeña, mi madre solo tenía que salir al porche que había delante de la casa y «emitir señales» para que volviéramos a cenar. Nosotros sentíamos sus vibraciones y regresábamos corriendo a casa. Por haber escuchado la misma historia de varios de mis clientes, me atrevo a afirmar que esta es una experiencia universal. Estoy convencida de que el poder de la madre es uno de los hilos telepáticos más fuertes que hay; después de todo, venimos de nuestra madre, de manera que esto tiene sentido.

Esta relación telepática entre madre e hijo puede durar toda la vida y puede ser reconfortante y útil, además de práctica. Por ejemplo, el mes pasado estuve en Londres visitando a mi hija Sabrina y su familia. En el último momento, antes de tomar el tren para regresar a París, donde vivo actualmente, concerté una cita con el dentista, porque la noche anterior se me había roto accidentalmente una muela y necesitaba repararla lo antes posible. Tuve la suerte de que me dieran una cita para ese mismo día con un buen dentista. Antes de pedir la cita me surgieron algunas dudas porque iba a tener poco tiempo para regresar al apartamento de Sabrina, recoger mis cosas y llegar puntual a la estación para tomar el tren. Sin embargo, finalmente decidí hacerlo porque necesitaba solucionar el problema de inmediato y no conocía ningún dentista en París que fuera especialista en ese tipo de trabajo dental.

Después de terminar de hacer mi equipaje para volver a casa, abandoné el apartamento apresuradamente y me despedí de mi hija y de mi nieta, que estaban a punto de salir para hacer su paseo diario por Regent's Park, un enorme y maravilloso parque que hay cerca de su casa, en el centro de Londres. Luego caminé rápidamente en la dirección opuesta y atravesé el parque para llegar puntual a la consulta del dentista.

Mientras estaba sentada en la consulta odontológica de pronto me di cuenta de que había dejado mi teléfono y mis llaves en el apartamento. No tenía ninguna forma de conectarme con mi hija para comunicarle que era necesario que regresara a su casa para que yo pudiera entrar, recoger mis cosas y marcharme. Si no conseguía hacerlo, perdería el tren.

Sin perder la calma, comencé a enviar un mensaje telepático a Sabrina, en el que le decía que necesitaba que volviera a casa. Después de que el dentista terminara su trabajo, salí a la calle con la idea de tomar un taxi pero cuando estaba a punto de hacerlo sentí el impulso de atravesar el parque andando. Como no tenía las llaves, no tenía ningún sentido darme prisa por llegar al apartamento ya que mi hija y mi nieta no estarían allí.

Seguí enviando mensajes telepáticos a Sabrina mientras caminaba por el parque y de pronto sentí la necesidad de sentarme en un banco. Treinta segundos más tarde, vi que Sabrina se acercaba por el sendero empujando el carro de su bebé. Al verme, gritó: «¡Mamá!». Me eché a reír, porque todo era perfecto. Cuando me preguntó qué hacía sentada en ese banco, le conté lo que había sucedido. Ella también comenzó a reírse, y me dijo: «Es evidente que recibí tu mensaje, porque estaba caminando en la dirección opuesta y a los pocos segundos cambié de idea y me di la vuelta para venir por este lado del parque».

La telepatía me salvó el día y consiguió que el final de mi viaje fuera incluso mejor que el plan original. Disfrutamos juntas de un hermoso paseo de camino a casa, lo que me dio la oportunidad de ver a mi nieta una vez más, despedirme de ellas sin prisas, recoger mi teléfono y mis llaves y llegar a la estación de tren media hora antes. Esos son los beneficios de tener una excelente conexión telepática del chakra del corazón con alguien que amas.

Por lo general, la telepatía funciona porque estamos sintonizados mentalmente con la misma frecuencia vibratoria que enviamos a los demás y básicamente nos sintonizamos con las frecuencias que nos interesan. Es un simple ejemplo de que lo semejante atrae a lo semejante: si estamos obsesionados por el miedo, eso es precisamente lo que vamos a atraer. Si, por el contrario, nos centramos en cosas positivas, estas llegarán telepáticamente a nuestra conciencia a través de los demás.

Tengo un amigo que suele ser bastante negativo y está absolutamente obsesionado por lo detestables, maleducados y desconsiderados que pueden ser los seres humanos. Cada vez que enciende la radio, escucha inevitablemente una noticia sobre alguien que se ha vuelto loco. En más de una ocasión se ha visto involucrado en circunstancias intensas. Por ejemplo, una vez una mujer intentó apartarlo de la carretera, y una tarde en el cine un hombre estuvo a punto de agredirlo cuando él le pidió que dejara de hablar durante la sesión. De hecho, mi amigo ha tenido más encuentros desagradables con extraños que ninguna otra persona que yo conozca. Y lo peor es que eso no solamente le ocurre durante el día, también tiene sueños que lo atormentan. Dos veces por semana sufre pesadillas recurrentes en las que unas figuras envueltas en sombras intentan asesinarlo. Estas energías son tan potentes que a veces siente su presencia en su dormitorio. Él insiste en que la negatividad se está apoderando del mundo, lo cual es verdad; sin embargo, no se está apoderando de todo el mundo, solamente de *su* mundo.

También tengo un amigo muy querido llamado Bill, cuya disciplina espiritual personal hace que se niegue a considerar nada que sea negativo o hablar de ello. Lo que hace es concentrarse en pensamientos tranquilizadores y compartirlos allí a donde vaya. A cambio, suele recibir innumerables invitaciones, cartas de agradecimiento, pequeños regalos y saludos cariñosos, cálidos y alegres de toda la gente que conoce. Más aún, también recibe las respuestas más cordiales de las personas más cascarrabias. Es como si su transmisión telepática sonara a música para los oídos psíquicos de los demás. No solamente consigue que la frecuencia de su vibración se mantenga firme y muy alta, también los pensamientos que fluyen hacia su campo de conciencia siguen siendo creativos, tienen sentido del humor y expresan mucho afecto.

En estos días lamentablemente es demasiado fácil dejarse llevar por pensamientos negativos, como le sucede a mi amigo pesimista: tendemos a quedarnos fascinados, e incluso hipnotizados, por imágenes oscuras. Desde las películas y los videojuegos violentos hasta las noticias y las redes sociales nos permiten comprobar que la muerte y la destrucción parecen atraer a una audiencia mundial que considera que esas cosas son entretenidas. Tal vez debido a que algunos individuos se sienten muertos y desconectados de la vida, esta fascinación por el horror, la violencia y las imágenes tortuosas les hace sentirse vivos de alguna manera en cierto modo pervertida.

Lo que pretendo decir es que ver una buena película de horror o acción de vez en cuando puede ser divertido, pero alimentar tu psique con una dieta incesante de negatividad y oscuridad envenena la mente y empuja al espíritu a ponerse en marcha para alcanzar un plano superior. Estas imágenes generan miedo, que a su vez conduce a la enfermedad, la depresión, la desesperación y la destrucción, y crea un cáncer telepático que corroe el espíritu. Esta es la peor versión de terrorismo psíquico.

Por desgracia, las frecuencias negativas han aumentado exponencialmente en los últimos veinte años, debido a los programas de radio en los que intervienen oyentes, a la televisión por cable, a las redes sociales y a Internet. En realidad, no es que la vida actualmente sea más negativa porque, de hecho, nunca ha habido más luz ni más amor en el planeta. No obstante, los medios de comunicación e Internet están manipulando las ondas mentales, oscureciendo la luz y dificultando cada vez más que podamos evitar ser arrastrados por una marea que nos hace daño.

El peor ejemplo en la historia mundial de manipulación telepática negativa es la Alemania nazi, donde personas normalmente razonables fueron infectadas telepáticamente con sumisión y odio, y a lo largo del proceso aceptaron la idea de exterminar a una etnia entera. Parecía que habíamos erradicado este tipo de conducta, pero ahora estamos observando la misma transmisión telepática masiva de destrucción a través de grupos radicales, terroristas y supremacistas blancos. De manera que, una vez más, estamos viendo que personas a las que consideramos sanas se convierten en verdaderos monstruos.

La mejor forma de impedir que una energía de nivel inferior te secuestre telepáticamente es concentrarte en lo que te interesa y en lo que amas y dedicar tiempo a sintonizar con tu corazón y tu espíritu, enviando amor a todo el mundo y a todas las cosas. Cuanto más conectado estés con el amor, más elevada será la frecuencia que tu espíritu transmitirá al mundo. Cuando tu espíritu está animado, estás más sintonizado con el chakra del corazón telepático positivo a través de las ondas psíquicas. Además, al concentrarte en energías inspiradoras, amables y basadas en el corazón, atraerás telepáticamente a tu vida a personas que tienen las mismas vibraciones que tú, creando un ciclo de autorreforzamiento de vibraciones positivas.

Tengo una clienta, Eve, que a pesar de haber tenido una infancia sumamente traumática es una de las personas más amables y amorosas que jamás he conocido. Se crio en una de las zonas más peligrosas de Detroit. Su padrastro, que era alcohólico, le propinaba palizas regularmente y en una ocasión estuvo a punto de matarla. Debido a esas agresiones, la internaron en un centro de acogida, separándola de sus hermanos, a los que amaba con todo su corazón. Allí, la vida fue todavía más difícil que en la casa familiar, y se escapó poco después de cumplir catorce años. Desde entonces ha vivido sola. A pesar de tener todas las razones del mundo para cerrar su corazón y sintonizar con los canales más inferiores del ego, Eve se negó a hacerlo. Por el contrario, mantuvo su corazón abierto y se inclinó por el amor, dedicando su vida a sanar a otras personas. Primero trabajó como enfermera, luego fue comadrona y posteriormente auxiliar médico. Soltera hasta después de haber cumplido cuarenta años, Eve encontró por fin al amor de su vida. Era un médico suizo que había venido a trabajar en una fundación de Míchigan, y su conexión fue puramente telepática. Se conocieron en un concierto de Stevie Wonder en Detroit en 1981. Ambos estaban solos y sentados uno al lado del otro. Bailaron toda la noche y fue una de las mejores veladas de su vida. «Yo no iba a asistir al concierto —me dijo Eve—, pero de pronto sentí que tenía que ir, así que me vestí para la ocasión. ¡Estoy tan contenta de haberlo hecho!».

Este es un hermoso caso de conexión telepática desde el chakra del corazón que sirvió para reunir a dos almas afines. Estaban en la misma longitud de onda basada en el corazón. Tiempo después se casaron y se trasladaron a Suiza. Eve vive actualmente en uno de los pueblos más bonitos del mundo. Tiene una vida tranquila y segura, y su marido la ama profundamente.

«No puedo creer la suerte que he tenido», me dijo la última vez que hablamos. Ahora ella y su marido están jubilados y se dedican a navegar y a la agricultura ecológica. Además, Eve está aprendiendo a hacer sus propias esencias de sanación con las flores que cultiva en su propiedad. «Mi vida es un cuento de hadas —comentó suspirando—. Te repito una vez más que no puedo creer que mi vida haya terminado siendo tan maravillosa». Teniendo en cuenta sus vibraciones constantemente amorosas y positivas, yo sí puedo creerlo.

Tomar la decisión de poner el foco en el amor no implica la filosofía de «esconder la cabeza en la arena» de Pollyanna* para evitar el mundo real, como podrían sugerir aquellos que son adictos a la oscuridad y a la desesperación. Por el contrario, es una actitud que se opone a todos aquellos que quieren controlarnos y proyectar sobre nosotros sus vibraciones negativas. Elegir mentalmente centrarse en el amor es una herramienta poderosa para luchar contra los opresores telepáticos más oscuros. Tomemos, por ejemplo, a Mahatma Gandhi, que liberó la India telepáticamente transmitiendo su inquebrantable convicción de que era necesario mantener la paz a toda costa. Su determinación era tan poderosa, y la forma de transmitirla a sus conciudadanos se basaba tanto en el amor y la no violencia, que consiguió que la India entera se uniera y conquistara su libertad sin necesidad de recurrir a las armas.

Cada uno de nosotros recibe todo tipo de telegramas telepáticos cada día. ¿Cuáles de todos ellos aceptas? ¿Los que transmiten vibraciones de sanación y luz? ¿O aquellos que generan histeria y oscuridad? Todos tus pensamientos se añaden a la reserva telepática

---

* N. de la T.: *Pollyanna* es una novela de Eleanor H. Porter publicada en el año 1913. Se trata de la historia sobre una niña llamada Pollyanna, huérfana de padre y madre, que es enviada a vivir con su estricta tía Polly. El personaje principal se caracteriza por una visión extremadamente positiva y un optimismo exacerbado. Actualmente en psicología se habla del síndrome de Pollyanna para referirse a quienes son patológicamente incapaces de ver el lado negativo de la vida.

colectiva de la humanidad. A pesar de que tú no tienes la responsabilidad de toda la contaminación que existe en el mundo, sí eres responsable de la que añades personalmente. Jamás he visto transmitir tanta negatividad, paranoia y desinformación como a través de los mensajes públicos, los programas de noticias por cable, Internet y las redes sociales en los últimos años. Una persona que carece de conexión con su espíritu es vulnerable y está expuesta a ser mentalmente secuestrada por estos predadores telepáticos de bajo nivel. Y cuando esto ocurre, esas personas comienzan a canalizar los pensamientos grupales y cada vez tienen menos pensamientos propios originales.

Como bien sabes, la actitud principal del ego es «yo contra ti», de manera que la vida para él se reduce a luchar para tener razón y a demostrar que cualquiera que no esté de acuerdo contigo es una amenaza que debe ser eliminada. Dicha conducta te revela que te has quedado pegado a tu ego y te has desconectado del espíritu. Como ya he dicho anteriormente, al ego solo le interesa la supervivencia, de manera que si alguna persona no comparte tu punto de vista, se transforma automáticamente en un enemigo.

No me interesa entrar en este reino telepático que causa divisiones ni seguir hablando de él en este libro, porque cuanto más te concentras en él, más tira él de ti. Así es como funciona, como una aspiradora superpotente. En vez de seguir con ese tema, prefiero invitarte a experimentar la transmisión que sale del corazón y fluye a través del canal telepático superior. Este es el canal telepático de las ideas creativas y sanadoras que unifican el mundo, cuidan nuestro planeta, resuelven los problemas que compartimos y buscan soluciones para eliminar el miedo y el sufrimiento. Este es el canal del arte, la música, los avances inspiradores en sanación, las soluciones para reducir la contaminación producida por los combustibles fósiles, los métodos para convertir nuestra basura en combustible no contaminante, y la limpieza de nuestros mares, entre otros intereses superiores basados en el corazón. Este es también el canal que transformará tu vida personal en una vida extraordinariamente hermosa, llena de bendiciones, conexiones magníficas y más amor del que nunca has conocido. Puedes sintonizar este canal cuando apartas de tu vida a todas aquellas personas que te impiden conectar con tu corazón y con tu bello espíritu y cada día te dedicas con amor a hacer lo que te gusta.

Si deseas contribuir a la sanación del mundo, puedes marcar una diferencia muy importante enviando telepáticamente pensamientos positivos y llenos de luz y, al mismo tiempo, rechazando los mensajes de oscuridad y desesperación. Cuando actúas de acuerdo con lo que te dicta tu corazón y transmites amor e inspiración, te conviertes en un faro que puede guiar a otras personas. Y cuantas más vibraciones de luz seas capaz de transmitir, más se amplificarán y multiplicarán, y finalmente retornarán a ti. La ley espiritual dice que siempre recibes lo que das multiplicado por diez, de manera que inclínate por enviar energía luminosa y cordial a todo el mundo. A pesar de que las apariencias quieren convencernos de lo contrario, todo retorna a ti. Cuanto más abierto esté tu corazón, más rápida será la recepción telepática. El chakra del corazón es la parte física de tu cuerpo desde donde las señales telepáticas de alta frecuencia se transmiten hacia adelante y hacia atrás. De manera que cuando tienes la intención de proyectar amor puedes atraer las circunstancias, oportunidades y encuentros más sorprendentes. A continuación daré un ejemplo de lo que quiero decir.

Cuando vivía en Chicago hace ya algunos años, la matrícula de mi coche era GDVIBES, lo que significa 'buenas vibraciones',* porque deseaba transmitir un mensaje personal de energía positiva a dondequiera que fuera. Conducir por Chicago con esa matrícula en mi pequeño VW escarabajo azul era una experiencia estimulante y maravillosa porque la gente entendía el mensaje. Todos me sonreían, me saludaban, tocaban el claxon, me dejaban adelantar, me cedían sus plazas de aparcamiento y me devolvían buenas vibraciones. Ya no

---

* N. de la T.: En Estados Unidos, así como en otros países del mundo, es legal personalizar las matrículas.

tengo coche, pero sigo transmitiendo buenas vibraciones allá a donde voy, y siempre obtengo los mismos resultados.

La telepatía es la habilidad más accesible de nuestros seis sentidos: todo el mundo está hablando mentalmente con todo el mundo al mismo tiempo y todo el mundo está sintonizado con esas conversaciones. Te encuentras en una sala de conversaciones telepáticas a cada segundo, seas consciente de ello o no. Si prestas atención a lo que pasa por tu mente, comprenderás lo que quiero decir.

Entrenamiento *woo-woo*

Presta especial atención a lo que surge en tu mente esta semana. Evita exponerte a imágenes negativas, deprimentes, violentas o destructivas. Apaga el televisor, la radio, el móvil y el ordenador, y evita escuchar o ver las noticias durante toda la semana. Independientemente de lo que comuniquen, si son desmoralizantes y despiertan temores no te sirven. Sé que es importante conocer lo que está pasando en el mundo, pero es igualmente importante tomarse pequeños descansos. También es imperioso conocer cuál es la fuente de las noticias que eliges. Existe una diferencia entre la información cabal y las opiniones sesgadas, irritantes y tóxicas.

Concéntrate en lo que dices y escuchas. Reconoce la relación que existe entre lo que transmites y lo que recibes. ¿Qué tipo de pensamientos acostumbras tener? ¿Te sientes amenazado por ideas que te infunden miedo? ¿Tu mente se ve invadida por imágenes negativas? ¿Recibes mensajes de envidia, enfado o inseguridad, o mensajes mezquinos que merman tu energía y te hacen sentir que no mereces ser amado? En ese caso, cambia conscientemente de canal. Presta atención a tu corazón. Concéntrate mental y verbalmente en asuntos más elevados y envía mensajes de amor y serenidad a todos los que te rodean. Llama a las personas para decirles que las quieres y por qué las quieres. Cuando mantengas alguna conversación, expresa las cosas que te gustan y te hacen feliz. Evita y abandona las conversaciones que se inclinan por la negatividad. *Nada* bueno puede ocurrir si sigues participando en ellas. Considera tu mente como una emisora de radio FM que recibe y transmite exclusivamente vibraciones y frecuencias altas basadas en el corazón.

Reza tus oraciones y lee poesía. Rechaza las imágenes de destrucción e inclínate por los libros de arte. Escucha música clásica y participa en conversaciones positivas. Elige el humor, la risa y la música alegre. Nota la diferente calidad de los pensamientos que aparecen en tu conciencia mientras elevas mentalmente tus vibraciones. Además, comprueba si lo que fluye hacia ella aporta más calidad a tu vida. Es muy simple: si quieres inspiración debes tener pensamientos inspiradores. Si quieres sanarte, transmite pensamientos sanadores. Si quieres ser creativo, transmite pensamientos creativos. Si quieres amar, transmite pensamientos amorosos. Y si quieres vivir de una forma más elevada, debes tener pensamientos más elevados.

Sabiduría *woo-woo*

Elige una frecuencia más elevada.

CAMBIA DE RUMBO

Si quieres que tus vibraciones te guíen, disponte a entregarte a ellas y seguir sus indicaciones. Esto significa que cuando te sugieran hacer un cambio de planes, lo hagas rápidamente y sin ningún tipo de resistencia mental. Una forma posible es entrenarte para ser flexible, tanto a la hora de pensar como a la hora de actuar; en otras palabras, en vez de cuestionar tus vibraciones, o luchar y oponerte a ellas, debes considerarlas como mensajeros y regalos benditos; haz un giro en tus planes en el mismo momento en que te sugieran que lo hagas. Dado que tu espíritu te guía momento a momento, con frecuencia te propondrá que abandones tus planes originales e imprimas rápidamente una nueva dirección a tu plan previsto porque las condiciones han cambiado. Si te detienes a cuestionar tus vibraciones o buscar una explicación, podrías perder esta oportunidad y ya no volver a tener otra ocasión de estar receptivo y seguir fluyendo con la vida.

En 2001, cuando todavía vivía en Chicago y había publicado recientemente mi primer libro, *The Psychic Pathway*, Deepak Chopra vino a dar una conferencia en la que entonces era la mayor librería *New Age* de la ciudad, llamada Transitions. Era un gran acontecimiento y las entradas se agotaron en un par de días. Para mi sorpresa y placer, los propietarios, que eran amigos míos, me llamaron para invitarme a presentar al doctor Chopra. Uno de los beneficios adicionales de ese evento era una recepción VIP privada con champán. Estaba destinada a un pequeño número de personas que, por un precio módico, podrían conocer a Chopra en persona antes de la conferencia. También tuve el honor de ser una de las invitadas.

Esa noche, la cola para conocer al doctor Chopra se mantuvo larguísima durante toda la recepción. Yo me sentía decepcionada y no estaba dispuesta a esperar tanto tiempo. Sentí que me guiaban a unirme a los otros invitados, muchos de los cuales eran celebridades locales de Chicago. Cuando eché un vistazo alrededor de la sala, descubrí que uno de los invitados, con el que había estado hablando hacía unos momentos, era el promotor publicitario del doctor Chopra, un hombre llamado William. Habíamos mantenido una conversación maravillosa, durante la cual le manifesté que creía en la importancia de tener una actitud y un cuerpo flexibles para poder disfrutar de una vida intuitiva. Él me comentó que Phil Jackson, el famoso entrenador de Los Angeles Lakers y amigo personal suyo, en cierta ocasión le había dicho: «No mires sus cabezas; mira sus caderas. Sus caderas fluyen con el balón. Así sabrás qué es lo que cabe esperar».

Sonreí. «Creo que eso es lo que hace que un jugador sea campeón en cualquier disciplina —comenté—. De hecho, es la clave para tener una vida extraordinaria. Cuando sientes la energía y te dejas llevar por ella sin permitir que tu cabeza se interponga en el camino, eres un ganador en la vida».

Mientras regresaba a casa después del evento, me di cuenta de que haber conocido a William había sido el verdadero regalo de la noche. Saber que Phil Jackson, uno de los entrenadores de baloncesto más importantes de todos los tiempos y una celebridad en los deportes, compartía mi opinión sobre la importancia de ser espontáneo y flexible fue incluso más emocionante que darle la mano al doctor Chopra.

Esto es precisamente lo que implica confiar en tus vibraciones y también es el motivo que me llevó a asistir a esa fiesta. No fue para conocer al doctor Chopra, sino para encontrarme con William y mantener una conversación con él que me ayudó a ver con más claridad lo que realmente significa tener una vida extraordinaria. Y eso es dejarte fluir, dejarte guiar por tus vibraciones sin intentar controlarlas, es decir, *confiar* en ellas. En otras palabras, como suele decirse: «Deja que el espíritu te mueva». Solo debes asegurarte de que estás dispuesto a permitirlo.

Básicamente, esto significa que cuando haces algún plan debes estar dispuesto a cambiar el rumbo en cualquier momento si tus vibraciones así te lo sugieren. De la misma manera que tu GPS puede indicarte una dirección y al minuto siguiente señalarte otra diferente porque las circunstancias han cambiado, también tus vibraciones te indican que cambies de dirección cuando surge algún obstáculo. La ventaja de tener un GPS es que te permite seguir fluyendo en la dirección hacia la que quieres ir, sin ninguna interrupción y sin correr el riesgo de perderte o quedarte bloqueado en medio de un atasco de tráfico. Lo mismo puede aplicarse a tu sistema de guía interior. Si quieres seguir fluyendo en la dirección de tu Bien Supremo de la forma más eficaz posible, debes liberarte de traumas y problemas. Tus vibraciones, tu GPS interior, facilitan que puedas sintonizarte mucho más eficazmente que tu ego y tus cinco sentidos. Si las utilizas, comprobarás que su valor es inestimable.

Aprendí esta lección una fría y nevada tarde de noviembre muchos años atrás. Iba a buscar a mis hijas al colegio y cuando estaba a escasos cien metros sentí la urgencia de conducir en la dirección opuesta. Perpleja, pero confiando en que el Universo estaba trabajando para mí, cambié el rumbo. Poco después, tres calles más adelante, sentí un nuevo impulso de girar a la izquierda. Cuando llegué a una señal de STOP, una niña pequeña en pañales bajó de la acera precisamente frente a mi coche y siguió andando por la calle. No había ningún adulto a la vista, de manera que aparqué el coche y corrí tras ella. Afortunadamente, conseguí atraparla justo antes de que comenzara a correr en otro cruce de calles. Entonces pensé: «Esta es la razón por la cual tuve que cambiar el rumbo y conducir en esta dirección. El Universo necesitaba que salvara a esta niña».

Protegiendo a la niña debajo de mi abrigo, comencé a caminar. Me dejé guiar por mis vibraciones, buscando señales para saber de dónde se había escapado. Tras unos minutos de merodear por los alrededores, fui conducida hacia una puerta que estaba abierta. Comprendí que había encontrado su casa, de modo que toqué el timbre. Una mujer joven salió a la puerta y, al verme con su bebé en brazos, chilló: «¡Dios mío!». Le expliqué lo que había ocurrido, y me contestó que no tenía la menor idea de que la niña no estaba en casa. Impactada por lo sucedido, no podía dejar de darme las gracias.

Llegué al colegio de mis hijas treinta y cinco minutos tarde. Al principio, estaban furiosas pero al contarles que había salvado a una niña pequeña se pusieron muy contentas.

Esta historia es un ejemplo perfecto de la importancia que tiene ser espontáneo y flexible, y dejarte guiar por tus vibraciones aun cuando te pidan que hagas algo que, en principio, no te parece muy lógico. Si me hubiera resistido a seguir el impulso de conducir en la dirección contraria, ¡quién sabe lo que hubiera podido pasarle a esa niña! Los ángeles me utilizaron aquel día porque estaba dispuesta a ser flexible y seguir las instrucciones de mis vibraciones. De hecho, cuanto más espontáneo y flexible seas, mejor candidato serás para que el espíritu se manifieste a través de ti y te utilice. Mi maestro Charlie dijo en una ocasión que siempre que salía de su casa tenía una somera idea de hacia dónde se dirigía, pero nunca estaba seguro de si llegaría allí, porque el espíritu podía llevarlo a cualquier otra parte. Yo admiraba su disposición a seguir sus vibraciones, que llenaban su vida de bendiciones y gracia cada día.

Siguiendo su ejemplo, estoy plenamente abierta a confiar en mis vibraciones y a ser flexible, especialmente cuando viajo. Como es evidente, suelo hacer planes; sin embargo, los dejo ligeramente abiertos por si a lo largo del camino mis vibraciones me guían hacia algo mejor. Este tipo de confianza hace que los controladores compulsivos se suban por las paredes. Pero yo creo que es absolutamente emocionante. Es como entrar en un juego con el Universo, en el que hay cientos de puertas abiertas que nunca hubiera creído estar preparada para traspasar. Por ejemplo, en un viaje a Londres esperé hasta el último minuto para hacer una reserva en un hotel. Cuando finalmente me puse en contacto con un agente que hacía descuentos, me comunicó que tenía una sola habitación disponible y que costaba menos de cien dólares la noche, una verdadera ganga en Londres. Todos mis conocidos me habían advertido que era muy difícil encontrar una habitación en un hotel decente por un precio razonable, sin hacer una reserva por anticipado. Aun así, ignoré esas advertencias y confié en que las cosas saldrían bien.

Cuando llegué al hotel, el recepcionista me recibió muy educadamente y pareció sorprenderse al comprobar mi reserva. Desapareció unos instantes y al regresar me dijo:

—Lo lamento mucho, señora. Ha habido un exceso de reservas y el hotel está lleno. Acabo de asignar la última habitación disponible a la persona que llegó justo antes que usted. Pero no se preocupe, la trasladaremos a otro de los hoteles de la cadena, donde se alojará por el mismo precio.

—¿Le importaría decirme cuál es el hotel? —le pregunté.

Él me respondió sonriendo:

—Es Le Meridien Waldorf, en Strand, cerca de Covent Garden. Estoy seguro de que lo aprobará, puesto que es el mejor hotel de Londres.

Y además de ofrecerme una habitación en un hotel de cinco estrellas por el mismo precio de mi reserva de tres estrellas, también me pagaron el taxi. ¡Mi actitud flexible me había compensado con creces!

Reconozco que este tipo de confianza puede ser excesiva si tienes la costumbre de planificar todo con anticipación. No pretendo recomendarte que seas tan osadamente flexible como yo, pero pienso que si quieres gozar de una vida más elevada, es necesario que dejes espacio para que tu sexto sentido pueda intervenir e influir sobre las situaciones. Luego, si escuchas que tus vibraciones te indican que cambies de rumbo, acepta el consejo y déjate llevar.

Una de mis clientas experimentó lo que significa ser flexible mientras caminaba por un vecindario que siempre había evitado. Después de haber recorrido algunas calles encontró una tienda de segunda mano. En el interior, descubrió un bellísimo espejo antiguo veneciano, del tamaño y estilo exactos a lo que había estado buscando durante meses y por un precio que era una verdadera oportunidad. Estaba emocionada y se sintió muy agradecida por ese regalo del Universo. Así que ahora al menos una vez a la semana se dedica a caminar por nuevos territorios dejándose guiar en busca de algún tesoro.

La mejor razón para escuchar tus vibraciones es permitir que el Universo te guíe hacia los mejores resultados, que normalmente son incluso mejores de lo que podrías haber previsto. Si eres un hombre de hojalata,* rígido, inflexible y controlador, ha llegado la hora de que te liberes de la hojalata y te tomes en serio la necesidad de relajarte. Ser flexible significa salir de tu cabeza e impedir que tu miedoso ego se ponga al mando y detenga el fluir de tu vida, basándose en la creencia de que debes saberlo todo de antemano. Por el contrario, deja que tu espíritu te guíe directamente hacia las cosas de la manera más fácil y rápida, que a menudo también es la más placentera. Tu espíritu quiere y puede hacerlo, lo único que necesita es que tú estés de acuerdo. Cuanto más abras tu corazón y escuches a tu espíritu, más te guiará este hacia las mejores cosas de la vida.

Las personas que tienen actitudes rígidas bloquean la posibilidad de que el espíritu las guíe. Pierden oportunidades simplemente porque no están dispuestas a abrirse a nuevas ideas. Cuando sientas que tiendes a asumir esa actitud, recuerda que tú eres espíritu, y permite que el espíritu te guíe. Él te conduce hacia tus mejores oportunidades, mientras tu ego te acorrala en un rincón o te lleva a un punto muerto. Cuanto más te liberes de las ideas que te indican cómo «deberían» ser las cosas, más fácilmente podrá intervenir tu intuición para mostrarte un camino mejor. Y con esto no quiero decir que no deberías

---

* N. de la T.: En referencia a uno de los personajes principales de *El mago de Oz*.

establecer intenciones ni objetivos personales, porque es evidente que debes hacerlo. Tampoco estoy diciendo que te conviertas en un vagabundo sin rumbo, porque eso provocaría que caminaras únicamente en círculos. Lo que quiero expresarte es que tú decides lo que quieres, pero al mismo tiempo dejas espacio para tu espíritu y para el Universo, con el propósito de que puedan ayudarte a conseguir lo que deseas.

Una de mis clientas, llamada Lucy, lamentaba haberse negado a trabajar en la empresa de una antigua compañera del instituto. Aunque aborrecía su trabajo, tenía la idea de conservarlo durante otros cinco años para poder aspirar a una jubilación anticipada. «Todo dentro de mí me decía que tenía que renunciar y trabajar con mi amiga en su empresa de *software* —afirmó—. Me entusiasmaba la idea de trabajar con ella y también me gustaban las funciones que me hubiera correspondido desempeñar. Mis vibraciones se dejaban oír alto y claro, pero mi mente se negó a confiar en ellas. A pesar de que odiaba mi trabajo, estaba tan empeñada en cumplir esos cinco años para conseguir mi objetivo que rechacé su propuesta. Ahora, dieciocho meses más tarde, su empresa cotiza en bolsa y mi amiga ha ganado millones de dólares. Y yo continúo estancada en el mismo puesto de siempre y sigo detestando mi vida. Perdí la oportunidad, a pesar de que me ofreció ese trabajo en cinco ocasiones diferentes».

Lamentablemente, Lucy dejó pasar su oportunidad, como hacen la mayoría de las personas que no están dispuestas a confiar en su intuición. La voluntad y la disponibilidad para abandonar los planes y permitirse fluir de acuerdo con la *sensación* del momento son esenciales para tener una vida intuitiva. Una vez un cliente me dijo: «Yo no pienso, siento. Y hago caso de mis sensaciones, independientemente de a dónde me lleven. Creo que por eso me va tan bien».

¿Cómo de dispuesto estás a ser espontáneo y seguir tu intuición, aunque esto implique cambiar tus planes? ¿Tiendes a mantener rígidamente las mismas viejas rutinas y pensamientos, sin permitir que tu genio intuitivo entre en juego y te haga algunas sugerencias? ¿Estás tan comprometido a cumplir con tu plan que nunca permites que tu alma te guíe? En ese caso, te estás comportando de acuerdo con las reglas del ego que, como ya sabes, siempre te lleva a la misma previsible conclusión que tan bien conoces.

Actuar de acuerdo con tus vibraciones es muy parecido a bailar. Puedes conocer los pasos, pero no lo harás bien a menos que te muevas al ritmo de la música. El Universo tiene un pulso y un ritmo propios y quiere que tú los sigas; de manera que si bailas con tu espíritu recuerda que debes dejarlo liderar la danza.

Entrenamiento *woo-woo*

Este entrenamiento está dirigido a eliminar la rigidez y fomentar la flexibilidad. Se trata de hacer flexiones y estiramientos suaves antes de comenzar cada jornada. Empieza por elevar los brazos lentamente por encima de la cabeza, luego gira el cuello con suavidad, levanta y baja los hombros, abre las costillas y haz rotaciones con las muñecas y los tobillos. Convierte este ejercicio en una rutina diaria, añadiendo algunos estiramientos más cada día.

Como ya he mencionado, un modo excelente de desarrollar la flexibilidad es relajar las caderas. Una forma fácil de hacerlo es conseguir un *hula-hoop* y hacerlo girar durante algunos minutos. Si no tienes un *hula-hoop*, puedes simplemente simular el movimiento.

Acompaña tus ejercicios de flexibilidad corporal con algunos estiramientos de flexibilidad mental. Invita a tu intuición a tomar el mando, preguntándole a tu espíritu qué es lo que quiere hacer. Si desea hablar en alto, debes hablar en alto; si lo que quiere es permanecer en silencio, debes permanecer en silencio; si desea tener una aventura, sal en busca de ella. Acepta todos tus impulsos intuitivos, con la curiosidad necesaria para descubrir a dónde van a conducirte.

Encuentra un nuevo camino para llegar al trabajo, elige ropa totalmente diferente a la que sueles llevar, considera la posibilidad de tener un nuevo par de gafas o un nuevo corte de pelo, con la intención de descubrir una nueva faceta de ti. Anímate a ser curioso y ríndete a lo que te dicte tu alma, probando un nuevo restaurante, recorriendo un vecindario desconocido o dando un paseo a pie o en coche sin planes definidos. Baila al compás de una música inspiradora, muévete, gira, sacúdete, por el mero hecho de que eres capaz de hacerlo. Uno de mis maestros me sugirió en una ocasión que si deseaba beneficiarme plenamente de mi intuición, tenía que actuar como Gumby, el juguete de plástico que se puede doblar y estirar con toda facilidad. Si tienes hijos menores de cinco años, dedica algunos minutos a observarlos. Descubrirás que son flexibles y espontáneos, y que si quieren cambiar de plan o de dirección no dudan ni un solo momento. Sigue su ejemplo.

Sabiduría *woo-woo*

Fluye.

TÓMATELO CON CALMA

Si quieres tener una vida intuitiva es de gran ayuda despejar todo aquello que te impide sintonizar con vibraciones elevadas, es decir, todo aquello que ocupa espacio o consume energía, pero no contribuye a que tu vida sea mejor. Esto incluye posesiones no deseadas, negocios inconclusos, demasiados compromisos, pensamientos negativos, juicios, proyecciones mentales, rencores del pasado y conflictos en el presente.

Empecemos por ocuparnos de la parte física. Del mismo modo que la contaminación psíquica, los objetos inútiles generan una energía tóxica y mortecina que afecta a tu estado de ánimo. Es esencial que mantengas despejados tanto tu espacio interior como el exterior. Analiza todo lo que te rodea para identificar si todos esos objetos añaden algo a tu energía o, por el contrario, la deterioran. Cuanto más despejado estéis tú y tu entorno, más capaz serás de conseguir que las ondas psíquicas de tu vida estén libres de obstrucciones energéticas y abiertas para recibir transmisiones más elevadas.

Así como jamás aceptarías pasar un rato en un vertedero de residuos tóxicos, tampoco te gustaría vivir y trabajar en un ambiente psíquicamente contaminado. La energía mortecina te afecta aunque no se pueda ver. Incluso las cosas aparentemente inofensivas pueden impedir que la energía positiva llegue a tu vida.

Hace algunos años me ocurrió algo que es un buen ejemplo de lo que acabo de decir. Tenía un evento al que asistirían docentes y estaba buscando algo para ponerme. Me probé un vestido que no había utilizado desde hacía años. Aunque era bonito, no terminaba de decidirme. Mi hija Sabrina, que entonces tenía doce años, me dijo:

—Mamá, ¿no estarás pensando en ponerte ese vestido, verdad?

—Sí —le contesté—. ¿Por qué no? Es un bonito vestido.

—Sí que lo es, pero no pareces tú.

Y tenía toda la razón del mundo, ese vestido no era para mí. El mero hecho de probármelo me había hecho sentir sosa y apagada, de manera que lo regalé. Nunca hubiera pensado que el simple acto de regalar un vestido podría marcar una diferencia tan notoria, pero lo cierto es que inició una reacción en cadena que me llevó a sacar de mi armario toda la ropa que ya no combinaba con mi «ser real». Al terminar, ¡me había deshecho de doce bolsas de ropa! Cuando dejé la última bolsa en la calle, me sentí más inspirada que nunca; había retornado al fluir de la vida. De pronto sentí que tenía más energía de la que había tenido durante meses y superé una crisis relacionada con la escritura en la que llevaba inmersa un largo periodo de tiempo.

Ahora Sabrina es una mujer adulta y todavía me hace saber si algo no es adecuado para mí. Hace dos meses fui a Harrods, los grandes almacenes más famosos de Londres y uno de mis lugares favoritos. Me fascinan los zapatos, de manera que me dirigí directamente a la planta de zapatería para ver las novedades. Mientras estaba dando vueltas por allí, vi una gran cantidad de pares de botas de estilo militar. Cada diseñador había creado su propia versión, era evidente que era la moda de esa temporada. No estaba segura de querer comprarme ese tipo de calzado, pero entonces vi unas botas realizadas por un diseñador italiano llamado Fendi. En ese momento, se acercó un dependiente italiano muy guapo que me comentó efusivamente:

—¿Acaso no son las botas más bonitas que ha visto?

—Bueno —respondí sonriendo ante su entusiasmo—, lo cierto es que son diferentes. Sin embargo, son un poco intensas, ¿no le parece?

—En absoluto —respondió de inmediato—. ¡Venga, anímese! Son muy chic y le sentarían muy bien! ¿Por qué no se las prueba? —insistió mientras tomaba una de las botas y la sostenía en la mano con sumo cuidado como si se tratara de un huevo Fabergé. ¿Cómo podía negarme?

Para abreviar la historia, diré que sucumbí y, para mi sorpresa, salí de Harrods con un par de botas blancas, sin estar muy segura de si me quedarían ridículas o si serían demasiado modernas para mí. Un poco más tarde entré en el apartamento de Sabrina calzada con esos «camiones blancos fluorescentes», con la esperanza de que ella me hiciera sentir mejor de lo que en realidad me sentía. Nada más traspasar la puerta, al ver lo que tenía en los pies Sabrina me soltó:

—¡No! Mamá, quítate esas botas de inmediato y ve ahora mismo a la tienda a devolverlas. —Una vez más entró en acción la policía de la moda que es mi hija, para poner las cosas en su sitio—. Esas botas son horrorosas. ¿En qué estarías pensando?

—Son las botas de moda de la temporada —contesté intentando defender mi evidente falta de sensatez.

—¡Pues yo diría que están a medio camino entre los zapatos de una enfermera y los de un payaso!

Mi hija estaba tan indignada que no pude menos que echarme a reír.

—Son espantosas, ¿verdad? —admití.

—Te quedas corta —respondió Sabrina poniendo los ojos en blanco.

Me quité las botas y volví a ponerme mis Adidas. Esas no eran las botas imponentes con las que yo había fantaseado. Tener mis pies enfundados en esos zapatos tan toscos y pesados no me ayudó a aligerar mis vibraciones; por el contrario, me hizo sentir tan avergonzada que hubiera podido tropezar.

De ninguna manera estoy insinuando que tu calzado debería ser ligero, pero sí quiero decir que deberían hacerte sentir ligero. Después de todo, acabo de sugerir que tienes que estar dispuesto a cambiar de rumbo cuando las vibraciones te lo indiquen. En otras palabras, la ropa que llevas, incluido el calzado, es importante. La ropa te afecta energéticamente y puede influir en tu receptividad y en tu forma de reaccionar. Si te echas encima capas de ropa anodina, o llevas zapatos incómodos o inadecuados para ti, ¿cómo crees que eso afecta a tu percepción global del mundo que te rodea? La ropa y el calzado que te hacen sentir desanimado, cohibido, constreñido, dolorido o incómodo afectan a tu conciencia y bloquean la fluencia de energía que procede de tu espíritu, causando que no escuches los mensajes y las señales importantes que están llegando a ti.

Devolví las botas. El dependiente italiano se mostró muy amable. Simplemente le dije que eran demasiado pesadas.

—¡Es difícil andar de prisa llevando estas enormes botas blancas!

—¿De verdad? —me preguntó—. Nunca lo hubiera pensado, pero es posible que tenga usted razón.

Mi madre solía decir: «Eres un espíritu divino y sagrado, así que debes vestir a tu espíritu de la mejor manera posible». Como ya he comentado, ella confeccionaba su propia ropa, que era realmente hermosa, y la usaba cada día de su vida. Vivió noventa años y no hace demasiado tiempo que falleció. Era una mujer muy sana y atribuía su intensa fuerza vital y su bienestar a la gran cantidad de luz que había en su cuerpo y que, según ella, se realzaba gracias a su forma de arreglarse y vestirse. Yo he llegado a la misma conclusión. No necesitamos ser víctimas de la moda, como me sucedió a mí con esas ridículas botas. Solo necesitamos encontrar ropa que realce nuestra luz interior y nos haga brillar. Después de todo, nuestro cuerpo es el receptor de la intuición. Si nos vestimos con ropa que nos hace sentir alegres y confiados y nos calzamos con zapatos que nos resulten cómodos, nuestro receptor estará en la mejor forma.

DESPEJA EL ESPACIO FÍSICO QUE TE RODEA

Despejar la energía densa y negativa favorece que tu vida vuelva a fluir y que las cosas se muevan en una dirección más elevada. El arte chino del *feng shui* está basado en el principio de mantener despejada la energía luminosa y equilibrada que hay en tu entorno, para que tu vida fluya libremente. De la misma forma que puedes aplicar el *feng shui* a tu hogar o a tu oficina, te animo a que lo utilices para equilibrar todo tu entorno físico. Presta atención a cómo te afectan las cosas. Intenta deshacerte de cualquier objeto que no te interese, no te sirva o no te enaltezca. No te dejes llevar por el sentimentalismo; independientemente del valor que pueda tener un objeto, no merece la pena conservarlo si no te despierta una sensación positiva y ligera. Regala cualquier objeto que te resulte irritante, te recuerde algo o a alguien que hace que tu corazón se cierre o no te permita reconocer la energía sutil del momento presente. Cuando tomes estas decisiones confía en tu intuición, y no en tu intelecto.

Hace algunos años, mi hermana me regaló una pintura de Salvador Dalí que era bastante valiosa. Yo estaba impresionada y emocionada por ser la propietaria de una obra de arte tan sofisticada; sin embargo, la pintura me ponía nerviosa. Aunque Dalí es un gran artista, el cuadro me deprimía. A pesar de eso, durante diez años me consideré muy afortunada de tener una obra de arte tan famosa en mi casa.

Un día, miré el cuadro y sentí ganas de gritar. En ese momento supe que Dalí tenía que marcharse, de manera que lo descolgué de la pared y lo guardé en un armario. Eso me hizo sentir mucho mejor, pero no fue suficiente. Saber que la pintura estaba todavía en mi armario seguía molestándome y acaparaba gran parte de mi atención. Cada vez que pasaba por el armario no podía evitar pensar en ella como si fuera un rehén secuestrado en la oscuridad. Cansada de esa energía que me distraía, finalmente la vendí. Me sentí muy aliviada de deshacerme del cuadro y realmente no podía entender por qué lo había conservado tanto tiempo. Poco después le confesé tímidamente a mi hermana lo que había hecho con él. Ella se rio y me dijo: «No te culpo. Yo también odiaba ese cuadro, por ese motivo te lo regalé».

NO COMPLIQUES LAS COSAS

Confiar en tus vibraciones es más fácil cuando el ambiente que te rodea está despejado; de este modo evitarás que la energía se bloquee y no te sentirás estancado en el pasado. No te aferres a las cosas por motivos sentimentales o porque algún día podrías necesitarlas, ni por ningún otro motivo; conserva únicamente lo que te produce buenas vibraciones. De lo contrario, solo conseguirás agobiarte y no podrás avanzar. Revisa todas tus pertenencias para deshacerte sin piedad de todas aquellas que no te den sensaciones positivas. Y recuerda que mientras nos aferramos a ellas, ellas se aferran a nosotros.

Una de mis clientas, llamada Ellen, se convirtió en una mujer muy rica gracias al acuerdo de divorcio que firmó con su exmarido. Invirtió los millones de dólares que tenía en tres propiedades en Texas. Las llenó de obras de arte por las que pagó un precio exorbitante, enormes y carísimos cristales, cuencos antiguos del Tíbet y de Tailandia, piedras sanadoras y cantidades ingentes de joyas, muebles de lujo y ropa de diseño. Independientemente de lo que comprara, jamás se sentía feliz; por el contrario, cada vez se encontraba más desanimada. Intentando llenar el vacío que sentía desde que se había divorciado, comenzó una relación con un hombre que la estafó y le robó tanto dinero que Ellen ni siquiera podía hablar de ello. Desde entonces, tenía una montaña de cosas que la asfixiaban, un dolor de corazón del tamaño de toda Texas, una fortuna cada vez menor y un espíritu desfalleciente.

—No sé qué hacer. No puedo mantener adecuadamente mis propiedades y se están cayendo a pedazos. Tengo un montón de coches, lanchas y motos acuáticas que no uso jamás. ¡Es patético! Y todos esos objetos ocupando espacio en la parte trasera de mis casas y agotando mi energía vital. Ni siquiera sé cómo voy a venderlos. Estoy exhausta, todo es trabajo. Me encuentro en un círculo vicioso. Y, por otra parte, no puedo vender mis casas hasta que me deshaga de todas las cosas que hay dentro de ellas —continuó—. Estoy superagobiada y me temo que nunca voy a ser capaz de resolver esto —se lamentó.

—Ellen, olvídate de vender tus pertenencias. Deshazte de ellas. Dónalas a una organización de caridad y luego vende tus casas —le aconsejé.

—¿Qué quieres decir con donarlas? Todo lo que tengo vale demasiado dinero como para donarlo.

—No es verdad —respondí—. Su valor depende de lo que valga para otra persona. Si están matando tu espíritu, no merece la pena que las conserves. Si pides a tu espíritu y al Universo que te ayuden a aligerar esta carga, no tengas ninguna duda de que lo harán, pero únicamente si eso es lo que de verdad quieres.

Ellen se resistió durante un tiempo a la idea de regalar todas sus posesiones. No obstante, cuanto más tiempo pasaba, peor se sentía. Finalmente, un día me llamó y me preguntó:

—Ya estoy decidida. ¿Cómo puedo deshacerme de todas estas cosas?

—Si donas todas tus pertenencias, el Universo te ayudará más de lo que crees.

Le sugerí que llamara a alguna delegación local de Boys & Girls Clubs of America* y preguntara si podían estar interesados en sus lanchas y motos acuáticas, y quizás también en sus coches. El espíritu de Ellen se puso al mando, empujó al ego a un lado y esa misma tarde llamó a la asociación. No solamente estuvieron encantados de recibir su donación, también se quedaron con sus herramientas, la cortadora de césped y una buena cantidad de otros objetos que ella tampoco quería conservar. Además de no tardar más de una semana en pasar a recoger los objetos donados, le ofrecieron una considerable deducción fiscal. Una vez resuelto ese trato, sintió el impulso de hablar con un joven agente inmobiliario al que prácticamente no conocía porque le gustó su energía, desoyendo el consejo de sus amigos y su hermano de contactar con un agente más experimentado de la zona. El joven

---

* N. de la T.: Boys & Girls Clubs of America es una organización nacional con delegaciones locales que ofrecen programas de voluntariado a los jóvenes que han acabado la educación escolar.

elegido era una persona maravillosa y muy entusiasta, así que Ellen le ofreció las tres propiedades y le dijo que quería venderlas lo más rápidamente posible. Él estaba completamente agradecido por semejante oferta y le aseguró que nunca se arrepentiría de haber confiado en él. Cuatro días más tarde, la llamó para decirle que tenía muy buenas noticias. Había encontrado un comprador para las tres propiedades, un constructor que acababa de llegar a la región. Y lo mejor de todo era que compraría las casas tal cual estaban, así que no era necesario que hiciera ninguna reparación, algo que realmente la preocupaba. Aquello fue casi un milagro.

En cuanto se relajó y empezó a dejarse llevar, Ellen pasó de sentirse enterrada en vida a liberarse de todas sus casas en menos de seis semanas. Liquidó todo rápidamente y consiguió el dinero necesario para vivir sencilla y cómodamente el resto de su vida. Lo mejor de todo fue que la mujer del agente inmobiliario, que era especialista en eBay, se ofreció a hacer un inventario de toda su ropa y calzado de diseño y venderlos cobrándole solamente una pequeña comisión. Ellen estaba decidida a seguir adelante con todo, así que se mostró muy agradecida por esa oferta, a la que también consideró como un pequeño milagro. El trabajo de vaciar su vestidor se resolvió rápidamente y toda su ropa desapareció en una furgoneta de alquiler a la semana siguiente. La última vez que hablamos, Ellen estaba considerando mudarse a Costa Rica. Independientemente de que lo hiciera o no, al menos se había liberado de su pasado y podía tener una vida más dulce, más simple y más ligera.

APARTA A CIERTAS PERSONAS DE TU VIDA

Si lo que deseas es fluir con tus vibraciones, tal vez la parte más difícil sea apartar de tu vida a todas aquellas personas que no te permiten avanzar, se interponen en tu camino, te desaniman u oscurecen tu luz. Esa es la iniciativa más complicada de todas, pero también la que te compensará con los mayores beneficios.

Una de mis clientas, llamada Sophie, una talentosa escritora y artista, lo descubrió de primera mano. Sophie tenía una amiga llamada Julie, a la que conocía desde el instituto. Julie también era escritora y artista, aunque no tan talentosa ni exitosa como Sophie. Cada vez que se encontraban, Julie no dejaba de compararse con Sophie, haciendo que esta sintiera que tenía que esconder sus éxitos y restara importancia a todas las cosas buenas que había en su vida para evitar que el celoso ego de Julie la atacara. Finalmente, llegó un momento en que Sophie decidió que ya no estaba dispuesta a tolerar la energía negativa de Julie y se distanció de ella por completo.

Apartar a Julie de su vida fue un acto liberador que Sophie había estado aplazando desde hacía mucho tiempo. «Me traicionaba a mí misma cada vez que me encontraba con ella —afirmó—. No me atrevía a compartir con ella ninguna de las cosas positivas que estaban sucediendo en mi vida, porque Julie nunca se alegraba por mí. Finalmente, me di cuenta de que me estaba obligando a mantener la relación con ella por el hecho de conocerla desde el instituto. En cuanto conseguí admitirlo, mi corazón suspiró de alivio. Volví a ser yo misma. ¡A partir de entonces, decidí que ya no volvería a subestimarme delante de ninguna otra persona!».

Poco después, Sophie encontró una nueva amiga, Rochelle, una música con un enorme talento y un corazón y un espíritu tremendamente generosos. Las dos sintonizaron de inmediato. Rochelle celebraba todas las cosas positivas que le pasaban a Sophie, algo que Julie nunca había hecho. Se alegraba por sus éxitos y no sentía envidia. Rochelle estaba sintonizada con su espíritu, y no con su ego. Sophie y Rochelle eran amigas del alma y se ayudaban mutuamente de muy diferentes maneras. Las dos mujeres disfrutaron de sus respectivas profesiones y de una gran amistad durante años. Nada de esto habría sucedido si Sophie hubiera mantenido a Julie en su vida.

Si en tu entorno hay personas que por estar aferradas a sus egos se sienten intimidadas por tu luz, te aconsejo que des por terminada la relación con ellas y sigas adelante con tu vida. Este tipo de individuos nunca quieren que *tú* crezcas y alcances terrenos más elevados, porque saben que *ellos* no lo están consiguiendo y que no tienen capacidad para hacerlo. Su trayectoria no es ascendente, sino descendente.

Muchas personas guapas, con talento y que brillan con luz propia se relacionan con otras que absorben su energía. Una amiga llamada Mara me comentó que había una palabra en *yiddish* que definía muy bien a esas personas: *farbissina*. El término describe a alguien que te desanima o te hace sentir mal, con el propósito de que te mantengas a su mismo nivel. No hay ninguna recompensa por relacionarse con *farbissinas* y, por el contrario, los costes son muy altos. Nunca es prudente mantener ningún tipo de relación con una persona que no puede deshacerse de su pequeño y mezquino ego para conectar con su espíritu.

Sé sincero contigo mismo y observa a las personas que hay en tu vida, para apartar de ella a las *farbissinas*. Comprobarás que al hacerlo, tu vida despega otra vez. Más adelante conocerás gente afín a tu vibración, que sustituirá a quienes ya no están con una rapidez que te sorprenderá.

LIBÉRATE DE LOS ENGANCHES EMOCIONALES

Cuando alejes de tu vida a ciertas personas, asegúrate de deshacerte también de las cosas que te han dado, especialmente si esos objetos tienen la misma energía negativa que tenían ellas. Una amiga mía tuvo una revelación psíquica relacionada con un valioso collar de coral que su exnovio, un hombre con el que había mantenido una relación afectiva dolorosa y tóxica. Todos sus conocidos le aconsejaban quedarse con la joya porque ella se la merecía y olvidarse por completo de ese cretino. Sin embargo, psíquicamente las cosas no funcionan de este modo. A pesar de estar guardado en un cajón, las vibraciones de aquel collar entristecían y atormentaban a mi amiga y la hacían sentir totalmente infeliz. «Ese collar me deprime, lo mismo que me pasaba con él», me dijo. Finalmente se percató de que el collar la hacía sentir vacía y desgraciada, y decidió donarlo al Ejército de Salvación.

«Fue como si me hubiera quitado una enorme carga de encima», me comentó más tarde. Su corazón se reanimó de inmediato e incluso llegó a tener pensamientos amables sobre su exnovio, después de haberse desprendido de ese collar.

La importancia de liberar energías arcaicas y conseguir que las cosas sean simples y ligeras no se puede subestimar. Y esto no debería limitarse al plano físico, ya que también podemos desalentarnos o sentirnos agobiados por viejas actitudes, creencias y pensamientos negativos, emociones densas y melodramáticas, e incluso relaciones pasadas. Estas son las cosas que te restan energía y que obstaculizan tu capacidad para escuchar a tu espíritu. Apartar dichas energías de tu vida puede ser más complicado que despejar tu espacio físico, pero de cualquier manera es posible hacerlo.

Por el hecho de estar trabajando diariamente con personas desde hace veinticinco años, puedo afirmar sin temor a equivocarme que, a menos que elimines todo tipo de residuos psíquicos, es muy probable que tu viaje se estanque en ese punto de tu vida. En otras palabras, si permites que tu ego se aferre tenazmente a las sensaciones, los rencores y las proyecciones que te hacen daño, ni siquiera serás capaz de intentar prestar atención a tus vibraciones.

Si necesitas apoyo, debes ser lo suficientemente sincero y humilde como para buscar un profesional que te ayude a hacer esta limpieza energética. El ego es demasiado vanidoso como para admitir que necesita algo; por el contrario, el espíritu se regocija al encontrar apoyo. Si te has quedado bloqueado, pide ayuda a sanadores, maestros y todo tipo de guías. Limpiar el pasado puede requerir un equipo entero de ayudantes. A veces lo que necesitas es un terapeuta, un grupo de apoyo, un líder religioso, una consejera económica, un *coach*, una compañera para hacer ejercicio o incluso un nuevo peluquero.

La mayoría de las personas probablemente me dirían que no se pueden permitir este tipo de ayuda. Sin embargo, yo digo que cuando te han robado tu vida, y tu espíritu se está muriendo, lo que no te puedes permitir es no buscar ayuda. Existe una gran cantidad de servicios de ayuda que son gratuitos o que tienen un precio razonable. Por ejemplo, los programas de doce pasos son gratuitos, hay servicios de la comunidad que ofrecen asesoramiento y grupos de apoyo por precios módicos, las escuelas de masaje terapéutico siempre buscan cuerpos para practicar, hay muchos adolescentes que se ofrecen para cuidar niños, y si necesitas un compañero para hacer ejercicio, puedes invitar a un amigo o una amiga. Estos servicios se tornan asequibles cuando tú los valoras.

Observa que no estoy indicándote que «te desentiendas del problema ni te lo quites de encima», un enfoque que es muy popular entre algunos conferenciantes motivacionales. Durante muchos años he trabajado con miles de personas vulnerables, heridas y sobrecargadas, y jamás he visto que este enfoque representara una sanación profunda para ninguno de mis clientes. No obstante, lo que *sí* funciona es ocuparse de los conflictos, reflexionar, preguntarse y tomar la decisión de abordarlos directamente hasta haber aprendido a amarse a sí mismos y a perdonar a los demás. Yo creo que la paciencia es esencial mientras intentamos recuperarnos de nuestras «experiencias humanas». Gritar no sirve para nada, lo que funciona es estar decidido a desempolvar la voluntad.

Para decirlo brevemente, si lo que deseas es conseguir algo nuevo, primero debes dejar ir lo que tienes en tus manos. Desapégate de todo lo que está en tu armario, debajo de tu cama y en tu mente. No te aferres a algo que ya no es útil para tu espíritu. Necesitas liberar tu atención para escuchar tu intuición, pero si tienes demasiadas cosas a tu alrededor, perderás la ocasión de escucharla. ¿Cuál es el valor de conservar algo que te puede suponer un alto coste? Nuestro planeta ya no puede permitirse apoyar a aquellos que insisten en revolcarse en el fango de las vibraciones antiguas y negativas. Estamos aquí para tener una experiencia vital gozosa, y no para vivir en el pasado.

Entrenamiento *woo-woo*

Comienza por eliminar sistemáticamente de tu vida los objetos y las personas que ya no enaltecen tu espíritu. Empieza por vaciar tu cartera o monedero y luego sigue con tu escritorio, tu coche, tu oficina, tus armarios, tu despensa, tu garaje, tu sótano o cualquier otro espacio donde pueda haberse acumulado la energía negativa. No guardes nada que no te genere una sensación de energía ligera y positiva. Sé implacable a la hora de valorar si deberías conservar algo, y cuando te deshagas de ese objeto, hazlo rápido, sin dar demasiadas vueltas.

En cuanto tu espacio físico esté despejado, tendrás que ocuparte de las cosas o personas que absorben tu energía. Haz un inventario donde conste en qué punto te has quedado estancado y no te desanimes. Toma nota de todas las actitudes negativas, rencores, dramas y viejas *vendettas* que llevas a tus espaldas, y apúntalas en una libreta.

En cuanto reconozcas cuánto peso psíquico muerto estás llevando a cuestas, avanza un paso más en la labor de liberarte de él buscando ayuda. Si tienes adicciones, ponte en contacto con un programa de doce pasos de la zona donde vives. Existen grupos para quienes abusan del alcohol, las drogas, el dinero y el sexo, y para aquellos que viven o se relacionan con personas adictas.

Tal vez puedas beneficiarte del apoyo de un *coach*, un sanador intuitivo o un terapeuta. Pide a tu médico de familia o a tus amigos que te recomienden a alguien y prueba varios profesionales hasta que encuentres uno que resuene con tu alma. Si la idea de hablar con alguien en principio te hace sentir incómodo, debes considerarlo como algo completamente normal. Pocos minutos después de estar con un verdadero sanador, esa sensación desaparecerá de inmediato. Si te resistes a buscar ayuda, recuerda que ese impulso procede de tu ego, que está intentando evitar que te conectes con tu corazón, porque no quiere que mejores tu calidad de vida. Rechazar cualquier tipo de apoyo es la muerte para tu espíritu, de manera que escúchalo y busca ayuda. No eres débil ni estás acabado, eres humano, como lo somos todos, y necesitas ayuda, como el resto de nosotros. Haber buscado personas para que me ayudaran con mi alma fue la mejor decisión de toda mi vida. Esas personas fortalecieron mi capacidad para vivir en armonía con mi corazón, amar mi vida, gustarme a mí misma y tener compasión por los demás. Todos somos alumnos y maestros, y nos necesitamos mutuamente para aprender.

Comienza dando pasos pequeños, pero persevera en tu búsqueda de la sanación y ten paciencia. Sé muy bien que despejar el pasado en ocasiones puede parecer una tarea enorme e interminable, pero incluso unas pocas sesiones con un sanador talentoso o con un maestro, sumado a un esfuerzo bien enfocado, pueden liberarte considerablemente. En este punto, lo importante es decidirse a emprender el camino, sin preocuparse por lo largo que pueda ser. El trabajo de sanar nuestro pasado se denomina karma, y en el nivel del alma este trabajo puede requerir toda una vida, o tal vez dos, de manera que no tengas ninguna prisa. La paz no se manifiesta después de que se haya producido tu sanación; llega a tu vida en el mismo momento en que estás *convencido de querer sanarte*.

FUEGO VERDE

Mi ritual favorito de limpieza para despejar el camino hacia una vibración más elevada en todos los niveles es hacer lo que yo llamo un fuego verde. El fuego verde limpia el ambiente, dejándolo en un estado prístino, e invita a empezar de nuevo. Es un ritual muy potente para señalar oficialmente el comienzo de una nueva época de tu vida. Algunas personas de cinco sentidos afirman que los rituales son paganos y ridículos; yo prefiero considerarlos ingeniosos y creativos, ya que se dirigen a nuestra parte no intelectual.

Para realizar un ritual de fuego verde, comienza escribiendo en un papel todas las cosas de las que te quieres liberar mental y emocionalmente.

A continuación, toma un poco de papel de aluminio, una caja de sales de Epsom, una botella de alcohol, un recipiente profundo y una cerilla. Recubre el fondo del recipiente con el papel de aluminio para protegerlo, echa dos tazas de sales de Epsom y vierte no más de 30 mililitros de alcohol encima de las sales hasta cubrirlas por completo. Coloca el recipiente en un plato y deposítalo en el suelo en medio de la habitación principal de tu casa, separado de cualquier cosa que pueda prenderse fuego. Si tienes una chimenea, puedes ponerlo allí.

Cuando enciendas la mezcla, pide ayuda a tu espíritu, a tus ángeles y a tus guías para liberar las viejas vibraciones negativas, despejando el espacio de cualquier energía no deseada.

Haz una lista de las cosas que quieres eliminar de tu vida y colócala en el fuego. Por lo general, suele tardar entre diez y quince minutos en quemarse. Cada vez que hago un fuego verde, me gusta expulsar también la vieja energía con un tambor. Si tienes uno, tal vez te apetezca hacerlo; y si no lo tienes, puedes fabricar uno con otro recipiente.

Producir ruidos fuertes ayuda a disipar la energía negativa, de manera que tómate la libertad de generar sonidos intensos, cánticos o gruñidos. La risa es otra forma excelente de limpiar el ambiente, y este ritual realmente te hará reír. También puedes hacer sonar una campana mientras el fuego arde o incluso gritarles a las energías que hay en tu hogar. Un simple «¡vete!» puede hacer el trabajo, y pronunciarlo en voz alta no solamente es divertido sino también catártico.

El ritual del fuego verde es extremadamente potente y efectivo, y únicamente se debe hacer con una intención. Yo suelo hacerlo cada tres o cuatro meses, o cuando me siento un poco bloqueada, con la pretensión de despejar y renovar mi espíritu. Es un ritual maravilloso para concluir la purga psíquica de la semana. Observa cuánto más ligero y consciente te sientes después de limpiar tu espacio energético.

Sabiduría *woo-woo*

Despeja el camino.

Bono regalo: meditación para despejar tu espacio

Aquí comparto un enlace para una meditación destinada a despertar energéticamente tu espacio.

Visita https://www.hayhouse.com/downloads, entra en la ID del producto **TKTK** y descarga el código **tktktk**.

TRANSFORMA
TU HISTORIA

Como ya he mencionado, para tener una vida extraordinaria es preciso sintonizar con el espíritu y hacer caso de nuestras vibraciones. No obstante, no seremos capaces de hacerlo si nos dejamos enredar por las frecuencias inferiores de nuestro ego. Esto hace necesario que nos desprendamos de la percepción errónea y restrictiva de que somos únicamente el resultado de nuestras experiencias. Si debido a dichas experiencias no nos damos cuenta de lo que en realidad somos, Espíritu Divino, nos quedamos estancados en ese canal inferior del ego y perdemos nuestro poder para crear. Si reconocemos nuestro pasado por lo que es –lecciones para que nuestra alma evolucione– permanecemos más conectados con el espíritu y nos transformamos en personas resilientes, ingeniosas, creativas y verdaderamente ilimitadas. Así es el Plan Divino.

Steve Jobs, un inventor que revolucionó el mundo, tuvo unos inicios horribles. Fue un hijo no deseado, rechazado por su familia de origen y entregado en adopción. Su pasado ofrecía a su ego innumerables razones para fracasar, ya que no recibió amor en los primeros años tan importantes de la vida. A pesar de ello, Steve no permitió que su pasado lo limitara en ningún sentido y se convirtió en una de las personas más creativas del mundo. Inventó los ordenadores Mac, los iPhones y fundó Apple. Él y su socio Steve Wozniak cambiaron para siempre la tecnología, poniéndola al alcance de millones de personas. Su pasado no lo detuvo.

Louise Hay, fundadora de Hay House, la célebre editora de prácticamente todos mis libros, y la mujer que por sus propios medios acercó la autoayuda a todo el mundo, nació rodeada de pobreza y violencia. Sin embargo, transformó las adversidades de su pasado en poder y prosperidad, al enseñar a millones de personas a sanarse con su revolucionario libro *Usted puede sanar su vida*. Su pasado influyó en ella, pero jamás la limitó.

Una de mis cantantes favoritas actuales es Adele, una de las más prolíficas a nivel global, con unas ventas de ciento veinte millones de discos hasta la fecha. Creció en el sur de Londres y fue criada por una madre soltera y un padre alcohólico. Su pasado dista mucho de ser ideal. En el colegio fue muy problemática y a menudo faltaba a clase. Aun así, alcanzó sorprendentes niveles de éxito a temprana edad. Su pasado no fue un obstáculo para sus posibilidades; por el contrario, lo utilizó para crear un presente extraordinario.

Esto es lo que sucede cuando vemos el pasado desde la perspectiva del espíritu, y no desde el ego. El espíritu nos ayuda a crear lo mejor con la materia prima que nos han dado, haciendo que nuestra vida y el mundo sean un lugar mejor. Eso es lo que hicieron Steve, Louise y Adele.

Por otra parte, el ego puede ser demoledor, nos hace dudar de nosotros mismos, no nos permite ver la bondad que hay en el mundo, nos impide crecer y nos mantiene estancados, sintiéndonos víctimas desvalidas. Nuestro ego se separa de nuestro espíritu, de nuestras vibraciones y de nuestra creatividad, y también del amor y el apoyo que nos brindan. El ego simplemente no puede sintonizar con una frecuencia creativa elevada, del mismo modo que una radio AM no puede sintonizar con Internet. El ego transmite una realidad distorsionada que nos dice que no somos nada más que el resultado de nuestras experiencias. Nos comunica que si nuestras experiencias son infortunadas, nosotros también lo somos; ¡y eso sencillamente *no* es verdad! Por intensas, dolorosas e impactantes que hayan sido nuestras experiencias, debemos verlas por lo que en verdad son: oportunidades para que nuestra alma aprenda. Nuestras lecciones modelan a la persona que somos, pero no nos definen ni restringen.

Somos seres divinos, alumnos eternos, y no estamos limitados por nuestras experiencias pasadas ni por las de las generaciones anteriores. Nuestras experiencias son nuestros maestros y nos ayudan a crecer como almas. Gracias a ellas, aprendemos a crear historias de poder que nos ayudan a encontrar sentido a nuestra vida. Sin embargo, debemos recordar que cualquier versión de la realidad que creemos o que hayamos recibido solamente es una parte de nuestra historia real y nunca la historia completa. Nuestro espíritu llena el resto. Podemos beneficiarnos enormemente de nuestro pasado si lo utilizamos para catapultarnos hacia delante con el fin de crear experiencias más empoderantes, creativas y auténticas.

MI HISTORIA

Cuando era joven me veía a mí misma como la hija de una refugiada de guerra sobreviviente del Holocausto, porque la historia de mi madre era realmente épica. Las cosas que le sucedieron, y a las que sobrevivió, resultaban muy impactantes para mi imaginación y me rompieron el corazón. Aunque su viaje fue emocionante, también fue excesivamente doloroso y terrible. Por ser una niña sensible, a lo largo del camino de alguna manera transferí su historia a mi propia identidad y coloqué un oscuro velo de tristeza sobre mi corazón. Quizás porque me pusieron el mismo nombre que ella, o porque sentía intuitivamente su dolor, me concentré más en su bienestar que en el mío. Me sentía obligada a protegerla a pesar de que nunca me lo pidió. Fue una elección personal. Estaba tan horrorizada por las historias que me contaba de los tiempos de la guerra que sentí la necesidad de compensarla por sus traumas pasados. Cuanto más pendiente estaba de la historia de mi madre, menos me conectaba con quien yo era: con mi camino, mis lecciones y mi propósito. El mundo al que había sobrevivido me conmovía profundamente. No conseguía ver su viaje como la lección de *su* alma, y no de la mía. Mis sentimientos eran principalmente inconscientes hasta que el novio que tenía entonces me lo hizo ver: «Te preocupas demasiado por tu madre, pero ella parece estar muy bien».

Y tenía razón. Ella vivía en el presente y estaba más o menos bien. Entonces supe que necesitaba liberarme de su historia y seguir adelante con mi vida. Ella había vivido en el infierno y había sobrevivido. ¿Qué sentido tenía que yo continuara con esa actitud, si a ninguna de las dos nos hacía bien?

Sin embargo, me sentía obligada a conocer de dónde procedía mi madre, qué había hecho durante todos aquellos años. En las bodas de oro de mis padres, mi hermana mayor, Cuky, su marido Buddy y yo los llevamos a Dingolfing, Alemania, donde se habían conocido y casado. Fue un viaje muy emotivo para todos. Hubo momentos de risas, pero también de lágrimas cuando comenzaron a recordar el pasado. En un determinado momento, Cuky y yo les propusimos ir a ver el campo de trabajo al que mi madre había sido destinada, antes de conocer a mi padre. Nos acercamos hasta la puerta en silencio, conteniendo la respiración, y todos sentimos la tensión y el miedo que debió de haber sentido cuando era una niña aterrorizada. De repente mi madre bajó la vista y, girándose hacia mi padre, dijo sorprendida y con la voz entrecortada: «Paul, mira. Hay flores».

Impresionada por ver toda esa belleza en medio del camino pedregoso que la había conducido a sus horribles recuerdos, mi madre se detuvo, nos miró y dijo: «No tiene ningún sentido volver atrás. Ya he visto lo que necesitaba ver. Aquí ahora hay belleza, y eso es todo lo que importa. Salgamos de aquí».

Y entonces, nos marchamos sin mirar atrás ni una sola vez. Esa decisión liberó a mi madre del pasado, y no solamente a ella sino también a nosotros, sus hijos. Ella no negaba el pasado ni tampoco lo hacíamos nosotros. Por el contrario, honrábamos su experiencia. Simplemente no dejamos que la historia terminara allí.

Esta tendencia a hacernos cargo de la historia de nuestros padres, y dejar que nos defina y nos limite, es bastante común. Conocí a un hombre llamado Alan, de Iowa. Era el primogénito de una numerosa familia irlandesa católica. Parte de la historia y la identidad de su familia era que durante la gran hambruna de 1845 en Irlanda, habían estado a punto de morir de inanición debido a una pobreza extrema. Su bisabuelo y toda su familia de diez hermanos y sus padres encontraron la forma de escapar de la hambruna en un barco que zarpaba hacia América para empezar una nueva vida. Desafortunadamente, todos se pusieron terriblemente enfermos. Al embarcar, ya tenían una salud precaria, pero a eso se sumó que el viaje fue demasiado brutal como para que lograran sobrevivir. Todos fallecieron, excepto el bisabuelo de Alan. Su historia familiar fue increíblemente trágica y desgarradora.

La historia de la «familia desnutrida» se repitió durante generaciones. «Se convirtió en su identidad —afirmó Alan—. A pesar de que la vida mejoró sustancialmente, y de que muchas cosas cambiaron en el linaje familiar desde el fatídico viaje de mi bisabuelo en 1850, la familia sigue sintiéndose eternamente devastada y empobrecida. Y aunque hoy en día mi familia tiene una vida cómoda, aunque modesta, mentalmente siguen pasando hambre y sintiéndose pobres. Si cualquier miembro de la familia dijera que quiere prosperar —Dios no lo permita— y lo consiguiera, el resto lo miraría con desprecio y diría cosas absurdas como por ejemplo: "¿Quién se cree que es?"».

Alan continuó: «Mi familia me enseñó que yo era un niño irlandés pobre. Todos lo éramos, y yo debía sentirme orgulloso. Aspirar a más era un signo de arrogancia que traicionaba mi legado. Nosotros no éramos esos horribles falsos "ricos". Éramos mejores que ellos, y no nos estaba permitido olvidarlo».

Comentó que cuando había intentado mejorar su vida asistiendo a la universidad, su familia se había reído de él. Cuando decidió viajar para conocer mundo, le decían que se estaba dando «aires». «No podía pertenecer a mi familia y tratar de mejorar mi vida. Tenía que elegir. Una cosa o la otra. Mientras siguiera viviendo cerca de ellos en mi pequeña ciudad, tenía que ser "austero y pobre". No podía aspirar a nada más. Si quería pertenecer a esa familia, tenía que traicionarme a mí mismo».

Finalmente Alan decidió trasladarse a Montana, aunque eso no lo libró de que su identidad lo siguiera. «No me gusta admitirlo, pero sigo siendo tan austero, receloso y resentido como ellos, a pesar de haberme alejado hace ya muchos años. Esta identidad me persigue, y no puedo escapar de ella».

Sugerí a Alan que dejara de mirarse a sí mismo a través de su historia familiar, que lo obligaba a considerarse incapaz de prosperar o de tener una vida más elevada, y que empezara a reconocer su verdadero espíritu. Su espíritu deseaba ir a la universidad, conocer el mundo, tener su propio negocio y llevar una vida más expansiva. Ese era su verdadero ser, y tenía que ser fiel a él. La historia de su ego le decía que eso era mentira, que no podía aspirar a más. Le recordé que su abuelo había tenido un espíritu similar. Había conseguido sobrevivir y finalmente se había trasladado a Australia, donde hizo una gran fortuna con el oro. Esta otra historia olvidada sobre el espíritu resiliente de su abuelo vivía en él. Su abuelo no se permitió quedar atrapado en la versión devastadora y carente de poder que su familia le había transmitido. Y Alan tenía que hacer lo mismo.

Aquel día la mirada de Alan se llenó de luz. Le recordé que no necesitaba compartir esa versión de la historia familiar para pertenecer a su familia, porque de cualquier manera formaba parte de ella. Tal vez su alma conseguiría cambiar la historia familiar por otra más victoriosa.

¿CUÁL ES TU LECCIÓN?

No tienes que quedarte estancado en una versión no empoderada de tu pasado ni del pasado de tu familia. Para liberarte de ello tienes que hacer un poco de introspección. Pregúntate qué lecciones te brindan tu pasado y tu historia familiar. ¿Qué es lo que has aprendido de todas las experiencias vividas? ¿Qué es lo que todavía tienes que aprender?

Aunque parezca sorprendente, en el mismo momento en que te plantees sinceramente estas preguntas, tu espíritu te ofrecerá respuestas. Después de todo, este es el verdadero propósito de estar aquí. Independientemente de que se trate de tu propia historia, de la mitología familiar o de la historia del mundo, descubre los regalos que te ofrece el pasado y empléalos para crear un futuro mejor. Esto no significa que no sintamos el sufrimiento del pasado ni que lo pasemos rápidamente por alto como si estuviéramos cambiando de cadena para no ver un deplorable programa de televisión. No se trata de eso en absoluto, y además no podríamos hacerlo. Nuestro pasado vive en nuestros huesos. Tiene valor e inspira respeto. Procedemos de un linaje humano plagado de errores, pérdidas, tragedias y sufrimientos. Es algo que no se puede evitar, porque la vida es transitoria y la pérdida es una parte inevitable de ella.

Sin embargo, podemos transformar nuestro dolor en poder. Podemos tomar estas experiencias para escribir un nuevo capítulo, uno que nos deje avanzar con libertad, aprender de las equivocaciones y encontrar los regalos que estas nos ofrecen para tener una vida más consciente, empoderada y satisfactoria. Teniendo en cuenta todo esto, te ruego que no niegues ni minimices tu historia personal porque es rica en regalos y bendiciones, aun cuando estén enterrados bajo los escombros de un tremendo sufrimiento y dolor. No permitas que tu pasado te impida aspirar a una vida mejor. Lo que verdaderamente importa no es lo que experimentamos, sino lo que hacemos con nuestras experiencias. Conserva del pasado todo lo que te sirve, aflígete por todo aquello que te da pena, ocúpate de sanar lo que necesita ser sanado, ama lo que necesita ser amado y aprende lo que debe ser aprendido. Deja atrás todo lo demás.

Tómate tu tiempo y sé amable y paciente mientras revisas tu vida. Busca ayuda para desprenderte de lo que se ha quedado adherido a ti. Y utiliza tu imaginación, conecta con tu espíritu, confía en tus vibraciones; y cuando estés preparado, no olvides que puedes crear el futuro que deseas. Y no te quepa ninguna duda de que lo harás.

¿POR QUÉ ESTA HISTORIA?

Se necesita mucha energía para llevar todo el tiempo a tus espaldas una historia densa, y además al hacerlo se interrumpe tu conexión con lo Divino. Honra la historia que has vivido y la que has heredado de tu familia. Tu alma ha escogido esta familia y esta aula. Y aunque a veces no parezca tener mucho sentido, esta experiencia fue la forma que tu alma eligió para aprender durante el tiempo que esté aquí. Yo escogí a mi familia para iniciar la misión de mi alma desde el primer momento. Todas las piezas necesarias para ser una guía intuitiva y una maestra se ubicaron en el lugar que les correspondía, sin que yo interviniera. Nunca tuve ninguna duda sobre mi futuro. Siempre supe por qué y para qué estaba aquí. Esto es lo que he aprendido de mi historia familiar y este es el regalo que me ha ofrecido, de manera que he decidido conservarlo. El hecho de dejar atrás traumas y dramas me permitió aquietar mi mente y me proporcionó la oportunidad de empezar de cero para llegar a ser quien yo quería. Conseguí hacer todo lo que deseaba sin que nada ni nadie me lo impidiera.

Liberarte del pasado... Es más fácil decirlo que hacerlo. Las experiencias de la vida se quedan impresas en tus huesos y en tu cerebro. Pero tienes pleno poder para interpretar esas experiencias, y decidir qué vas a hacer con ellas. Puedes tener compasión y respeto por las dificultades que tú y tu familia habéis tenido que afrontar; la vida es dura y a veces también puede ser bastante brutal. Por otra parte, considerar las experiencias de tu vida como una elección de tu alma para crecer puede transformar esas mismas experiencias en regalos de oportunidad, resiliencia, creatividad, coraje y amor.

Considerar tu historia como un aula del alma diseñada personalmente cambia tu perspectiva y te empodera. Saber que has elegido el camino que has recorrido hace que sea más fácil reconocer el valor que tiene. Esto no quiere decir que debas culparte por las circunstancias que has encontrado en el camino; únicamente significa que en el nivel del alma, el camino recorrido es el que se ajustaba al deseo de tu alma de crecer de la forma que tú querías.

Mi camino me llevó a una familia que valoraba los seis sentidos y sentó las bases para mi propósito en la vida. Debo decir que mi familia fue tan disfuncional como cualquier otra. Había demasiados hijos como para satisfacer todas nuestras necesidades, no había suficiente dinero como para sentirse seguro y también vivimos muchas situaciones dramáticas que no me permitían estar tranquila. No puedo contar las veces que en el pasado me sentí perdida y con la sensación de no tener padres que cuidaran de mí. Cuando era adolescente, sufrí varios ataques físicos y sexuales, uno de ellos a punta de pistola, y también hubo miembros de mi familia que lucharon contra sus adicciones y sus enfermedades mentales. En otras palabras, una típica vida familiar. En cualquier caso, no fue sencillo. Pero tenía la linterna de mis vibraciones, que me guiaba a lo largo del camino en plena oscuridad. En aquella época, y también ahora, decidí centrarme en los regalos que me ofrecía mi pasado, y no en las partes que sentía que eran como la noche de los muertos vivientes.

A los catorce años aprendí del doctor Tully que la única manera de estar plenamente empoderados era ver nuestra vida como un diseño propio. Gracias a Dios lo creí, porque resultó ser verdad. Nadie es inmune al dolor y al drama de ser humano, pero si recordamos que somos espíritu y no ego, podemos evitar ser victimizados por la vida.

El ego pregunta a la vida: «¿Por qué *me* está pasando esto?», mientras que el espíritu pregunta: «¿Por qué está pasando esto, qué puedo aprender?».

Trascender la versión restrictiva de la persona que eres que te transmite el ego y conectarte con tu espíritu empoderado cuando las épocas son difíciles requiere imaginación, intención y también ayuda de otras personas. Una parte del trabajo de nuestra alma es aprender a tener una vida auténtica y empoderada para no ser una mera cinta pregrabada que reproduce los errores pasados de otras personas. Liberarse de la victimización y del pasado es uno de los desafíos más importantes que debemos afrontar todos los seres humanos. Con toda seguridad, algunos mucho más que otros. Sin embargo, todos podemos triunfar y lo conseguimos en cuanto estamos preparados. Todos sabemos que, en el nivel del alma, hemos venido aquí para superar nuestras experiencias y circunstancias vitales. Esta es la razón por la que vamos a terapia, consultamos con sanadores energéticos o médicos, meditamos, leemos libros, asistimos a clases magistrales y a talleres *online*, vamos a retiros, buscamos chamanes y muchas cosas más. Todos necesitamos toda la ayuda que seamos capaces de conseguir. Es esencial que busques, y recibas, toda la ayuda que necesitas. Si estableces la intención de trascender el ego del pasado, conseguirás hacerlo.

DESPRÉNDETE DE LAS HISTORIAS AJENAS

Es esencial que nos liberemos de la propia historia que nos limita y también que dejemos de proyectar ese tipo de historias sobre los demás. Aprendí esta lección con humildad hace cuarenta años, cuando vivía en Chicago y recibía a mis clientes en casa. Un día vino a verme un joven para solicitarme una lectura. Soñaba con ir a la Universidad de Chicago y estaba determinado a hacerlo a pesar de que era una apuesta arriesgada. Vivía en un bloque de viviendas destinadas a personas con pocos ingresos llamado Cabrini Green, donde había mucha delincuencia. No era un lugar demasiado seguro para vivir, además de ser un poco triste.

Me sentí impresionada por ese chico tan talentoso y ambicioso. Anticipé que sería capaz de materializar su sueño de ser aceptado en la universidad, independientemente de la dificultad que suponía. Con la intención de ayudarlo, le comuniqué que no tenía que pagarme la sesión. Era mi regalo. En lugar de aceptar la oferta, se molestó y me respondió: «De ninguna manera. Usted me lo ofrece únicamente porque sabe dónde vivo. No tiene la menor idea de quién soy en realidad y de lo que puedo pagar. Puedo pagarle como cualquier otra persona. Sé que lo hace con la mejor intención porque me ve como alguien que necesita ayuda económica, pero no es así».

¡Y tenía razón! Proyecté en él mi propia interpretación y fui presuntuosa. Aquel día ese chico me enseñó una gran lección que le agradecí enormemente. A continuación le dije que era yo la que tenía que pagarle por la valiosa lección que acababa de enseñarme. Él se quedó en silencio, al parecer reflexionando sobre lo que acababa de escuchar. Luego sonrió y me dijo: «En realidad, debería hacerlo». Ambos nos reímos. Seguimos en contacto desde entonces. Él cumplió su sueño y se convirtió en un exitoso ingeniero. Años más tarde creó su propia compañía de *software* de apuestas. Y yo aprendí que no hay que dar por sentado que conoces plenamente a alguien, así que te aconsejo que reserves tus historias para ti mismo.

LA MORALEJA DE ESTA HISTORIA

Honra y ama tu historia. Está llena de regalos y bendiciones, aun cuando estén enterrados bajo una montaña de sufrimientos. Percibe a las otras personas como espíritu, con compasión y respeto, y aunque hayan sido victimizadas de una forma terrible, no las veas como víctimas. Honra al espíritu de los demás, aunque ellos mismos no lo hagan. De este modo, cuando cualquiera de nosotros esté preparado para crecer, podremos crear y vivir un nuevo y emocionante capítulo de nuestra vida, uno que exprese nuestro espíritu brillante en toda su gloria. Esa es la razón por la que estamos aquí.

Si descubres que estás mirando atrás, detente de inmediato y di en voz alta: «Esta ya es una historia antigua. No se corresponde con la persona que soy ahora ni con la que quiero ser». Toma nota de cómo se ilumina tu vibración y de cuánto más fácil te resulta escuchar a tus guías, consejeros espirituales y ángeles en cuanto tomas esa decisión.

Mira hacia delante para expresar quién eres realmente como Espíritu Divino mientras experimentas el amor, el respaldo e incluso los milagros que forman parte de ese nuevo y extraordinario ser que comienza a desplegarse.

Entrenamiento woo-woo

Es tiempo de centrarse en el pasado. Si es posible, escribe tu historia personal de la forma más exhaustiva y directa posible, y luego compártela con todas las personas que quieran escucharla, repitiéndola una y otra vez. Observa cómo embelleces la historia cada vez que vuelves a contarla y toma nota de las reacciones que produce. Si estás solo, léela en voz alta para ti mismo y, si tienes una mascota, léela para ambos.

Presta mucha atención a las compensaciones que obtienes al reproducir este drama pasado. ¿Sientes pena de ti mismo? ¿Te sientes valiente o heroico? ¿O te sientes pequeño, quebrantado o victimizado? Cada vez que cuentes tu historia, toma nota de lo verídica que es. ¿Refleja exactamente a la persona que eres y a la que quieres ser hoy? ¿Puedes agradecer los regalos que te ha ofrecido? ¿Te sientes ligero y amado? ¿Eres guiado por tu espíritu, tus ayudantes espirituales y tus ángeles?

Por último, después de contar tu historia todos los días durante una semana, déjala ir. Y en lugar de mirar atrás, comienza a imaginar tu próximo capítulo, con la certeza de que lo mejor de la vida aún está por llegar.

Sabiduría woo-woo

Crea una historia extraordinaria.

CUARTA PARTE

SENTADILLAS PSÍQUICAS

ANOTA TUS VIBRACIONES

Tus vibraciones son inútiles si no te fías de ellas. La mayoría de las personas que he conocido quieren confiar, pero no lo logran porque su ego/perro ladrador tiene miedo de hacerlo. Una y otra vez he escuchado: «¿Y si cometo una equivocación?», «¿Y si mis vibraciones son erróneas?» o «¿Y si pasa algo terrible porque mi intuición no está sintonizada? ¿Y si mis vibraciones me llevan hacia el abismo?».

Como es evidente, todos estos son escenarios posibles; sin embargo, si te conectas realmente con tus vibraciones, y no con tu cabeza, estas catástrofes jamás tendrán lugar. Confiar en tus vibraciones es un riesgo que finalmente tendrás que asumir si quieres desarrollar tu propio poder. Debo decir que ignorar tus vibraciones y dejarte llevar por tu temeroso ego es mucho más arriesgado. No puedo pensar en ningún ejemplo en el que el miedoso ego de una persona la haya aconsejado bien o la haya guiado hacia un resultado positivo. No obstante, puedo pensar en incontables ocasiones en las que un ego temeroso fue la causa de los peores resultados posibles en la vida de una persona.

Permanecer erguido sobre tus dos pies psíquicos es algo parecido a tomar una decisión importante y a menudo intimidante, pero no tiene por qué ser un salto a ciegas como tu ego pretende hacerte creer. Puedes aprender a confiar en tu intuición de la misma manera que aprendes a confiar en cualquier otra cosa: a través de la experiencia. Lo que de verdad haces cuando confías en tus vibraciones es asumir plenamente la responsabilidad de tu vida. Permites que tu espíritu sea el jefe, en lugar de rendirte y entregar tu poder a otras personas permitiéndoles que te controlen, como una oveja de camino al matadero.

Confiar en tus vibraciones es un proceso de despertar en el cual tu espíritu colabora con tu cuerpo —mientras tu ego se hace a un lado y aprende—, y juntos te guían directa y suavemente hacia un espacio donde no hay ningún peligro y hacia la mejor de las vidas que puedes tener. La confianza y la seguridad se desarrollan de forma natural con el paso del tiempo, a medida que ambas partes se van conociendo y toman decisiones acertadas y exitosas de común acuerdo. En otras palabras, la confianza evolucionará por sí misma en cuanto permitas que tu espíritu guíe tu cuerpo hacia el éxito.

La mejor manera que conozco para asociarte con tu espíritu es tener una pequeña libreta que puedas llevar en el bolsillo o en el bolso en todo momento. Cada vez que tengas un presentimiento, una corazonada o un «momento ¡ajá!»; cada vez que sientas, vibres, o recibas cualquier otro aviso de tu intuición, apúntalo en tu libreta. No dejes que tu ego censor juzgue, discrimine, interfiera ni modifique de ninguna forma la información o las sensaciones que recibes. No te preocupes si lo que te transmiten tus vibraciones te parece necio, irrelevante, irracional o simplemente una tontería, o si piensas que tus vibraciones no son más que un producto de tu imaginación. De cualquier modo, apúntalo todo. En este momento no tienes que seguir tus vibraciones, únicamente debes escribirlas en un papel o en el ordenador en vez de ignorarlas y luego comprueba si resultan valiosas. Al cabo de poco tiempo, comprenderás que cada vibración individual finalmente demuestra que de una u otra forma tiene sentido.

Tampoco tienes que fiarte de mí; tú mismo tendrás las pruebas. Si escribes tus vibraciones durante tres semanas, todas tus dudas comenzarán a desaparecer para dar lugar a la confianza, porque tendrás una evidencia innegable de que merece la pena confiar en tu sexto sentido.

TÓMATE UN MOMENTO PARA ACLARARTE

Desafortunadamente, muchos de mis clientes y alumnos luchan denodadamente por reconocer sus vibraciones. Y además tienen dificultades para describirlas, porque están acostumbrados a «aparcarlas». Apuntar las vibraciones evita que esto suceda. Por ejemplo, un alumno llamado Barry me dijo en una ocasión: «Solía eliminar automáticamente mis vibraciones, incluso antes de saber qué eran. Si me sentía inquieto, en vez de tomarlo como una advertencia avanzaba de inmediato en la dirección opuesta y me decía que estaba loco y que no había nada de qué preocuparse. Luego agarraba mi móvil y comenzaba a navegar mecánicamente por las redes sociales para olvidarme de la sensación de desasosiego. Una sensación que inevitablemente resultaba ser una advertencia exacta de algo que estaba por venir. Sin embargo, como la había ignorado, no me beneficiaba en absoluto. Y cuando lo veía en retrospectiva me desesperaba. No obstante, en cuanto comencé a anotar esos destellos intuitivos, dejé de aparcar mis vibraciones y empecé a sintonizarme cada vez más con ellas. Cuanto más escribía, más claras y más específicas se tornaban. Lo que en principio había sido una descripción vaga, como por ejemplo: "malas sensaciones con Gary...", en cuanto lo apuntaba se convertía en una representación clara de lo que me estaba molestando: "Gary no me dice la verdad sobre la cantidad de dinero que tiene que invertir, me está haciendo perder el tiempo en este trato...". Al cabo de algunas semanas de anotar mis vibraciones en la libreta, conseguí describir con exactitud lo que percibía intuitivamente».

Otro de mis clientes, Kyle, me dijo que apuntar sus vibraciones le ayudaba a activar su intuición: «Cuanto más escribía, más vibraciones sentía. Pronto comencé a recibir avisos intuitivos sobre todo tipo de asuntos a lo largo del día. Tenía vibraciones relativas a un montón de cosas, pero las ignoraba sistemáticamente hasta que empecé a escribirlas en mi diario. Parecía que había abierto la fuente de la verdad. Fui capaz de sintonizar con mis vibraciones y de hacer una lectura intuitiva acertada sobre prácticamente cualquier situación. Anotar mis vibraciones abrió la puerta de entrada a mi intuición y entré en otro mundo. Ahora sé lo que debo hacer prácticamente en cualquier circunstancia. Me hubiera gustado haber comenzado mucho antes; estoy convencido de que me habría ahorrado muchas malas decisiones».

Otra clienta, Georgia, me comentó: «Empecé a anotar concisamente mis vibraciones de una forma general y rápida, pero pronto me di cuenta de que cuanto más escribía, más claras y específicas eran. Más aún, observé que comenzaba a tener vibraciones potentes relacionadas con temas que siempre me habían interesado, como por ejemplo la bolsa. Esa fue una de mis aficiones durante años, aunque nunca me permití tomarla demasiado en serio. Las predicciones de la bolsa que escribí en mi diario fueron acertadas durante tres semanas. No llegué a invertir dinero, pero me hubiera gustado hacerlo. De ahora en adelante, esto va a cambiar porque ya conozco cuál es la forma de sintonizar con mis vibraciones».

Cada mensaje de tu espíritu escrito en tu libreta demuestra que merece la pena confiar en las vibraciones y estimula la confianza que te permitirá avanzar. Ya no deberás confiar en una vaga sensación; tendrás una confirmación contundente de que tus vibraciones son guías legítimas con las que puedes contar.

Llevar un diario también es una forma de comunicarle a tu mente subconsciente que ahora valoras tu intuición, de manera que puedes aumentar el volumen. Esto significa un cambio de juego en lo que se refiere a sentir tu vibración. Cada vez que apuntas algo le otorgas valor, incluso aunque lo que escribas no tenga demasiado sentido para tu cerebro lógico. Escribir entrena tu mente para que no descarte ni ignore a estos sutiles mensajeros y, por el contrario, tome nota de ellos con la idea de que al final todo cobrará sentido. No pasará demasiado tiempo antes de que tu ego reciba el mensaje y coopere de alguna forma.

Si has sido entrenado para ignorar a tu espíritu, escribir tus vibraciones en papel, en el ordenador o en tu móvil te ayudará a «desentrenarte». Y al hacerlo, tu intuición recuperará el lugar que le corresponde, que es ser líder, y tú restablecerás esta conexión empoderante con tu verdadero Ser. Afortunadamente, nuestro espíritu nunca deja de proyectar su luz sobre nuestro camino. Es tu ego el que deja de darse cuenta de ello o decide desconectarse de la transmisión. Cuando escribes tus vibraciones, tu receptor interior vuelve a sintonizarse. Durante más de cuarenta años he sugerido a mis alumnos de todo el mundo que apunten sus vibraciones, de modo que tengo múltiples evidencias de que esto funciona.

Mi cliente George siguió mi consejo y comenzó a anotar sus vibraciones. Cierto día, de manera prácticamente espontánea, escribió en su diario: «Tengo que dejar mi trabajo y empezar a trabajar con mi hermano lo antes posible. Siento que pronto me van a despedir». Se mostró bastante sorprendido por esta nota porque, aunque se le había pasado por la mente dejar su empleo, nunca se le había ocurrido trabajar con su hermano y mucho menos que lo fueran a despedir. Fue una revelación intuitiva absolutamente imprevista. Sin embargo, ignoró el mensaje y no renunció a su trabajo. Como era predecible, una semana más tarde fue despedido. George no podía creer que se hubiera dejado llevar hasta la misma situación que sus vibraciones le habían advertido. Cuando vino a mi consulta para solicitarme una lectura, me comentó: «Me estaban guiando claramente a que abandonara aquel trabajo, pero mi ego no lo aceptó. A pesar de estar contento de haberme liberado de ese empleo, me molesta que en mis antecedentes laborales figure un despido. Evidentemente, no me ha ayudado a conseguir un nuevo trabajo. Mi hermano y yo hemos hablado durante años de crear una empresa de reforma de casas, y mis vibraciones me han comunicado que es el momento de hacerlo. No voy a cometer el mismo error dos veces. ¡Jamás volveré a ignorar mis vibraciones!».

George y su hermano crearon la empresa. El crecimiento del primer año fue lento, pero el segundo año llegó la pandemia y todo el mundo parecía querer dejar las ciudades y trasladarse a pueblos pequeños. El negocio despegó. Tuvieron que contratar a catorce personas en menos de seis meses, pero aun así a duras penas consiguieron cumplir con la demanda de sus servicios.

Todo lo que se me ocurrió decirle fue: «Bien hecho, George. Solo tienes que escuchar una clara vibración de tu espíritu para cambiar tu vida».

PLAN B

Por todos los años que he pasado enseñando a las personas a confiar en sus vibraciones, sé que muchas de ellas, más allá de lo persuasiva que intente ser, simplemente no apuntan sus vibraciones a pesar de que esta práctica en muy valiosa. Y las razones que aducen para no hacerlo son diversas: «Me olvido», «No me gusta escribir», «Me da pereza»... De modo que por ese motivo he diseñado un plan B para todos vosotros.

En vez de escribir todas las vibraciones que recibes en una libreta, grábalas con la aplicación de voz de tu teléfono móvil. De diversas maneras esto puede ser una herramienta todavía más poderosa, porque cuando pronuncias tus vibraciones en voz alta, las afirmas y reclamas. En el mismo momento en que las reconoces verbalmente, tu cuerpo lo registra y sube el volumen. Y además, tienes el beneficio añadido de escuchar el sonido de tu propia voz cuando honras tu verdadero Ser. Cuando reconoces una genuina señal intuitiva, hablas desde el corazón y, al mismo tiempo, la sientes en él. No obstante, cuando expresas pensamientos temerosos o ilusiones, o cuando tu ego te engaña, tu voz procede de tu cabeza y de tu ego. Como comprenderás no es lo mismo, porque esto último no tiene ninguna resonancia en tu corazón. Puedes percibir claramente la gran diferencia que hay entre estos dos canales. Las vibraciones reales suenan verdaderas en todo tu cuerpo. Las falsas alarmas del ego hacen mucho ruido, suenan como notas amargas y se deslizan rápidamente fuera de tu cuerpo al cabo de unos instantes. No permanecen dentro de ti como las vibraciones. Tu cuerpo está directamente programado para ser intuitivo, de manera que no debes confundirte. Tu ego puede persuadirte de que creas en algo que no es verdad, pero en última instancia tu cuerpo nunca miente.

En esta fase temprana del proceso de aprendizaje para poder llegar a confiar en tus vibraciones, recuerda que no tienes que actuar de acuerdo con ellas. Te sugiero que te limites a escucharlas y expresarlas. Todavía no tienes que confiar en ellas. Sin embargo, tras algunas semanas de oportunidades perdidas, ya no querrás ignorarlas.

ESCRITURA INSPIRADORA

La mejor forma de darte cuenta de lo poderoso que es tu espíritu es estar dispuesto a conocerlo. Fija una cita con él más o menos a la misma hora y escribe durante algunos minutos todo lo que pase por tu cabeza. Por mi propia experiencia puedo decir que funciona muy bien hacerlo por la mañana y también justo antes de irse a dormir. No tiene ninguna importancia qué momento del día elijas para conversar con tu espíritu, siempre que lo hagas de forma regular.

En cuanto te sientes a escribir, imagina que estás teniendo una conversación activa con tu espíritu. Él te conoce mejor que nadie, sabe cuáles son las metas de tu alma, calma tus turbulentas emociones, alivia tus dramas y te guía hacia una frecuencia más elevada. Y al mismo tiempo tranquiliza a tu asustado ego diciéndole que si te ama plena e incondicionalmente para siempre todo estará bien.

Cuando le escribas a tu espíritu, hazlo con la libertad suficiente como para abordar cualquier tema que te interese o preocupe. Comienza simplemente compartiendo lo que tienes en mente. No modifiques ni una sola palabra. Escribe sin reservas.

Una vez que lo hayas hecho, pide a tu espíritu que te ayude a saber cuál es la mejor forma de avanzar.

A continuación, imagina que tu espíritu te está respondiendo. Escribe rápidamente y sin detenerte, y reflexiona sobre lo que estás escribiendo. No apartes la pluma del papel. Si estás escribiendo en el ordenador, no levantes los dedos de las teclas; tampoco te detengas a leer el texto ni siquiera para corregir la ortografía. Sencillamente deja que las palabras fluyan hasta que sientas que ya has terminado.

Tu espíritu te responderá de inmediato. Este ejercicio se conoce como escritura inspiradora. Cuando hayas completado la respuesta del espíritu, deja la pluma, o aléjate del ordenador, y cierra los ojos durante unos instantes. Siente la presencia del espíritu y el amor que fluye hacia ti. Luego, abre los ojos y lee lo que está escrito. Puede ser muy esclarecedor y tener mucho sentido, pero también puede ocurrir que en ese momento parezca no tenerlo. Mi experiencia me ha demostrado que en el noventa y nueve por ciento de las veces, la escritura inspiradora te ofrece las respuestas que estás buscando. El uno por ciento restante cobrará sentido al cabo de poco tiempo. En todos los casos, sentirás una profunda y sólida conexión con tu espíritu.

Asimila lo que has escrito desde el corazón. Si estás verdaderamente receptivo para recibir ayuda y guía, la escritura inspiradora te la ofrecerá en cualquier momento.

ESCRITURA AUTOMÁTICA

Si mantienes la práctica de la escritura inspiradora, pronto evolucionará hasta convertirse en escritura automática. Esto sucede cuando te sientas a escribir y el bolígrafo o las teclas del ordenador parecen moverse por sí mismos. Las palabras fluyen directamente de tu espíritu, y no de tu ego. En este caso, los mensajes generalmente fluyen en un sentido y no responden a tus preguntas ni preocupaciones, pero las tienen en cuenta. La escritura automática no es como el intercambio de correos electrónicos psíquicos que tiene lugar durante la escritura inspiradora. Estos mensajes se descargan directamente, y tú los recibes sin hacer ninguna pregunta. Con frecuencia proceden de tus guías maestros, que quieren ayudarte a acelerar el crecimiento de tu alma y aumentar la cantidad de luz en tu cuerpo. Siempre te sorprenderás por todo lo que descubres cuando escribes de forma automática y te resultará evidente que lo que has escrito no proviene de tu ego. Es bastante probable que no suene en absoluto como tu propia voz. Otra cosa que a menudo observarás en la escritura automática es que suele ser más bonita, organizada y precisa que tu propia prosa. Sentirás como si otra persona estuviera escribiendo *a través de* ti. En ocasiones, la escritura puede ser anticuada o formal, pero siempre será refinada y coherente, y te dejará una sensación de calma, de estar conectado a tierra. Además, será inspiradora. La escritura automática auténtica jamás te hará sentir temeroso ni amenazado, pero puede provocarte asombro. La escritura automática regula tu punto de vista, porque procede de una perspectiva más elevada que la tuya. Si antes te sentías confuso, ahora percibirás que las cosas están más claras. La escritura automática te hace sentir como si hubieras descargado una profunda lección impartida por el maestro más sabio del Universo. Porque eso es precisamente lo que has hecho.

Con ambos tipos de escritura, la inspiradora y la automática, te sientes profundamente tranquilo, a sabiendas de que siempre hay una ayuda a tu disposición entre bastidores. No se trata de que estés haciendo algo por el mero hecho de sentirte mejor; realmente hay fuerzas superiores trabajando en tu nombre, y están haciendo una gran labor al conectarse contigo. Incluso tu ego resultará impresionado, porque la escritura que surge cuando te conectas con tu espíritu es la mejor prueba de que merece la pena confiar en tu voz interior porque cuidará de ti. Y cuando practicas la escritura intuitiva, obtienes el beneficio adicional de que tus habilidades intuitivas se agudizan considerablemente y tu ego se relaja y deja de controlar tu vida. Si acaso, se sentirá feliz de haberse liberado del trabajo de gestionarla y de la responsabilidad de tomar decisiones. Después de todo, tu ego no es tu enemigo; de hecho, intenta ayudarte aunque es incapaz de hacer un trabajo realmente bueno. Sencillamente, él no es tu Ser Superior; no es más que un ayudante. La idea es que tu ego se haga a un lado, para dejar que tu intuición asuma el mando, y al mismo tiempo esté dispuesto a ayudar de todas las formas posibles para que todo sea más fácil.

Con cada nota que escribas en tu diario de vibraciones, tu radar intuitivo se agudizará, será más exacto e incluso más entretenido. Es francamente empoderante volver a leer lo que has escrito, porque te permite darte cuenta de que tu intuición es brillante. Cada una de las notas, como una perla de sabiduría recién descubierta, tendrá un gran valor, aunque solo sea por el hecho de recordarte que tu ingeniosa alma es verdaderamente extraordinaria.

Entrenamiento *woo-woo*

Me parece más conveniente tener dos diarios: uno para tener en casa y otro para llevar contigo cuando sales. Este último puede ser una libreta pequeña, mientras que el que guardes en casa puede ser un cuaderno de mayor tamaño.

Lleva el diario pequeño contigo allí a donde vayas y apunta todo lo que tus vibraciones te transmiten. Si no te gusta escribir, recurre al plan B, y graba tus vibraciones utilizando una aplicación de voz. Habla con total libertad; identifica cada una de las vibraciones que sientes y no te censures. Nunca se sabe si algo que en un determinado momento parece incongruente cobrará sentido un poco más adelante.

Prueba la escritura inspiradora y la escritura automática todos los días a una hora en la cual puedas dedicarles regularmente quince minutos. En este caso utiliza el diario de mayor tamaño. Si escribes en el ordenador, crea una carpeta llamada «Diario de vibraciones» y guarda todos tus apuntes en ella.

Sabiduría *woo-woo*

Toma nota.

REZA

La línea directa que te conecta con tu espíritu es la oración, que simplemente es la práctica de comunicarte con tu Creador en un nivel íntimo, de corazón a corazón. Cuando rezas, le pides a tu ego que se haga a un lado y que entregue tu energía personal a un Poder Superior. La oración es el entrenamiento básico para cualquier persona que decida ser fiel a su voz intuitiva para vivir de una forma más elevada. No se limita a abrir tu corazón para que recibas la ayuda de un Poder Superior, también te alivia del estrés que te produce intentar resolver las cosas por ti mismo. Uno de los sellos distintivos de la vida intuitiva es que dejas de preocuparte por cómo se resolverán las cosas. La oración implica dejar que Dios se ocupe de todo.

La oración eleva de inmediato tu vibración personal, proyecta más luz en tu cuerpo y abre tu centro cardíaco; todo ello contribuye a activar tu intuición y a conectarte con tu espíritu. En muchos estudios e investigaciones se ha demostrado que la oración tiene un efecto sanador sobre el cuerpo físico y emocional, calma la ansiedad, relaja los nervios y afloja las tensiones. Siempre se ha sabido que es un buen remedio para la tensión alta y para la depresión, y que cura las enfermedades. Dado que la oración sana, calma, fortalece y restituye el orden, también atrae soluciones que jamás hubiéramos imaginado posibles; en otras palabras, milagros.

No hay una sola forma de rezar. Por ser una vía de conexión tan íntima con tu espíritu, la manera correcta de hacerlo es lo que te sientas intuitivamente inclinado a elegir. Por ejemplo, conozco personas que no pueden siquiera imaginar comenzar su jornada sin recitar el rosario en voz alta; otras se arrodillan manteniendo un devoto silencio. Tengo amigos que rezan mientras dan un paseo y otros que van a la sinagoga, a la mezquita o a la iglesia. Conozco personas que rezan formalmente, mientras que otras simplemente conversan mentalmente con Dios. Algunos de mis vecinos se reúnen alrededor de la mesa de la cena en el sabbat y otros hacen círculos de tambores, para cantar y bailar, e incluso sudar. Yo rezo de todas esas maneras y también de otras; de hecho, estoy rezando desde el momento en que abro los ojos hasta que me quedo dormida, porque no quiero estar desconectada de Dios.

El otro día intenté conectarme a Internet y descubrí con indignación que no podía establecer la conexión porque mi ordenador no funcionaba correctamente. Me sentí frustrada por no tener acceso cuando realmente lo necesitaba. Bien, rezar es muy similar a conectarse a Internet, solo que es mejor. Cuando rezas, estás conectado espiritualmente con la Sabiduría Divina, el recurso supremo de apoyo y guía.

Suelo preguntar a la gente si reza. Todos responden afirmativamente, pero cuando luego les pregunto con qué frecuencia lo hacen, me responden: «De vez en cuando» o «En una situación de emergencia». Todos ellos tienen diversas razones para no rezar, y algunas son incluso bastante nobles. Algunas dicen que no quieren molestar a Dios, otras afirman que reservan sus plegarias para cuestiones importantes, y hay quienes me han dicho que no rezan simplemente porque se olvidan.

Como cualquier otra cosa que nos conecta con nuestro espíritu, la plegaria es mucho más efectiva cuando se practica regularmente, lo que significa que deberías rezar cada vez que pienses en ello, hasta que se torne automático. En otras palabras, te aconsejo que reces cuando te despiertas cada mañana, mientras te das una ducha, antes de tomar tu primer café y mientras conduces de camino al trabajo. Reza para pedir conocer la forma más fácil, y la mejor, de vivir cada jornada. Reza para tener éxito en tus proyectos y para tener paciencia cuando los que te rodean te hacen perder los nervios. Reza para ser capaz de perdonar y para tener el corazón abierto. Reza para tener inspiración creativa y mejor salud. Reza para liberarte del pasado y para abrir tu mente y tu corazón a un futuro mejor. Reza para estar dispuesto a desprenderte de lo viejo y recibir algo nuevo.

Estas son algunas de mis sugerencias para cuando te decidas a ponerlo en práctica. Supongo que ya te haces una idea; puedes rezar por cualquier cosa que se te ocurra, y deberías hacerlo.

Cuando estaba en quinto curso, mi maestra, la hermana Mary Joan of Arc, nos hizo crear una colección personal de nuestras plegarias favoritas. Yo adoraba el primer libro de oraciones que había hecho yo misma y que desde entonces nunca dejé de hacer. Cada vez que leo o escucho una plegaria que me gusta, o que me dice algo, la apunto en mi libro de oraciones. También he incluido plegarias escritas por mí. El libro de oraciones se ha convertido en una parte tremendamente importante e íntima de mi práctica espiritual e intuitiva. El mero hecho de tenerlo entre las manos me produce una sensación maravillosa, una profunda paz y tranquilidad. Siento que es sagrado, y lo es. Tenerlo cerca me sirve como fuente de inspiración y protección, así que lo llevo a donde vaya.

Aunque he tenido un libro de oraciones personales durante más de cincuenta años, prácticamente no se lo he dicho a nadie. Sin embargo, desde hace algún tiempo he sentido la necesidad de que otros conocieran esta poderosa práctica para que pudieran producir una para sí mismos. Tomemos por ejemplo la popularidad que tiene el libro de Bruce Wilkinson *The Prayer of Jabez* [la oración de Jabes]. Si una plegaria tan impersonal, escrita por alguien de quien jamás has escuchado hablar, puede ser tan poderosa, ¿puedes imaginar lo potente que podría ser un libro de atesoradas oraciones personales, familiares e íntimas? Las intenciones incluidas en un libro semejante estarán basadas en la gracia y el poder acumulados con el paso de los años. Y puedo asegurarte que la vibración es extremadamente intensa.

Muchos de mis seres queridos también tienen libros de oraciones. Por ejemplo, mi amiga LuAnn tiene una colección de plegarias especiales para la Madre María, mientras que mi amiga Julia tiene un recipiente para oraciones que utiliza para pedir milagros y que ha resultado ser muy útil. Hace más de treinta y cinco años, una de las clientas de mi madre dio a luz a un varón con muerte cerebral. No es necesario decir que tanto la mujer como toda la familia estaban desconsolados. Mi madre recurrió a su libro de oraciones y comenzó a rezar por el niño, a pesar de que estaba en terapia intensiva conectado a una máquina y no había ninguna oportunidad de que sobreviviera. Una semana más tarde los médicos sugirieron desconectarlo de la máquina que lo mantenía con vida para que la naturaleza siguiera su curso. Todo ese tiempo mi madre siguió rezando para que se produjera un milagro, no se permitía considerar ninguna otra posibilidad. Se esperaba que el bebé falleciera al cabo de unos días; sin embargo, consiguió sobrevivir. Y lo más sorprendente de todo es que no sufrió ningún daño cerebral. Un año más tarde, se convirtió en el protagonista de un artículo publicado en el *Denver Post* titulado «El bebé milagro». ¿Funciona o no funciona rezar? Yo diría que sí, sin lugar a dudas.

Cada vez que me preguntan cómo podemos saber si nuestras plegarias son escuchadas, siempre respondo: «Por la paz mental que sentimos después de rezar». Por ejemplo, conozco a mi clienta Susan desde hace más de diez años. Es guionista de televisión, y la he visto luchar para conseguir y mantener un trabajo tras otro; también para encontrar la pareja perfecta y lograr que sus relaciones familiares fueran armoniosas. A pesar de que le aseguraba insistentemente que al final todo saldría bien, nunca me creyó.

Finalmente, le sugerí que en vez de intentar controlarlo todo, probara a rezar. Podía ver psíquicamente que su vibración estaba resonando en un nivel profundamente dañino, y que su miedo y su desesperación la estaban privando de su fuerza vital. Mediante la oración sería capaz de cambiar su energía y llevarla a un nivel más elevado que le procuraría alivio inmediato.

Frente a mi sugerencia, Susan se echó a reír. Cuando le pregunté por qué había reaccionado de ese modo, me respondió:

—Porque mi madre era una fanática religiosa y siempre me obligó a rezar. De manera que me rebelé y no he vuelto a hacerlo desde que me marché de casa a los diecisiete años. Rezar me parece algo muy extraño.

—¿Y a tu madre la ayudaba rezar? —le pregunté.

Susan permaneció en silencio durante unos instantes y luego me respondió:

—Tengo que admitir que sí la ayudaba. Durante mi infancia y adolescencia hubo varios momentos duros en nuestra vida; sin embargo, ella siempre se las arreglaba para reponerse. Mi madre siempre decía que las plegarias la salvaban. Así que probablemente tenía razón.

Cuando terminamos de conversar, Susan se sintió mucho mejor. El mero hecho de pensar en lo que me había contado la ayudó a reducir su ansiedad ¡y todavía no había empezado a rezar! Así de poderosas son las oraciones.

Las plegarias también me ayudan a prepararme para mis lecturas intuitivas. Siempre utilizo las mismas: «Padre Divino, Santa Madre, manifestaos a través de mí», «Dios, quítame esto de las manos y colócalo en las tuyas», o «Gracias a ti». Las tres simplifican mucho mi vida, porque me permiten estar abierta para recibir la dirección Divina y me conectan con el agradecimiento que siento por mis dones.

No pretendo sugerir que debes seguir alguna «regla para rezar»; sencillamente debes hacerlo cuando lo sientas, por el motivo que sea y de la forma que te resulte más adecuada. No debes preocuparte por si lo estás haciendo bien, el Universo sabe mejor que tú lo que necesitas. La cuestión no es tanto por qué ni cómo rezas, lo importante es que a través del acto de rezar permites que el Espíritu Divino entre en tu corazón. La belleza de las oraciones es que Dios arregla las cosas, y las soluciones que nos ofrece para nuestros problemas siempre suelen ser mejor de lo que podíamos haber pedido o imaginado. De manera que te aconsejo rezar para mejorar tu intuición y conseguir que tu ser sea más sensible, esté mejor guiado y aproveche sus seis sentidos. Y si tu entrenamiento psíquico se basa en gran medida en la oración, sentirás de inmediato que tu propia conciencia se expande y comprobarás que rezar puede procurarte un gran alivio y paz mental.

CUANDO TODO LO DEMÁS FRACASA... REZA

A veces necesitamos rezar para pedir un milagro. Se trata de situaciones en las que no ves ningún camino por delante y todo parece apuntar a un callejón sin salida. Si quieres rezar para pedir un milagro, tu ego no debe resistirse ni interferir de ninguna manera. En otras palabras, crea un estado mental que entregue *completamente* el problema al Universo para que él lo resuelva en tu nombre y mantente receptivo al cien por cien para que la intervención Divina produzca el resultado deseado. También es importante que reces sabiendo que si pides algo que está en contra de la Voluntad Divina y del plan de tu alma, esto tendrá prioridad sobre tu pedido. Por lo tanto, cuando reces pidiendo un milagro, es importante que incluyas en tu oración que aun cuando eso es lo que tú deseas, si Dios tiene un plan mejor, que se haga su voluntad.

Esto es especialmente importante cuando se reza pidiendo una curación cuando la muerte parece inminente. Realmente no sabemos cuál es el plan de esa alma, de manera que podemos pedir un milagro y confiar en que Dios y esa alma conseguirán los resultados más elevados. Además, cuando rezas pidiendo un milagro, no puedes ser egoísta y dar prioridad a tu propio interés por encima de lo que es más conveniente para todos los que están implicados en el problema. Con esto quiero decir que no puedes rezar, por ejemplo para que el hombre casado que amas abandone a su mujer y sus hijos por ti. Sin embargo, lo que sí puedes hacer es rezar para que esa relación evolucione de la forma más amorosa posible y de acuerdo con los mejores intereses de todas las personas involucradas. Y tal vez lo mejor para ti sea dar por finalizada esa relación, porque ese hombre es un tramposo. O quizás lo mejor para todos sería que diera por terminado su matrimonio, porque ambos son desdichados y sus hijos sufren por esta razón. Simplemente, no podemos saber cuál es el mejor interés de todos los que se ven afectados por el problema. De manera que se lo dejamos a Dios.

Hace cuatro años mi hija Sabrina se casó con un hombre de origen egipcio que estaba haciendo el doctorado de Ingeniería Biomédica en el Imperial College de Londres. Él tenía una visa de estudiante que expiraba antes de finales de junio. A finales de abril, presentó su tesis para completar sus estudios y graduarse. Todo lo que necesitaba era que el revisor la aprobara antes de finales de junio y poder así ampliar su visa durante otros tres años. De ese modo él y mi hija podrían seguir viviendo en el Reino Unido y planificar la siguiente fase de su vida. Como mi yerno presentó su trabajo prácticamente diez semanas antes del plazo de entrega, estaba seguro de que tendría todo el tiempo del mundo para renovar su visa sin problema.

No obstante, las cosas no salieron según lo planeado. El profesor encargado de leer su tesis disponía de tres meses para revisar el documento y decidió usar todo ese plazo pese a que sabía muy bien que si lo hacía la visa de mi yerno expiraría. Cuando mi yerno descubrió que el profesor no iba a entregarle la revisión a tiempo, él y Sabrina tenían menos de una semana para empaquetar sus cosas y salir del país. Eso era lo último que habían previsto, y les generó mucha ansiedad. Mi yerno presentó un recurso a la universidad, y la respuesta fue que no había nada que hacer. Entonces, se puso en contacto con diez abogados especialistas en inmigración, que le dieron exactamente la misma respuesta. A menos que su tesis fuera aprobada con el tiempo suficiente como para renovar su visa antes de que expirara, tendrían que abandonar el país. Cuando faltaban apenas unos días para que la visa venciera, rezamos para que se produjera un milagro.

Después de nuestras plegarias, Sabrina sintió la vibración de consultar una vez más con abogados especialistas en inmigración para casos de emergencia y los buscó a través de Google. Así consiguió el nombre de una abogada a la que inmediatamente envió un correo electrónico. Cuando la abogada se puso en contacto con ellos, el marido de Sabrina le explicó la situación poco habitual de que un profesor saboteara a un estudiante de doctorado.

La abogada lo escuchó atentamente y, para sorpresa de mi hija y su marido, a continuación les explicó que había una pequeña laguna en la ley de inmigración que indicaba que una persona tenía derecho legal a la educación, y dado que sus estudios no concluían hasta que su tesis fuera aprobada, él seguía siendo considerado un estudiante. De manera que podría solicitar una audiencia a la junta de inmigración y ver qué pasaba. En todo caso, les compensaría el tiempo que no habían tenido para hacer otros planes.

El marido de Sabrina tenía solamente veinte horas antes del plazo indicado para solicitar una audiencia. Si la solicitud era enviada y aceptada a tiempo, se le permitiría permanecer legalmente en el país con sus visas expiradas. Ese era el milagro por el cual habían estado rezando.

Trabajaron todo el día para rellenar el largo y complicado formulario y lo presentaron cuando faltaban solamente cuatro horas para que acabara el plazo. Una hora antes recibieron una comunicación en la que se les informaba que la solicitud había sido aceptada y que les darían una cita en un plazo máximo de ocho semanas. El profesor que estaba encargado de leer la tesis de mi yerno solo tenía siete semanas más para revisarla, de manera que la entregaría justo antes de la audiencia. En ese momento mi yerno podría solicitar una renovación de la visa antes de la audiencia y conseguir que la universidad la aceptara. Entonces, podrían continuar con sus planes de construir una vida en Londres.

El hecho de que esa abogada apareciera en el radar de Sabrina y que conociera el vacío que había en la ley de inmigración, cuando otros diez abogados habían asegurado que no había ninguna solución posible para su situación, y la forma en que todo se colocó en su lugar justo a tiempo, fue realmente el milagro por el que habíamos estado rezando. La tesis de mi yerno fue aprobada dos semanas más tarde y los dos pudieron renovar sus visas sin problema.

La plegaria funciona cuando no te resistes a un milagro.

REZA CON CONFIANZA

Reza con la confianza de que tu oración será escuchada y respondida de diversas formas que no eres capaz de anticipar. Confía en que recibirás la respuesta. Reza y después desentiéndete del asunto. No tienes que rezar ni suplicar indefinidamente. Reza con la certeza de que eres amado y que el Universo te ofrecerá el milagro que necesitas. Luego solo debes hacerte a un lado y entregar tu voluntad a la Voluntad Divina.

Yo tengo la plegaria más simple que abarca todo lo anterior y que utilizo cada mañana desde que era niña. Me ha proporcionado innumerables milagros. La plegaria es sencillamente:

Espíritu Divino que vives en mí
alineado con el poder de Dios,
ayúdame a transitar este día,
mueve mi mente, mi corazón, mi cuerpo y mis pies
en la dirección de mi bien más elevado y del bien de todos.
Amén, y que así sea.

Entrenamiento *woo-woo*

Reza en cuanto te despiertes. Acaso quieras comenzar la jornada agradeciendo a tu Creador por estar otro día más en este hermoso planeta. Si tienes preocupaciones que te están agobiando, pide ayuda, protección y bendiciones durante todo el día. A lo largo de la jornada, reza cada vez que pienses en ello. Reza por tu familia, tus amigos, tus vecinos y tus compañeros de trabajo. Reza por tus enemigos. Reza por el mundo. Reza por todo lo que te preocupa, por todo lo que te ofrece un motivo para dudar. Y reza para manifestar tu gratitud por todas tus bendiciones. Para terminar, reza para recordarte que debes rezar.

Crea tu libro de oraciones personal

¿Por qué no crear un libro de oraciones propio? Comienza por elegir un cuaderno que te resulte llamativo y luego simplemente dedícate a apuntar todas las oraciones que escuches, leas o escribas, que te den paz, que hablen a tu corazón y a tu alma, y que eleven tu espíritu de algún modo. Dado que el ritual es una parte esencial de muchas oraciones, también es posible que quieras integrarlo de alguna forma en tu libro de oraciones para convertirlo en algo especialmente importante y sagrado.

Acaso también podrías imprimir tus oraciones de una manera específica; quizás te nazca dibujar algo sagrado o poner en tu diario una estampita o un talismán para que te inspire. Esta es tu colección personal, de modo que confía en que tu espíritu te ayudará a crear tu libro de oraciones de la forma que sea más apropiada para ti.

Yo llevo mi libro de oraciones conmigo todo el tiempo, especialmente cuando viajo. Te sugiero que hagas lo mismo. Es posible que esas sean las ocasiones en que precisamente más lo necesites. Crear tu propio libro de oraciones es una forma maravillosa de impulsar el ejercicio de rezar y el hábito de mantener tu corazón abierto para recibir guía espiritual.

Sabiduría *woo-woo*

Pide ayuda.

BUSCA FRECUENCIAS MÁS ELEVADAS

Al activar tu intuición, te tornas más sensible en general. Los sentidos se amplifican, sientes todo lo que tocas de una manera más intensa, lo que ves puede parecer más brillante y afectarte más profundamente, y además puedes desarrollar un olfato más agudo. Y todo esto porque tu canal psíquico eleva tu conciencia, trasladándola desde tu cuerpo energético hasta tu aura.

El aura es el campo energético que rodea tu cuerpo físico y normalmente tiene hasta doce capas de grosor. Cuando tu aura está sensibilizada, todos tus sentidos se alzan una octava para percibir la energía de las dimensiones más elevadas. Esto significa que tu visión puede ampliarse hasta la octava superior de la clarividencia, tu audición puede aumentar hasta la octava superior de la clariaudiencia y tu sentido del tacto puede ampliarse hasta la octava superior de la clarisensibilidad. (Tus sentidos del olfato y del gusto pueden ser más agudos; no existe un término específico para esto, pero puedes tener «olfato para las cosas» o «sentir que algo te deja un mal sabor de boca»).

Del mismo modo que cuando instalas una antena parabólica en el tejado recibes más ondas electromagnéticas, cuando despejas tu canal psíquico fluye mucha más energía a través de tus sentidos y, al mismo tiempo, aumenta la conciencia. El resultado puede ser francamente abrumador en las primeras etapas. Por ejemplo, una mujer me dijo que su despertar intuitivo era «como energía nuclear atravesando súbitamente una tostadora», en particular cuando se encontraba en situaciones ruidosas y muy intensas.

«Me preocupan cosas que antes no me preocupaban –me dijo mi alumno Gary–. Es como si me acabara de despertar. Por ejemplo, ya no puedo ir a los bares. No puedo soportar el ruido, el humo ni la sensación de estar allí dentro».

Carmen, otra de mis alumnas, me explicó: «Siempre he sido sensible a lo que oigo; sin embargo, después de empezar a utilizar mi intuición descubrí que ya no era capaz de soportar los chismorreos de la oficina. No se trata de una postura moralista; sencillamente me hacían sentir fatal».

A medida que tu sexto sentido mejora, empiezas a ser más sensible a la calidad de las vibraciones que te rodean y al efecto que producen en ti, lo cual forma parte de estar sintonizado psíquicamente. Tener una vida intuitiva te obliga a ser más selectivo a la hora de decidir con qué quieres sintonizarte, de la misma forma que lo serías para ver televisión vía satélite. En otras palabras, el hecho de poder captar mil programas más no significa que quieras verlos todos.

«Cuanto más se abría mi intuición –me comentó mi clienta Donna–, más claramente percibía lo que era verdad y lo que no lo era. Es difícil de explicar, pero todo dependía de la forma en que me resonaba la situación. Cuando las personas mentían, experimentaba un efecto disonante e irritante. Simplemente, no podía escucharlas».

Hace mucho tiempo trabajé con un detective, J. J. Bittenbinder, que tenía un programa de televisión en Chicago llamado *Tough Target* (Objetivo difícil), en el cual enseñaba a la gente a usar sus vibraciones para protegerse de los delitos. Llamaba «sensor BS» a su sexto sentido. Decía que cada uno de nosotros tiene un barómetro psíquico interior de la verdad que nos guía y que, una vez activado, actúa como un radar que localiza los problemas y los peligros, para alejarnos de ellos.

Sin embargo, la señal es muy sutil así que debemos ampliar nuestra conciencia para evitar pasarla por alto. Tal como me dijo mi cliente Adam: «Después de asistir a tu clase sobre la intuición, me resultaba claramente molesto escuchar a alguien que estaba mintiendo, porque mi "sensor BS" comenzaba a sonar como una alarma». Yo sabía perfectamente lo que quería decir. Es muy irritante para tus oídos intuitivos escuchar que alguien miente, a menudo es internamente disonante y fluye en dirección opuesta a la verdad, lo que te hace sentir como si alguien estuviera arañando una pizarra.

A medida que tus vibraciones se ajustan, también puedes tener una repentina necesidad de silencio. Esto se debe a que probablemente tengas una sobrecarga de vibraciones. Es posible que muchas vibraciones disonantes estén chocando contra tu cuerpo. El silencio regula la precipitación de esas vibraciones a medida que atraviesan tu aura. El silencio es como cerrar las compuertas. Tu atención se está retirando del mundo físico y de tu ego; al mismo tiempo, estás ampliando tu conciencia y elevándola hacia planos superiores en dirección a tu espíritu. No serás capaz de escuchar tu voz interior ni a tus guías a menos que tengas suficiente silencio interior, de manera que la necesidad de silencio es una señal de que tu canal natural se está abriendo a la ayuda espiritual. Esto explica por qué los místicos normalmente buscan el silencio: los conecta con Dios.

«Estoy tan desesperada por disfrutar de un poco de silencio –me dijo mi clienta Anne– que muchas veces bajo al garaje para sentarme en el coche durante diez minutos. Con tres hijos varones menores de cinco años, es el único sitio donde puedo encontrar algo de paz».

Mientras comienzas a agudizar tu propio sexto sentido, también puedes desarrollar una reacción intensa frente a lo que ves. A medida que aumenta tu sensibilidad a la vibración, también lo hará tu deseo de ver imágenes bellas y evitar las desagradables. Y si no consigues estar lo suficientemente expuesto a la belleza que te ofrece la Tierra, probablemente comenzarás a añorarla. Por poner un ejemplo personal, cuanto más sensibilidad desarrollaba con el paso de los años, mayor era mi necesidad de salir de la ciudad para disfrutar de la naturaleza. Esto me relajaba y me ayudaba a desprenderme de la energía de mis clientes. Joshua, uno de mis alumnos, sintió la misma necesidad de disfrutar de la belleza, aunque en él se manifestó de una forma diferente: «De repente, lo único que quería hacer era pintar —me comentó—. Pasaba horas y horas haciendo acuarelas, y cuantas más pintaba, más se enriquecía mi alma».

Cuanto más tiempo pasamos disfrutando de la belleza, la calma, la paz y la energía equilibrada que nos brinda la naturaleza, más aumenta nuestra intuición. Aunque me gustan las ciudades, debo decir que en ellas somos bombardeados por energías que llegan a nosotros desde todas direcciones. El ruido, la actividad y los miles de personas moviéndose de aquí para allá, todas conectadas con sus móviles y pendientes de sus ocupaciones, mientras tú intentas hacer lo mismo con las tuyas, pueden producir cortocircuitos en tus canales intuitivos si no estás atento. Esto es lo que yo llamo «tener una crisis psíquica». Una crisis es mucho más que un ataque del perro ladrador. Es una quiebra del sistema, y sucede cuando tu cuerpo entero está saturado de malas vibraciones y ya no puede más. Entonces pierdes los nervios y la paciencia, lloras, tienes reacciones violentas y todo tipo de conductas que, básicamente, hacen sentir a los demás que deben alejarse de ti. Y eso es precisamente lo que quieres, porque necesitas estar a solas y cerrar todos tus canales sensoriales para recuperarte. El problema es que tener este tipo de reacciones resulta embarazoso, por no mencionar que además consumen tu energía.

Las crisis a menudo nos encuentran con la guardia baja y, a menos que seamos muy conscientes de nosotros mismos, no las vemos llegar porque perdemos contacto con nuestro cuerpo. Se acercan sigilosamente, y por lo general mientras estamos intentando ocuparnos de múltiples tareas y sometidos a una enorme presión, como puede ocurrir cuando estamos conduciendo en condiciones complicadas un coche lleno de niños, todos chillando al mismo tiempo; o cuando estamos trabajando bajo presión para cumplir con un plazo de entrega mientras las personas que nos rodean no dejan de desviar nuestra atención con todo tipo de pedidos; o cuando estamos intentando hacer demasiados recados en un periodo muy corto de tiempo sin haber almorzado, y no podemos encontrar un sitio donde aparcar y estamos a punto de perder una llamada muy importante para nuestro trabajo. Sobrecarga. Sabes a lo que me refiero, ¿verdad? Los berrinches son una purga energética para que tu sistema pueda reiniciarse. A esto suelo llamarlo la maniobra de «¡todo el mundo fuera de la piscina ahora mismo!». Y aunque esta reacción suele ser eficaz, no es la mejor manera de recuperar la energía porque te expresas y actúas como un enajenado. Necesitas la versión adulta de lo que significa un recreo para los niños, pero lo estás consiguiendo de la forma equivocada, actuando fuera de control.

Es mejor reconocer una crisis por anticipado y decirte tranquilamente: «Necesito un respiro. Estoy desbordado. Estaré de vuelta en cuanto me recupere». Luego concédete un descanso, aléjate de todos los estímulos y trata de permanecer en silencio. Desconecta el móvil, cierra los ojos (y si es posible, baja las persianas), siéntate o túmbate y respira tranquilamente, con una de las manos sobre el abdomen y la otra sobre el corazón hasta que sientas que has recobrado el equilibrio. Esto te llevará aproximadamente unos quince minutos. Una vez que hayas recuperado la serenidad, puedes volver a unirte al grupo como una persona sana.

Las habilidades para evitar una crisis son tres: preparación, conciencia y ritmo.

Vamos a comenzar por la preparación. Las crisis generalmente tienen lugar cuando no estamos adecuadamente conectados con el agua, los alimentos y el descanso, algo que ya he mencionado al comienzo del libro. El desayuno, el almuerzo y la cena con una cantidad suficiente de proteínas son necesarios para tener energía. Y esto no es optativo. Debes beber una buena cantidad de agua para mantener la hidratación y dormir las horas necesarias para no tener los nervios de punta.

Presta atención al ambiente que te rodea y evita los sitios y las situaciones que irritan tu sistema nervioso, porque este no puede recibir vibraciones de alta tensión durante periodos prolongados. Escucha música clásica, en vez de canales de noticias disonantes o que alteran tu estado de ánimo. Mejor aún, sal a la naturaleza para escuchar los trinos de los pájaros. Usa ropa y calzado cómodos para sentirte a gusto en tu piel. Respira profundamente en vez de contener tu respiración. Mira hacia delante y desplázate en la dirección que te dé más tranquilidad. En otras palabras, trabaja para que una de tus habilidades sea prestar atención a las vibraciones. Disponte conscientemente a estar en calma, sentir las vibraciones armoniosas y mantenerte alejado de las que te producen tensión y perturban tu ánimo.

Y, por último, ve a tu ritmo. Esto es simple. Avanza con paso sereno y regular. No tengas prisa. No sobrecargues tu agenda. Nada desencadena más rápido una crisis que ir demasiado rápido o intentar hacer demasiadas cosas a la vez. Tu sistema sensible no está diseñado para eso. Aminora el paso. Si no eres capaz de hacerlo, al menos respira más despacio. Si sientes que se avecina una crisis, deja de inmediato todo lo que estás haciendo y respira durante uno o dos minutos. Luego vuelve a empezar, con un ritmo mucho más lento. Al actuar con prisa solo consigues colapsar tu organismo. Tómate el tiempo que necesites para hacer cualquier cosa que debas hacer. Si te aceleras, no escucharás las vibraciones. Sal con tiempo suficiente de casa cuando tengas una cita. Al organizar tu agenda, considera los posibles retrasos imprevistos entre las citas. Concédete tiempo para respirar, descansar y revitalizarte entre las reuniones. Y si fuera posible, incluye en tu agenda un tiempo de descanso cada día. Cinco minutos son suficientes para sentir las vibraciones que te rodean, integrar las aportaciones de cada día, comprobar las vibraciones para actuar de manera alineada con tu espíritu y tomar decisiones basadas en la intuición, en vez de dar rienda suelta a reacciones precipitadas e irreflexivas. No es necesario llegar a sufrir una crisis para dedicar un poco de tiempo a estar a solas. Comunica a quienes te rodean que necesitas un breve descanso; así conseguirás regular tu vibración y te mantendrás conectado, consciente y alerta. Esta es la mejor forma de sintonizar con tus vibraciones, guardar la compostura en público y proteger tu reputación.

NUTRE TU ESPÍRITU

Como personas que utilizamos los seis sentidos, necesitamos nutrir nuestros espíritus de la misma forma que alimentamos nuestros cuerpos. Lo que quiero decir es que debes ofrecer a tu espíritu la nutrición que necesita para que pueda sentirse satisfecho y feliz. Hay dos elementos que son fundamentales. Uno de ellos es la belleza. La belleza envía vibraciones armoniosas y estimulantes a cada una de las células de nuestro cuerpo. Cuando nos encontramos en un entorno bello, o cuando observamos la belleza, comenzamos a entrenar esta energía. Por este motivo, las personas se sienten relajadas y revitalizadas cuando están en la naturaleza, y cuanto más verde y más colorida sea, mucho mejor. Estar realmente en la naturaleza es la mejor opción, pero también las imágenes que representan espacios naturales calman el sistema nervioso y mejoran tu intuición. Una forma de nutrir tu espíritu es estar en contacto con la naturaleza; por lo tanto, te sugiero disfrutar de este tipo de imágenes, sea a través de la pantalla del ordenador o del móvil, o de cuadros colgados en las paredes. Notarás rápidamente que la naturaleza calma tu espíritu.

Nuestra percepción de la belleza depende de nuestras características personales, pero la mayoría de quienes amplían su conciencia para llevarla a un plano más elevado concuerdan en que la belleza no es una opción, sino una necesidad. Por ejemplo, Steve, un detective del Departamento de Policía de Chicago que invertía gran parte de su tiempo en desmantelar bandas callejeras, comenzó a desarrollar rápidamente su sexto sentido y a observar que su trabajo empezaba a afectarle demasiado. «Mi trabajo requería usar mi olfato para descubrir los problemas —me dijo—. Finalmente, al parecer, mi olfato para detectar también otras situaciones empezó a participar en mis actividades. Comencé a desarrollar un sexto sentido en relación con todo lo que sucedía, y ese fue el motivo por el que decidí asistir a sus clases para potenciarlo. Más adelante, sucedió algo curioso. De pronto, lo único que me hacía ilusión era visitar museos, algo que nunca antes había pensado. Mis compañeros se reían de mí y me decían que me estaba burlando de ellos, pero al final resultó que algunos empezaron a acompañarme y disfrutaban tanto como yo. Ahora lo han comprendido».

Melanie, profesora de instituto de Baltimore, la mayoría de los días se sentía agotada después de su trabajo, que era intenso, ya que muchas veces enseñaba a niños procedentes de hogares conflictivos. Adoraba su empleo, pero estaba muy lejos de ser una experiencia placentera. Todos los días regresaba a casa dando un paseo por uno de los hermosos jardines botánicos de la ciudad. «Ese paseo de camino a casa era como un masaje para mi espíritu. Me despejaba, relajaba mi alma y enriquecía mi espíritu más que ninguna otra cosa».

Una vez a la semana Gary montaba a caballo durante una hora para nutrir su espíritu. En el establo local al que acudía había un caballo que era su preferido; se llamaba Bucket. Pasar una hora con Bucket enriquecía su espíritu y relajaba completamente su cuerpo. Gary me dijo: «Recibía mis mejores sugerencias intuitivas mientras cepillaba a Bucket después de mis clases de equitación».

El segundo elemento que alimenta el espíritu es ser creativo. Hemos nacido para crear, y cuando creamos belleza enriquecemos profundamente nuestro espíritu. Todos somos capaces de crear algo. Podemos crear arte, música, pinturas, dibujos, ropa y danzas. Pero también podemos crear en un nivel más simple. Por ejemplo, preparando una deliciosa comida, haciendo un arreglo floral, estrenando un nuevo peinado. Podemos restaurar muebles para crear un nuevo ambiente en nuestro hogar. Podemos crear jardines, poemas, canciones, historias, reuniones. Si lo piensas, todo lo que hacemos es creativo. Solo tenemos que hacerlo de una forma bella y con la intención de nutrir nuestro espíritu.

Tengo un buen amigo llamado Karl que siempre va muy bien vestido, con una camisa perfectamente planchada, una chaqueta impecable
y un pañuelo de bolsillo. Incluso cuando se viste de manera informal,
lo cual no es muy frecuente, su ropa siempre está muy bien planchada y parece que costara un millón de dólares. Cuando lo veo, siempre
siento la tentación de decirle «¡guau!, estás muy guapo», porque en
realidad lo está. Cuidando escrupulosamente su aspecto personal, Karl
alimenta su espíritu y al mismo tiempo el espíritu de las personas que
se encuentran con él. Esto da que pensar. Haz de ti mismo una obra
de arte. Expresa tu creatividad y vístete con estilo. Arréglate el pelo
y el maquillaje con esmero. Preséntate al mundo con el aspecto más
hermoso, con el fin de iluminar tu espíritu y el espíritu de los demás.

Vive tu vida conscientemente y expresa la belleza y la creatividad
de todos los modos posibles. No tienes que ser un artista para vivir de
forma artística. Simplemente debes hacer lo mismo que haces, pero
con estilo. Al mirar atrás, recuerdo con cariño cada vez que hacíamos
nuestro paseo familiar semanal a las montañas en el Cadillac de 1965
de mi padre. Antes de que entráramos en el coche, mi padre limpiaba
el interior y lo lavaba por fuera hasta que brillaba. Nunca nos monta-
mos en un vehículo sucio. Los coches de mi padre siempre eran pre-
ciosos y duraban eternamente gracias al cariño con que los mimaba.
Mantener sus coches en las mejores condiciones nutría su espíritu.

¿Qué es lo que enriquece tu espíritu? Haz una lista de las cosas que te dan vitalidad, conéctate con tu creatividad y contribuye a
aportar belleza a este planeta. Por ejemplo, mis dos hijas preparan
comidas deliciosas y las sirven con amor. Dos de mis hermanas crean
fabulosas decoraciones de interiores. Mi hermano Neil, que vive en
Harrisburg, es restaurador de muebles antiguos. Sus creaciones son
asombrosas y su espíritu se enriquece con su trabajo. Mi yerno genera
una hermosa energía. Es tranquilo, educado, servicial, alegre, paciente y generoso. Estar con él es una experiencia maravillosa. Creó una
empresa y una aplicación llamadas NUKI de nutrición para niños,
con el propósito de ayudar a los padres a prevenir y tratar las alergias

alimentarias infantiles. Es una magnífica creación, muy útil para muchos padres primerizos que se sienten agobiados y para los bebés y niños que sufren trastornos digestivos.

Nutrir nuestro espíritu no es complicado. Se trata simplemente de hacer lo mismo que te gusta hacer y hacerlo con amor. Y esto es una aptitud completamente natural. Nuestros egos nos convencen para que en algunas ocasiones hagamos cosas que realmente aborrecemos, porque «necesitamos sobrevivir», que siempre es el objetivo primario del ego. Cuando alimentamos nuestro espíritu, vamos mucho más allá de una simple supervivencia: pasamos al terreno de la prosperidad. Las cosas que alimentan nuestro espíritu son las que potencian lo mejor de nosotros y encienden nuestra luz interior.

EVITA LOS AGUJEROS NEGROS

Una vez que tu sensibilidad intuitiva despierta, todo lo que te perturba y vacía tu espíritu resulta intolerable, como por ejemplo la violencia, el caos, e incluso cosas mucho más concretas. Cuando sientes que estás demasiado expuesto a este tipo de estímulos, comienzas instantáneamente a buscar situaciones y lugares más sanadores. El ego obnubila nuestros sentidos, así que cuando nuestro sexto sentido comienza a despertar, también lo hace nuestra sensibilidad. De este modo, nos percatamos de que necesitamos armonía y belleza, y no toleramos ningún tipo de violencia gratuita porque es disonante con nuestro espíritu.

El alma necesita belleza, y esa necesidad ha afectado a mis clientes de diferentes maneras. Cuando el espíritu de Harry despertó, él comenzó a reaccionar frente a cosas desagradables a las que antes no daba ninguna importancia o no les prestaba atención. Por ejemplo, un grafiti que había en su vecindario. Organizó una campaña antigrafiti, porque no podía soportar la vibración que emitía.

Mi clienta Linda toleraba cada vez menos los programas de televisión o las películas con contenidos violentos cuanto más se desarrollaba su sexto sentido. «Hasta entonces, pensaba que ese tipo de cosas no me afectaban —me dijo—. Estoy asombrada de no haberme dado cuenta antes de que ese tipo de imágenes agotaban de inmediato mi energía corporal. No estoy a favor de censurar la televisión ni las películas; simplemente me limito a regular lo que miro porque ahora me he percatado de que me afecta. Es como si el volumen hubiera aumentado y ahora fuera consciente de que estoy siendo bombardeada por malas vibraciones. Por este motivo tomo mis precaucio nes y me protejo mucho más que antes».

A medida que nuestra vida de seis sentidos se torna más intencional, somos cada vez más conscientes de lo delicados y sensibles que somos. Cuanto más evolucionas, más fácil reconoces lo que altera tu equilibrio psíquico. Una clienta, Louise, me explicó: «Antes de comenzar a escuchar a mi espíritu, solía ser muy descuidada con mi forma de vestir y a menudo me ponía cualquier trapo viejo sin preocuparme realmente de mi apariencia, pero una vez que comencé a vivir una vida intuitiva, me volví más puntillosa. No se trata de una cuestión de moda, sino de algo energético. En cuanto comencé a sentirme más consciente, ya no me apetecía utilizar cierto tipo de tejidos como el poliéster, porque sus vibraciones no me resultaban agradables. Empecé a usar ropa confeccionada con fibras naturales y suaves para mi piel con las que me sentía a gusto».

Uno de mis clientes, Tom, afirmó: «Después de empezar a prestar atención a las vibraciones, ya no pude volver a llevar corbata. No me sentía yo, no la soportaba y tenía que quitármela. Gracias a Dios en mi trabajo no es necesario usarla, porque ahora siento que su vibración me limita».

Otra clienta, Kate, observó: «Una vez que comencé a escuchar a mi espíritu, ya no pude volver a usar colores oscuros, me resultaban demasiado deprimentes. Así que empecé a vestirme exclusivamente con colores pastel o con prendas blancas y comencé a sentirme mucho mejor. Al parecer era necesario para mi alma».

Bob, uno de mis alumnos regulares, me comentó justamente lo contrario: «De repente sentí la necesidad de vestirme con tonos marrones y verde oscuro, y ya no volví a usar trajes. Además, solo podía llevar jerséis de lana de cachemira, porque eran los únicos con los que me sentía a gusto. Me calmaban».

No debes preocuparte por los comentarios anteriores: el despertar de tu intuición no implica que te convertirás en una persona excéntrica y que necesitarás usar un calzado específico, los tejidos adecuados y los colores correctos. Tener esa conciencia significa simplemente que tendrás más capacidad de discernimiento y autoconciencia. Es probable que siempre hayas sentido una inclinación por la belleza, la naturaleza, el silencio, la soledad, el equilibrio, las vistas, las texturas y los sonidos armoniosos; la diferencia es que ahora te das cuenta de que te falta energía cuando no los tienes.

Una vida con seis sentidos activos te convierte en una persona más sensible, y es por este motivo por lo que a aquellos que son intuitivos y empáticos se los conoce como personas sensibles. A medida que tu conciencia psíquica aumenta y reconoces más fácilmente lo que potencia —o, por el contrario, agota— tu espíritu, tus decisiones cambian y comienzas a respetar y preservar tu paz interior. Serás capaz de determinar con plena certeza si lo que está sucediendo te sienta bien. Y, en el caso de que no sea así, te sentirás motivado para tomar distancia y apartarte de la situación, y tendrás el coraje de hacerlo aunque resulte engorroso.

Por tanto, en nombre del amor que sientes por ti mismo, escucha tus vibraciones, alimenta tu espíritu, tu creatividad y tu amor, y busca tiempo para ti. Muchos de mis alumnos me han comentado que han aceptado invitaciones o pedidos de manera irreflexiva, sin consultarlo antes con sus vibraciones. No obstante, desde que su intuición ha despertado, sus prioridades han cambiado drásticamente. De manera que si algo te resulta bello, no dudes en incorporarlo a tu vida. Si, por el contrario, te resulta ofensivo, aléjate de inmediato. Sal a menudo a la naturaleza y lleva plantas naturales y flores recién cortadas a tu casa. Relájate, dirige tu atención hacia tu interior, llénate de belleza y de calma, y protege esta vibración cuando estés con otras personas.

Entrenamiento *woo-woo*

Escucha lo que te dicen tus sentidos y lo que te piden. Presta atención a tu entorno y a todas las cosas que hay en él. Si sientes que algo emite una energía o una vibración disonante, o si hay algo que te resulta desalentador, desconéctate o apártalo de tu vida por completo. Ofrece a tu espíritu dosis diarias de belleza. Lleva plantas y flores recién cortadas a tu hogar y a tu oficina. Escucha música clásica. Abre las ventanas. Deja entrar la luz del sol.

Además, mantén tu olfato agudizado. Si algo no te huele bien, no hagas preguntas, sencillamente confía en el mensaje que has recibido. Mantente al margen. Sé consciente de los olores y de cómo te afectan. Intenta usar aromaterapia, velas perfumadas, fragancias e incienso, y comprueba si elevan o reducen tu vibración. Tómate el tiempo necesario para que tus sentidos descansen. Siéntate en silencio en un lugar tranquilo y oscuro, y relájate. Luego escucha a tus guías, conéctate con tu interior y llena la fuente de tu espíritu.

Sabiduría *woo-woo*

Libera tu espíritu.

QUINTA PARTE

CREA TU SISTEMA DE APOYO PSÍQUICO

ENCUENTRA A TU GENTE

Uno de los comentarios más frecuentes que me hacen mis clientes es: «Me gustaría tener tu don y poder escuchar a mi espíritu como tú escuchas al tuyo. Eso haría que las cosas fueran más fáciles en mi vida».

Es verdad que tengo un don; en realidad, tengo varios. Sin embargo, probablemente estoy más agradecida por el don de mis almas gemelas psíquicas que, como yo, son seres de seis sentidos que hablan con el espíritu, escuchan sus vibraciones y son conscientes de la vida del Otro Lado. Estar rodeada por ojos y oídos tan amorosos y creyentes ha favorecido que confiar en mis vibraciones sea mucho más fácil que si lo hiciera sola. Es duro aprender a confiar en tus vibraciones si tienes que esconderlas de los que te rodean, así que es importante que busques espíritus afines para desarrollar tu confianza.

Me considero muy afortunada por haber crecido en un hogar donde se aceptaba mi intuición y se me permitía expresarla y desarrollarla sin peligro de que se rieran de mí o me dijeran que estaba loca. También fue formidable tener una madre con seis sentidos. Ella sentó las pautas en casa y me permitió ampliar mi capacidad intuitiva con toda libertad para poder desarrollar un espíritu lúdico y creativo. Y mi madre no fue la única que me animó a reconocer y respetar mis vibraciones intuitivas; también mis hermanos y hermanas fueron cajas de resonancia para poner a prueba mi sexto sentido sin avergonzarme y

sin albergar dudas. Ellos hacían lo mismo que yo. En mi familia ha-
blábamos del espíritu. Todos teníamos vibraciones y contábamos los
unos con los otros para ayudarnos a sintonizar mejor con ellas y actuar en consecuencia.

Yo perfeccionaba mis habilidades intuitivas en casa, de la misma
forma que otros niños tenían clases de piano. Compartía mis vibraciones diariamente como si estuviera jugando con escalas psíquicas.
Algunas veces mis vibraciones eran agudas, mientras que en otras
ocasiones parecían estar apagadas; sin embargo, con la práctica diaria no solamente se tornaron cada vez más sutiles sino también más
consistentes y más fiables. Esa atmósfera era la incubadora que necesitaba para desarrollar mi sexto sentido, hasta que se convirtió en la
fuerza poderosa que me guía en la actualidad. Sin esta práctica hoga-
reña, nunca hubiera llegado a tener la confianza y los buenos hábitos
que necesitaba para escuchar mi voz interior y confiar en ella como lo
hago ahora. Compartir mi sexto sentido con mi familia fortaleció mis
vibraciones y me hizo sentir cada vez más cómoda al utilizarlas como
la brújula principal de mi vida.

Muchos de mis clientes y alumnos me han dicho que les había
resultado difícil, o prácticamente imposible, expresar sus sensaciones
intuitivas con plena confianza y seguridad, porque algunas personas
que no sintonizaban con sus propias vibraciones les habían indicado
que no debían mencionarlas. Estas historias confirman mi convicción de que estar rodeado por espíritus semejantes es esencial para
desarrollar un canal intuitivo consistente. Toda la gente intuitiva que
conozco se relaciona al menos con uno o dos individuos que usan sus
seis sentidos. No hay nada que te ayude más a confiar en tus vibraciones que estar rodeado de otras personas intuitivas que hacen lo mismo que tú. Como es comprensible, aquellos que, como yo, crecieron
con un reforzamiento positivo, se sienten mucho más cómodos con
su intuición que los que solo se han relacionado con individuos de
cinco sentidos la mayor parte de su vida

Con el paso de los años, he oído incontables historias horripilantes de personas que crecieron en un mundo de cinco sentidos, donde nunca se les podía haber ocurrido expresar abiertamente ni compartir sus sensaciones intuitivas, por miedo a ser ridiculizadas, consideradas locas o incluso algo peor. Si has nacido en ese tipo de ambiente, esto no significa que tu vida actual tenga que ser así. Es hora de relajarte con el fin de desarrollar una conciencia más amplia relacionándote con gente que te ofrezca apoyo genuino, te estimule y se entusiasme con tus conocimientos intuitivos, y comparta los suyos contigo.

Si eres una persona con seis sentidos que ha crecido en una familia de cinco sentidos y siempre te has sentido como el patito feo, tienes que saber que todo sucede tal como le ocurre al cisne del cuento de hadas, que crece y evoluciona de un modo diferente al de los patos. Simplemente, eres más perceptivo y más consciente de la energía que los demás miembros de tu familia. Suelo describir la experiencia de ser una persona de seis sentidos que vive en un mundo de cinco sentidos como una cámara de vídeo con una lente *zoom* de alta potencia en un mundo de cámaras desechables.

Lo que puedes ver a través de esa lente sofisticada no puede compararse con lo que los demás pueden ver a través de una lente básica de plástico. Cuando tú ves una mosca en la pared de una habitación que hay al otro lado de la casa, con su cámara básica ellos ni siquiera pueden ver la pared que tienen enfrente. Evidentemente pueden pensar que te estás inventando cosas y que eres un poco raro. Esta discrepancia en las percepciones impide por completo una creación común. En otras palabras, necesitamos personas que nos comprendan, que compartan la profundidad de nuestra percepción y –muy especialmente– que puedan cocrear con nosotros. Necesitamos encontrar a nuestra comunidad.

Tu vida mejorará cuando te des cuenta de lo anterior y encuentres las relaciones que tu espíritu necesita. Las personas intuitivas necesitamos un sistema de apoyo de seis sentidos que sea bien sólido. Es fácil creer que eres el «guarda forestal solitario de un territorio psíquico» (así lo llama uno de mis clientes favoritos), es decir, pensar que si dejas que los demás conozcan tus dones, te dispararán en el acto. No obstante, la industria dedicada a elevar la conciencia es una de las más rentables del mundo gracias a las ventas de libros –que cada año superan los mil millones de dólares–, los cursillos *online* y los seminarios sobre el sexto sentido y sobre temas espirituales relacionados. Afortunadamente, el mundo está evolucionando y en la actualidad cada vez hay más personas que activan espontáneamente su sexto sentido. Da gusto verlo, es como ver palomitas de maíz estallar y abrirse. La activación de una persona pone en marcha la de otra, y luego la de otra, y así sucesivamente. Necesitamos nuestro sexto sentido más que nunca, y esta activación global está teniendo lugar delante de nuestros ojos.

En realidad, a pesar de que millones de personas utilizan sus seis sentidos, lo absurdo es que muchas de ellas todavía se esconden. Hay tantos que aún no han salido del armario intuitivo que debe de estar bastante lleno de gente. Si dejas de esconderte y te animas a revelar libremente tus intereses intuitivos, o al menos enciendes la luz para ver que en la actualidad también hay muchas otras personas que trabajan en su crecimiento espiritual e intuitivo, tendrás la oportunidad de encontrar ayuda y apoyo, y llegarán a ti desde los sitios más inesperados.

A todos los talleres y lecturas públicas que he organizado han acudido cientos de personas, incluso miles. Muchas afirmaban ser escépticas, y en realidad lo eran. Algunas de ellas incluso estaban sentadas en primera fila. Yo sabía que no se trataba de que no confiaran en su propia intuición, sino que no estaban seguras de poder revelar al mundo que eran personas intuitivas y que confiaban en sus vibraciones. Sus preguntas iban más destinadas a encontrar apoyo que a validar su guía interior. Creo que en un futuro muy cercano, esta tendencia contraria a la intuición tocará a su fin. La percepción emergente ya no es: «Esto es demasiado *woo-woo*». La nueva percepción es: «¿Cómo puedo conseguir que mi canal *woo-woo* funcione mejor?».

No asumas automáticamente que quienes te rodean te juzgarán de manera negativa si les comunicas que utilizas los seis sentidos para tomar tus decisiones. Lo más probable es que se muestren interesados y que quieran hacerte un montón de preguntas.

Una vez hice una lectura para un cliente llamado Carl. Me comentó que creía tener vibraciones intensas, pero lamentaba no tener apoyo psíquico, especialmente en el trabajo. «Soy una persona de seis sentidos y excesivamente sensible —afirmó—, pero trabajo con neandertales completamente inconscientes y carentes de sensibilidad. A veces me da miedo. Nunca me atrevería a compartir mis intereses con mis compañeros porque se reirían de mí en toda la oficina».

Lo invité a un taller para que pudiera conocer a otras personas de seis sentidos y tuviera la oportunidad de hacer amigos. Se sorprendió al encontrar allí a dos de sus colegas. Sin embargo, yo no me sorprendí en absoluto. Después de todo, tendemos a dar por sentado que conocemos a los demás, y a menudo nos equivocamos. Es mejor tener la mente abierta y no asumir nada mientras buscamos ayuda intuitiva. En los tiempos oscuros de la Edad Media, las personas con seis sentidos se ocultaban por temor a ser incomprendidas y atacadas. Por fortuna, estamos evolucionando lentamente, de manera que lo *woo-woo* se descarta cada vez menos y se busca más. Tú formas parte de ese progreso por el hecho de estar leyendo este libro. Como es evidente, algunas personas todavía no lo comprenden, y acaso nunca lo hagan; pero, felizmente, cada vez son más las que están empezando a hacerlo.

Si sientes que puedes fortalecer tus vibraciones por tus propios medios y sin ayuda, te engañas. Los que somos empáticos e intuitivos necesitamos muy especialmente que los demás nos apoyen para seguir siendo fieles a nosotros mismos. Podemos perdernos con facilidad en la energía de otras personas y terminar exhaustos, agobiados y confundidos. Te animo a que busques activamente gente que use sus seis sentidos y escuche a su espíritu para que sirva de apoyo para tu alma, como parte de tu empeño por reforzar tu canal interior. Encuentra personas con las que puedas relacionarte, que te escuchen y respeten tus vibraciones, y ocúpate de mantenerlas a salvo y protegidas de cualquier juicio negativo, incluyendo el tuyo. En otras palabras, busca a tu equipo. Estas personas existen, y tú necesitas conectarte con ellas e invitarlas a formar parte de tu vida lo más rápido posible. Los que somos intuitivos nos encontramos más a gusto con espíritus afines; no se nos da bien hacer las cosas solos. Como me gusta decir, incluso Jesucristo designó doce ayudantes antes de ponerse a trabajar. De manera que utilízalo como modelo y comienza a buscar tu propio equipo de soporte.

Cuando busques ayuda, no dejes que tu ego sabotee tu trabajo confiando tus sensaciones intuitivas a personas que claramente no van a ser de ninguna ayuda. Tienes que pensar muy bien con quién compartes tus vibraciones y elegir a las que van a servirte de apoyo para tu alma. Si te acercas a otra persona de seis sentidos, o al menos a alguien que está sintonizado con su espíritu, todo irá de maravilla. Si, por el contrario, confías en alguien que está bloqueado mentalmente, demasiado identificado con su ego o desconectado de su espíritu, tus palabras caerán en saco roto.

Es preciso que tengas un poco de sentido común. Probablemente, ya te has dado cuenta de que la mayoría de las personas de cinco sentidos no consiguen conectar con la idea de aceptar las vibraciones, de manera que lo primero que debes hacer es un trabajo de detective. Por ejemplo, cuando era adolescente tenía una buena amiga llamada Vicky, que era un espíritu extremadamente agudo y tenía vibraciones muy precisas. No obstante, cada vez que compartía sus vibraciones con su madre, esta se ponía nerviosa y le respondía: «¡Déjalo ya, Vicky, me estás asustando!». Vicky se enfadaba muchísimo ante esa reacción, porque quería que su madre conociera y apreciara sus dones en vez de bloquearlos.

En una ocasión en la que estábamos las tres en el coche de su madre, Vicky dijo súbitamente:

—Mamá, reduce la velocidad. Siento que hay un policía en los alrededores.

Como siempre, su madre reaccionó con violencia debido a su limitada conciencia:

—Vicky —chilló con dureza—, no vuelvas a decir cosas semejantes. Te comportas de un modo extraño.

Y siguió conduciendo a la misma velocidad. Tres calles más abajo, un policía salió de entre las sombras, ordenó a la madre de Vicky que se detuviera y le puso una multa por exceso de velocidad. En vez de admitir que había cometido una equivocación, la madre de Vicky la acusó de tener la culpa de la multa. Yo no podía creer lo que estaba viendo ni tampoco Vicky. Aquello no tenía ningún sentido.

Más tarde le comenté a mi amiga que quizás no debería hablar con tanta libertad de sus vibraciones con su madre, porque ella estaba tan asustada por las percepciones limitadas de su ego que no le permitían comprenderlas y tal vez nunca podría hacerlo. Le sugerí que compartiera sus vibraciones con mi familia, porque cualquiera de nosotros podíamos escucharla.

A partir de ese día, Vicky dejó de compartir con su madre el tema de las vibraciones y adoptó a mi familia como su equipo de apoyo espiritual. Cuanto más la escuchábamos, más cómoda se sentía utilizando sus seis sentidos y más los disfrutaba. Cuando entró en la universidad, su espíritu fue su guía. Más adelante, incluso llegó a usarlo para guiar a otras personas haciendo lecturas intuitivas.

Si observas a los miembros de tu propia familia, tienes un cincuenta por ciento de posibilidades de encontrar al menos un aliado. Merece la pena realizar el esfuerzo de comprobarlo, porque el apoyo de la familia es lo mejor que hay. Sin embargo, comienza a conversar con la persona que ya haya mostrado un poco de interés por el tema y bajo ninguna circunstancia intentes convertir a nadie. Cada uno de nosotros despertamos a una conciencia más elevada a nuestro propio ritmo, y nadie puede acelerar el proceso. Si una persona de cinco sentidos no llega a comprenderlo, no te lo tomes como una cuestión personal. Sencillamente, sigue adelante, busca apoyo, no te sabotees y nunca discutas por este asunto.

Si no hay nadie en tu familia con quien te puedas sincerar, busca en otros sitios. ¿Hay alguien en el trabajo que comparta tus intereses? Tantea el terreno preguntando a tus compañeros si creen en la intuición. Ya sé que esto puede parecer arriesgado, pero no des por sentado lo peor. Hoy en día, la intuición es un tema que despierta curiosidad y resulta emocionante para mucha gente, algo que nunca antes había ocurrido.

Comprueba si alguno de tus amigos o vecinos comparte tu interés. Saca a colación el tema de la intuición de forma casual en una conversación y observa qué es lo que sucede. Según mi experiencia, los que sí muestran curiosidad por el tema son los que están *verdaderamente* interesados, y con seguridad tienen muchas ganas de hablar de ello, de modo que no pasará mucho tiempo antes de que den un paso adelante. También puedes encontrar compañeros de equipo en esos sitios que tienden a frecuentar las personas intuitivas, como pueden ser las librerías, los talleres y las lecturas espirituales, o las iglesias progresistas donde se anima a confiar en la intuición.

En realidad, todo lo que necesitas es uno o dos espíritus afines comprensivos y compasivos, con quienes hablar de vez en cuando. Eso es todo. No te estoy aconsejando que te unas a una secta ni a un grupo exclusivo y secreto que ejerza su dominio sobre ti. Eso no es apoyo, eso es algo espeluznante, ¡y debes mantenerte lo más lejos posible!

En cuanto encuentres amigos de seis sentidos, reúnete con ellos con frecuencia —al menos una vez por semana— para compartir con toda libertad vuestras sensaciones intuitivas y escucharos respetuosamente. El mero hecho de escuchar ayuda mucho más de lo que puedas imaginar. Es el mejor apoyo que se puede dar y recibir, porque ayuda a consolidar y confirmar las intuiciones propias y ajenas cuando el mundo exterior no lo hace.

Una nota final: he descubierto que una de las formas más rápidas y más efectivas de encontrar amigos intuitivos es simplemente rezar para que aparezcan en tu vida. Pídele al Universo que te conecte con espíritus semejantes y con almas gemelas intuitivas, y así sucederá. Si estás preparado y dispuesto a recibir ayuda, esta no tardará en aparecer.

Por último, dado que tener apoyo es una parte importante del proceso de reforzar tu intuición y confiar en tus vibraciones, he creado una comunidad de seis sentidos. Se llama la Tribu de las Buenas Vibraciones. Te invito a que te sumes a nosotros hoy mismo. En esta comunidad, conocerás espíritus afines de todo el mundo, que te brindarán un importante apoyo y te alentarán. Entre los muchos regalos que recibirás como miembro de la tribu, además de conocer a los fantásticos, dinámicos y creativos miembros, encontrarás varios cursillos y meditaciones *online* gratuitos que te ayudarán a fortalecer tu sexto sentido. Los miembros de la tribu trabajan juntos en estos cursillos con entusiasmo. Yo estoy muy involucrada en la tribu y me uno al grupo cada día ofreciendo una sugerencia o una herramienta, y dando ánimos para seguir avanzando en tu fabulosa vida *woo-woo*. Encontrarás toda la información para unirte a la Tribu de las Buenas Vibraciones en la página web www.soniachoquette.com.

Entrenamiento *woo-woo*

Intenta encontrar algunas almas gemelas psíquicas. Es probable que ya tengas algunas; en ese caso reúnete con ellas cuando quieras compartir tus vibraciones. Si no sabes con total seguridad quiénes son tus compañeros de seis sentidos, realiza un pequeño trabajo de detective. También puedes leer este libro en público, por ejemplo en una cafetería o cuando vas en tren al trabajo; o podrías probar a dejar el libro sobre tu mesa o escritorio y observar las reacciones que suscita. Si alguien muestra interés por el tema de la intuición y las vibraciones, investiga un poco más. No te llevará demasiado tiempo descubrir si has encontrado a alguien que puede ser un apoyo. Por otro lado, si alguien se desentiende del tema, no lo tomes como algo personal; simplemente no está preparado para hablar de eso. No consideres sus comentarios ni comportamientos como una alusión personal. Sonríe, cambia de tema amable y diplomáticamente, y luego retírate con toda tranquilidad.

Por otra parte, no te olvides de orar pidiendo apoyo y también para estar abierto a recibirlo. Afortunadamente, está prevaleciendo la evolución y en la actualidad hay cada vez un mayor número de personas de seis sentidos. Cada vez resulta menos difícil encontrar esos espíritus afines, si realmente deseas hacerlo.

Sabiduría *woo-woo*

Consigue apoyo.

CONVERSA

Una de las características de las personas de seis sentidos es su capacidad para reconocer y expresar sus vibraciones con soltura, independientemente de con quién estén hablando. Compartir tus vibraciones con los demás –empezando por tu equipo de apoyo espiritual, en el que confías plenamente, y luego con el mundo– requiere un largo camino hasta llegar a tener una vida extraordinaria y mejorar las vidas de aquellos que te rodean.

Las personas de cinco sentidos no hablan de sus vibraciones porque su ego afirma que no son lógicas y deberían ser completamente ignoradas. Esto impide que la intuición se desarrolle. Pero a quienes usamos los seis sentidos nos encanta hablar de nuestras experiencias intuitivas y tenemos muchas formas amenas de hacerlo. Por ejemplo, cada vez que mi amiga Julia siente que su sexto sentido le da un golpecito en el hombro, dice: «Estoy recibiendo órdenes de ponerme en marcha» o «Mi instinto me dice que...». Por su parte, Scott, un restaurador que es muy intuitivo, afirma: «Acabo de recibir un toque del gran jefe». Yo suelo decir: «Mi espíritu me dice que...», porque cuando do siento vibraciones sé que mi espíritu me está hablando.

Hablar de tus vibraciones libremente, sin disculparte ni sentir vergüenza, abre la puerta a que lleguen más vibraciones a tu vida. Tal como sucede al ponerle nombre a un bebé que acaba de nacer, al hablar entusiásticamente sobre tu intuición admites que está viva y bien asentada en tu vida y que te complace que el mundo lo sepa. Quieres que todos sepan que sientes vibraciones, y no con la intención de impresionarlos ni para buscar su aprobación, sino porque te encanta compartir algo que hace que tu vida sea tan extraordinaria.

Mi cliente Jay me confesó que no sabía cómo hablar de sus vibraciones con otras personas. «Por lo general, en mi mundo no se habla de estos temas. Yo quiero compartir con los demás que mis revelaciones intuitivas son maravillosas y me ayudan enormemente, pero me preocupa lo que puedan pensar. Mis vibraciones son lo mejor de mi vida y quiero hablar de ellas porque son una gran ayuda».

Creo que cualquiera puede estar abierto a escucharte hablar de las vibraciones, si lo haces de una forma que no le haga sentir incómodo. Las personas se sienten fascinadas por las vibraciones, no solamente porque todos las tenemos, sino también porque son muy mágicas. Si estamos tranquilos y relajados y comentamos con los demás que las vibraciones han mejorado sustancialmente nuestra vida, se mostrarán interesados. Pero si actuamos como si las vibraciones formaran parte de nuestra propia *dimensión desconocida*, extrañas e inquietantes, saldrán corriendo.

Independientemente de lo que digas, no debes preocuparte por la reacción de los demás. Cuando hables de tus vibraciones, habrá quienes se muestren incrédulos o se rían, pero seguramente lo hacen porque no saben cómo responder, y no porque descarten o rechacen lo que estás diciendo. La mayoría de las personas desean sentir las vibraciones igual que tú. No es infrecuente que respondan abriendo su corazón y haciendo algún comentario sobre sus propias vibraciones.

Tengo una clienta que es una exitosa directora ejecutiva en Illinois. Hace poco tiempo recibió el premio a la mejor mujer de negocios del año. Sabía que tendría que pronunciar un discurso ante un grupo muy conservador; no obstante, acabó diciendo: «Por encima de todo, confiad en vuestra intuición. Os guiará a vuestros mayores éxitos en la vida, como me ha sucedido a mí».

En vez de recibir como respuesta un profundo silencio, como temía, se sorprendió al recibir una sonora ovación.

—Al parecer, el mundo empresarial conservador está más preparado para escuchar estas palabras de lo que había imaginado —afirmó.

Y yo le respondí:

—Te escucharon porque estás al frente de una empresa líder. Estas personas quieren conocer tu secreto. Les has hecho un enorme regalo.

Creo que hacemos un gran servicio al mundo cuando compartimos abiertamente nuestras vibraciones. Con ese gesto, damos permiso a otras personas para que también lo hagan. Hablar de nuestras experiencias intuitivas no solamente les otorga valor, sino también abre la puerta para que otros se conecten con las suyas. Y, además, puede abrir oportunidades para una colaboración creativa.

En cierta ocasión le conté a mi hermana Cuky un sueño intuitivo que había tenido acerca de un viaje al mar con un grupo de personas maravillosas que bailaban, cantaban y se sanaban disfrutando de momentos extraordinarios. A medida que se lo describía, tuve la profunda sensación de que ese sueño se cumpliría muy pronto, aunque no me gusta mucho la playa. Mi hermana me contó a su vez que había tenido un sueño similar sobre un taller de sanación en Hawái. Nuestros dos sueños se combinaron y poco después nos inspiraron para organizar un potente retiro, Translucent You, que hicimos en Hawái a lo largo de diez años. Los participantes cantaban, bailaban, tocaban instrumentos musicales y se divertían junto al mar. En aquellos talleres también recibieron lecturas intuitivas y sesiones de masaje terapéutico sanador, e hicieron manualidades y visualizaciones para sanar sus heridas psíquicas y volver a despertar su voz intuitiva. Si mi hermana y yo no hubiéramos compartido nuestros sueños, jamás habríamos concebido ese profundo trabajo de sanación y nos habríamos perdido la dicha de proporcionar a todos los asistentes una ayuda tan increíble.

Cuanto más hables de tus vibraciones, más específicas se tornan. Hablar de tus vibraciones te ayudará a abrir el cofre de tu tesoro interior. El hecho de compartir tus sensaciones intuitivas favorece que salgan a la superficie joyas que se ocultan en lo más profundo de tu corazón. El espíritu las saca a la luz y permite que cobren vida.

Tu sexto sentido te habla de diferentes maneras, a través de símbolos, fotos o dibujos, metáforas, sensaciones y sueños, e incluso a través de las señalizaciones de la carretera. Tu espíritu tiene un lenguaje propio, y cuanto más libremente hables de tus vibraciones, más llegarás a conocer ese lenguaje. Al hablar con mis estudiantes suelo escuchar el siguiente comentario: «Hasta que no te hablé de mis vibraciones, no sabía lo que significaban». Empiezas a recibir los mensajes en todo tipo de formas creativas.

LAS VIBRACIONES TE SORPRENDEN

Cuando hago lecturas intuitivas a los clientes, a menudo siento que estoy siguiendo un rastro de pistas. A medida que avanzo en la lectura, surgen pensamientos, sentimientos e imágenes, hasta tal punto que nunca sé realmente lo que voy a decir hasta que lo pronuncio. Por lo general, al escuchar algunas de mis comunicaciones me sorprendo tanto como mis clientes. Y cuando investigo mis propios problemas, hablo en voz alta aunque esté sola. Verbalizar mi mundo interior invita a mi intuición a manifestarse en cualquier momento, para ofrecerme soluciones que a mí no se me habían ocurrido. Cuanto más abiertamente reflexiono sobre mis problemas, más rápido llega la guía que necesito.

Por ejemplo, hace algunos años me preguntaba si debía hacer un viaje a Menton, Francia, para visitar a una querida amiga llamada Michele. Intuitivamente sentía que ese viaje era importante. Sin embargo, pensándolo con lógica iba a resultar caro, no muy conveniente y no demasiado oportuno para mis compromisos laborales. Reflexionando en voz alta sobre mis vibraciones, de repente me escuché decir: «Tengo que viajar. Esta será la última vez que pueda ver a Michele y también la última ocasión de visitar el hotel donde me alojé hace cuarenta años cuando era estudiante».

El hotel era un sitio encantador y lo recordaba con gran cariño, y la posibilidad de que pronto pudiera desaparecer –aunque nunca nadie lo había mencionado y a mí tampoco se me había ocurrido– me hizo considerar seriamente la idea de viajar. Reflexionar sobre todo eso en voz alta me ayudó a tomar la decisión. Hice la reserva de inmediato y modifiqué algunos compromisos para poder hacer el viaje.

Tres días más tarde, recibí una carta de mi amiga Michele en la que me decía que el hotel iba a ser convertido en apartamentos, de modo que si quería verlo de nuevo tendría que darme prisa. Le escribí anunciándole que ya tenía mi billete de avión y que llegaría justo a tiempo para visitar ese lugar sagrado antes de que desapareciera para siempre.

ENCUENTRA *TUS* PROPIAS PALABRAS

Si quieres expresar tus vibraciones frente a otras personas, es muy útil tener el vocabulario apropiado para hacerlo cómodamente y sin albergar ningún temor, duda o crítica. Por ejemplo, yo me siento muy a gusto empleando la palabra *psíquica** para referirme a mí misma cuando hablo de mi intuición, pero sé muy bien que soy una excepción. La mayoría de las personas sienten vergüenza ajena cuando escuchan esa palabra, lo que me divierte muchísimo. Creo que se debe a que lo corta todo como si fuera un cuchillo e implica: «Te estoy viendo». Sin embargo, lo que la gente no sabe es que lo que yo veo es hermoso, porque veo el espíritu que habita en ti. Para mucha gente, el término *psíquico* todavía tiene muchas connotaciones supersticiosas o negativas, y no se sienten a gusto utilizándolo. Si eso es lo que te sucede a ti, no debes preocuparte porque existen muchos otros términos que puedes emplear.

No tiene ninguna importancia cómo denomines a tu sexto sentido, siempre que lo hagas de una forma que te resulte útil. Prueba a decir «mi intuición», «mi instinto», «mi radar», «mis vibraciones» o incluso «mi sensata y eterna sabiduría». Seguirás abriendo espacio en

---

* N. de la T.: En este ámbito, «psíquica» hace referencia a una persona que utiliza la percepción extrasensorial para identificar información oculta a los sentidos habituales.

tu vida para tu sexto sentido, siempre y cuando las palabras que elijas lo expresen positivamente.

Las personas de seis sentidos con mucha experiencia que hacen caso de su intuición son entusiastas e incluso se sienten orgullosas de sus revelaciones intuitivas. Les encanta comentar que las vibraciones contribuyen a que su vida sea fabulosa. Por otro lado, las que están a medio camino entre los mundos de cinco y seis sentidos sienten la urgencia de compartir sus intuiciones, y sin embargo vacilan porque con frecuencia ignoran cómo explicar sus experiencias.

Esas personas pueden decir, por ejemplo: «He tenido una sensación extraña», «Ha ocurrido algo raro» o «He tenido una sensación insólita». Utilizan términos negativos que deslucen sus vibraciones o incluso les confieren un sentido inquietante. Yo les doy una buena puntuación por su esfuerzo, pero si quieres usar cómodamente tus vibraciones tienes que hacer algo mejor. Tu intuición es oro puro, de manera que debes mencionarla con reconocimiento, luego describirla positivamente y finalmente compartirla con entusiasmo y sin utilizar calificativos negativos. Por ejemplo, intenta decir: «Acabo de tener una inspiración maravillosa», «Acabo de tener una sensación increíble de...» o «Mi genio interior me dice que...», y observa la respuesta que obtienes de los demás y también de tu espíritu. Según mi propia experiencia, cuanto más positivamente expreso mi intuición más me recompensa ella con un caudal mayor de sabiduría, de manera que obtengo un premio doble.

Y un consejo más, tampoco debes exagerar. Sé que eres una persona entusiasta, pero si adornas demasiado las cosas los demás pueden mostrarse despectivos y escépticos. Si puedes evitarlo, no atraigas sus malas vibraciones ni sus juicios negativos. Tengo un cliente que describe cada una de las vibraciones que recibe como *asombrosa*. Decir una o dos veces *asombrosa* está bien, pero repetirlo diez veces en cinco minutos es difícil de asimilar ¡y te hace preguntarte si esa persona habrá tomado alguna droga! Limítate a articular tu voz interior con confianza y comodidad; esto muestra que la valoras y la consideras la cosa más natural del mundo, porque en realidad lo es. He visto a algunas personas de seis sentidos sensatas y seguras de sí mismas ganarse a individuos de cinco sentidos un poco retrógrados y conseguir que aceptaran su forma intuitiva de vivir, tras haber descrito su sexto sentido con tranquilidad y plena seguridad.

Después de observar a la gente luchar para describir sus vibraciones, he concluido que la mejor forma de hablar de tu sexto sentido es simplemente decir con la voz más natural posible. «Siempre confío en mis vibraciones porque me ayudan», y luego sonreír. Con eso se ha dicho todo.

Entrenamiento *woo-woo*

Reconoce abiertamente tus vibraciones; comienza compartiéndolas con tus amigos más íntimos y luego con otras personas. Elige cuidadosamente las palabras y expresiones que vas a usar para describir tu intuición. Debes ser claro y expresarte con absoluta serenidad y confianza, como si estuvieras hablando del tiempo. No les des demasiada importancia ni exageres. Simplemente coméntalas tal cual son. Por otra parte, observa que también los demás hablan de sus vibraciones, aunque sea de forma inconsciente. Por ejemplo, cuando tu jefe o tu jefa dice: «Tengo la corazonada de que esto no va a funcionar», o cuando tu mujer o tu marido dice: «Tengo buenas sensaciones». Casi todo el mundo tiene palabras para describir sus vibraciones porque en realidad todos las sentimos, incluso aunque no nos demos cuenta.

Cuando quieras compartir tus intuiciones, dales un giro positivo diciendo, por ejemplo, «tengo una gran idea», en vez de decir «esto es muy raro». Si piensas que las vibraciones son «perlas de sabiduría» en lugar de «sensaciones extrañas», te resultará más fácil compartir esas perlas con gracia, humor y estilo. A la hora de describir tu intuición, sé creativo y emplea expresiones que den valor a tu sensibilidad psíquica, pero sin tener una actitud provocadora. Es probable que te inclines por evitar calificarte como *psíquico* si hablas de tu intuición en una reunión de la junta directiva o en la iglesia, pero si dices: «He tenido una inspiración», «Mi sensación es que...», «Mi intuición me dice que...» o «Me ha guiado el espíritu», puedo asegurarte que nadie se detendrá a pensarlo dos veces.

Recuerda que es muy conveniente hablar en el mismo lenguaje de las personas que te están escuchando. Cuando estés rodeado de individuos de cinco sentidos, usa palabras que puedan comprender y que fomenten la conexión en vez de generar distancia. Sé práctico. Haz una lista con veinte maneras diferentes de describir tus vibraciones de forma fácil y que te resulte cómoda, independientemente de quiénes sean las personas que tienes a tu alrededor.

Las palabras que utilices para describir tus vibraciones no tienen demasiada importancia, siempre que hables de ellas con entusiasmo y de una forma positiva.

Sabiduría woo-woo

Confía en tus vibraciones. Funciona.

SIMULA HASTA QUE LO LOGRES

Cuando mis hijas tenían cuatro y cinco años, las llevé por primera vez a un centro comercial al aire libre para que disfrutaran de una cálida noche de verano. Primero hicimos algunas compras, luego tomamos un helado y finalmente nos dirigimos a la zona de juegos infantiles en la parte central de las instalaciones para que pudieran jugar con los otros niños.

Mientras estábamos disfrutando de nuestro helado, vi a una pareja que estaba sentada frente a nosotras con su hijo de dos años. Mi hija mayor, Sonia, se puso de pie impulsivamente (con el cucurucho de helado todavía en la mano) y empezó a dar vueltas por toda la zona de juego, saltando y bailando, hasta que regresó a sentarse nuevamente en la silla a mi lado. Como no podía ser menos, su hermana, Sabrina, se puso de pie de inmediato para hacer lo mismo que acababa de hacer Sonia antes de volver a sentarse junto a ella.

El niño que estaba sentado al otro lado del parque las observaba atentamente, fascinado por cada uno de los movimientos que hacían mis hijas. Cuando las niñas ya se habían sentado, el pequeño se giró hacia su padre y le pidió que le diera el cucurucho de helado que tenía en la mano, lo que el padre hizo sin demasiado entusiasmo. Entonces, con el cucurucho en la mano y sin dejar de mirar a mis hijas en ningún momento, el niño intentó reproducir exactamente lo que les había visto hacer, y lo consiguió a lo largo de poco más de metro y medio, pero entonces perdió el equilibrio, tropezó y terminó con el cucurucho de helado en un ojo.

Fue un momento divertido y conmovedor, que claramente me recordó cuánto podemos aprender al observar e imitar a otras personas. Nuestros modelos nos invitan a tener nuevas experiencias con su ejemplo. Desafortunadamente, no muchos de nosotros hemos tenido modelos positivos a quienes poder emular en lo que se refiere a llevar una vida intuitiva. Y a pesar de que la actitud general que hay actualmente en relación con la vida intuitiva ha evolucionado, todavía necesitamos buenos maestros y modelos que nos enseñen a transitar el mundo invisible de una forma fácil y ligera.

Todos estamos de acuerdo en que los psíquicos de teletiendas y los consejeros espirituales de escaparates no representan una vida de seis sentidos. Deberían permanecer en los tiempos oscuros de la Edad Media, como todo lo que pertenece a los cinco sentidos. Sin embargo, todavía hay personas ingenuas y vulnerables que creen que algunos psíquicos tienen «poderes especiales». Estos vendedores de aceite de serpiente te persuaden de que por una buena remuneración pueden conseguir que el Universo trabaje según tu voluntad, mientras tú permaneces sentado sin hacer absolutamente nada. Eso jamás va a ocurrir. No hay ningún atajo para aprender a tener una vida intuitiva, plenamente empoderada. Nunca debes permitir que otra persona lleve las riendas de tu vida, con la ilusión de que obtendrás un buen resultado. No obstante, si tienes mentores y maestros dignos de toda confianza, comprenderás que puedes aprender de otras personas sin entregarles tu poder.

Encuentra modelos inspiradores, auténticos, empoderantes, creativos, que te demuestren en cada momento lo que verdaderamente significa vivir en el espíritu y actuar desde el corazón, y luego copia lo que hacen. Muchas personas que se inician en este viaje se sienten inseguras a la hora de confiar en sus vibraciones, pero lo único que necesitan es un poco de ánimo y ayuda. *Todavía* no han encontrado el modo de incorporar su sexto sentido en su vida de una manera fácil y cómoda.

Hace algunos años, antes de que Julia Cameron fuera amiga mía, comenzó a tener sensaciones psíquicas, presentimientos e inspiraciones habituales que era incapaz de explicar. Un poco preocupada, y sin querer que la trataran como a una trastornada, consultó con un psi coterapeuta y le confesó que el hecho de ser tan consciente del plano psíquico le producía ansiedad:

—Me preocupa que me consideren una persona rara o que incluso lleguen a pensar que he perdido la razón.

Después de escucharla atentamente, el terapeuta le contestó de una manera bastante ingeniosa:

—El problema no es que su sexto sentido esté funcionando de manera natural, Julia; el problema es que usted no tiene modelos positivos que le enseñen a utilizarlo y a manifestarlo en público. ¿Conoce alguien que haya expresado abiertamente ser una persona intuitiva y que sea digna? ¿Alguien que se sienta a gusto con su sentido psíquico y que sea tan normal como usted o como yo? ¿Alguien que pueda mostrarle cómo puede beneficiarse de este don para que le sea útil?

Esa pregunta le abrió una nueva posibilidad que jamás se le había ocurrido y finalmente la condujo hacia mí.

Mientras trabajaba con Julia reflexioné sobre mi propio modelo intuitivo. Primero y principal, como ya lo he mencionado, ese modelo fue mi madre, que era un ser creativo, brillante, hermoso y sofisticado; y aunque a veces era un poco intensa y dramática, siempre utilizaba sus vibraciones de una forma muy práctica. Luego tuve dos maestros elegantes e instruidos, que habían viajado por todo el mundo, el doctor Tully y Charlie Goodman, cuya intuición era ingeniosa, astuta y noble. Me orientaron en mi viaje de sanación y crecimiento espiritual, así como también en mi labor de mejorar el planeta. También tuve otras dos mentoras, que fueron LuAnn Glatzmaier y Joan

Smith, dos mujeres creativas, artísticas, inteligentes, espirituales, experimentadas y con una gran educación, que escribieron libros, enseñaron, asesoraron y crearon innumerables obras de arte maravillosas. Todos ellos fueron una inspiración en mi vida, y lo que aprendí en su compañía fue muy empoderante. Confiaba plenamente en estas personas y las consideraba mis modelos intuitivos y éticos. Estudié su trabajo, reproduje sus puntos de vista e intenté mantener los mismos niveles elevados que ellos tenían hasta que logré desarrollar y fortalecer mi propia integridad intuitiva. Bailé en su patio de juegos hasta que lo hice mío y luego fui yo la que invité a otros niños del vecindario a jugar conmigo.

Actualmente resulta menos complicado encontrar tus propios modelos intuitivos, porque un número cada vez mayor de líderes están comunicando al mundo que su intuición es una luz esencial que los guía en la vida. Como ya he señalado, un ejemplo es Oprah Winfrey, que atribuye su extraordinario éxito y felicidad a la ayuda de su guía interior. Otras figuras públicas incluyen a Richard Branson, Steve Jobs, Steven Spielberg y David Lynch, por no mencionar a Jonas Salk, Nikola Tesla, Frida Kahlo y Niels Bohr. Cada día, conocemos una nueva persona influyente que atribuye su éxito a utilizar *todos* sus sentidos para conseguir sus increíbles logros. Afortunadamente, en estos días abundan los modelos y los maestros potenciales para guiarnos hacia una vida intuitiva.

La clave es escoger modelos que sean adecuados para ti. Todavía sigue habiendo una buena cantidad de charlatanes que te prometen que si sigues sus enseñanzas alcanzarás el éxito de la noche a la mañana, y con poco esfuerzo. Los manipuladores de escaparate ahora también se pueden encontrar en Internet, de manera que presta mucha atención a la hora de elegir con quién quieres aprender. Por encima de todo, utiliza tu sentido común. El reino sutil todavía es parecido al salvaje Oeste, y como es un territorio nuevo para muchas personas debes evitar enganchar tu carreta a alguien que pretenda embaucarte. Si te sientes presionado, incluso de una forma aparentemente sin importancia, lo mejor es que te alejes de esa persona. Un maestro o un mentor natural no necesitan hacer eso. Ya tienen suficiente con ocuparse de su propia vida luminosa. Los que pretenden remolcarte o tirar de ti y coaccionarte, no te están enseñando a confiar en tus vibraciones sino que están pidiéndote que las ignores.

Para encontrar un buen modelo comienza por observar detenidamente a la gente que te rodea. ¿Hay entre esas personas alguien que te transmita sensaciones positivas? ¿Escuchan su corazón, hacen caso de sus vibraciones y actúan sin vacilación? Los mejores maestros son aquellos a los que llegas a través de la atracción y no de la promoción. Tienen buenas vibraciones y su vida funciona, razón por la cual los demás se sienten atraídos por su luz. Los buenos maestros y guías no tienen letreros luminosos que parpadean, pero aun así brillan. Su luz surge de su aura y de su confianza en sí mismos, del resplandor de su maravillosa risa y del entusiasmo que sienten por la vida. Las personas se sienten naturalmente atraídas por ellos porque su energía es muy buena.

Aquellos que viven utilizando su sexto sentido no necesitan aprobación; se aprueban a sí mismos. Disfrutan de la aceptación y a menudo cuentan con ella, pero no la necesitan. Las personas intuitivas poseen un talento especial para detectar vibraciones altas, como si tuvieran un oído sofisticado para la música o una mirada aguda para captar la belleza.

En cuanto identifiques a las personas creativas y valientes que escuchan sus vibraciones, actúan desde el corazón, confían en sus sensaciones, se expresan con total franqueza y se dejan guiar por su intuición, utilízalas de modelo. Como si te subieras por primera vez al escenario de una sala de karaoke, canta su canción con el mismo entusiasmo que lo hacen ellas, incluso aunque no la sientas como propia. Eso solamente te ocurrirá al principio, pues con un poco de práctica la vida intuitiva empieza a ser tan familiar y cómoda que llegará un momento en que ya no podrás siquiera pensar en vivir de otra manera. En otras palabras, *simula hasta que lo logres.*

Mi alumna Christine quería componer canciones desde que era niña. Cada noche antes de dormirse solía componer mentalmente canciones enteras. Sabía que estaba canalizando música, y así se lo hizo saber a sus padres. Ellos se rieron de su comentario y le respondieron que eso sonaba muy raro. De modo que Christine dejó de hablarles de las canciones que concebía mentalmente para no disgustarlos. Pero como las canciones no desaparecieron, decidió apuntarse a uno de mis talleres. En él conoció a Jason, un talentoso compositor intuitivo que le contó que además de haber canalizado canciones, también había canalizado sinfonías. Christine estaba sorprendida por haber conocido a otra persona que compartía su misma experiencia. La diferencia entre ellos era que Jason lo aceptaba, y ya gozaba de cierto éxito publicando sus composiciones, mientras que las de Christine seguían existiendo únicamente en su cabeza. Él le abrió los ojos, y pronto Christine dejó de actuar como si sus descargas intuitivas fueran algo extraño y decidió hacer lo mismo que Jason. Entonces empezó a grabar sus canciones y mostrarlas al mundo. El amor por la música de Jason, junto con la forma en que trabajaba y el entusiasmo que mostraba ante su inspiración, permitió a Christine hacer lo mismo. Y el espíritu amable y relajado, que transmitía tan maravillosamente en sus composiciones, la ayudó a sentirse a gusto en esa nueva forma de vivir. Para decirlo brevemente, Jason se convirtió en el modelo intuitivo de Chris. Eso era precisamente lo que ella necesitaba para aceptar su don para la música. «Me estoy dejando guiar por el espíritu de Jason, y me está funcionando. Me da el coraje necesario para mostrar mis canciones al mundo».

Por lo tanto, si quieres tener una vida creativa, segura y extraordinaria, observa y toma como modelo a cualquier persona intuitiva y creativa que conozcas y luego imita lo que hace. Así es como los seres humanos aprendemos y como los seres espirituales expresamos nuestro auténtico Ser. Elige modelos intuitivos que sean inspiradores y que vivan con estilo, gracia, integridad y confianza. La mejor forma de identificar un buen modelo intuitivo es buscar a personas que aman su vida, una señal infalible de que están utilizando correctamente todos sus sentidos. Pregúntales cuál es su secreto y luego ponlo en práctica.

Ser intuitivo es un arte que se puede dominar como cualquier otro, siendo un buen alumno y encontrando buenos maestros. Trabaja junto con tus mentores, practicando tu arte mientras aprendes con modelos que te sirvan de inspiración. Por último, como un viajero que empieza a salir al mundo por sus propios medios, deja que la vida sea tu próximo maestro y que tus errores sean tus exámenes. Luego, con el paso del tiempo, y con constancia, paciencia y práctica, llegarás a conseguir ser tú mismo. El camino más elevado de la vida intuitiva te ayuda a ser una persona completamente iluminada y empoderada; no solamente la persona que tú quieres ser, sino la que Dios ha decidido que seas.

Como nota final, un maestro de verdad siempre da a su alumno plena libertad. Si quieres estudiar oficialmente con alguien, primero debes comprobar si esa persona puede empoderarte para llevar una vida basada en el corazón y el espíritu, o si lo único que le interesa es que sigas sus enseñanzas. La dinámica entre el mentor y el discípulo debería funcionar de la misma forma que el vuelo de los gansos cuando se dirigen al sur para pasar el invierno. Cuando comienzan la travesía, el primer ganso guía a la bandada y los otros lo siguen. A medida que el vuelo se consolida, el ganso que estaba al frente pasa al último puesto y el que ocupaba ese lugar pasa a dirigir a los demás. De este modo, cuando llegan a su destino cada uno de los gansos ha guiado al resto de la bandada. Al buscar a tus guías y maestros, considera si te ofrecerán las herramientas necesarias para ocupar la posición de líder en tu propia vida o, por el contrario, te mantendrán siempre en la última posición para que sigas a los demás. Tu sexto sentido es tu mejor guía. Busca personas que reconozcan y respeten tus vibraciones y te animen a confiar en ti mismo tanto como ellas confían en sí mismas.

Para empezar, te invito a considerar la posibilidad de elegirme como tu primera mentora intuitiva, y créeme cuando digo: «¡Ya tienes lo que hay que tener!».

Entrenamiento *woo-woo*

Abre los ojos, los oídos y el corazón, y busca tus modelos intuitivos. ¿Quién es tu héroe intuitivo? ¿Quién canta tu canción y juega en tu patio de juegos creativo? ¿Qué puedes imitar de estas personas? No te limites a ti mismo, encuentra tantas fuentes de inspiración como sea posible. Camina como ellos, habla como ellos, baila como ellos, canta su canción, reproduce todo lo que hacen.

Cuanto más cosas hagas, antes serás el maestro de tu propio viaje interior.

Sabiduría *woo-woo*

Encuentra maestros, mentores y modelos.

CONSIGUE AYUDA DEL MÁS ALLÁ

Así como en el plano físico nos comunicamos telepáticamente unos con otros, también podemos comunicarnos con los ángeles y los espíritus guía que habitan en un plano superior. Cada uno de nosotros tenemos un vínculo muy personal con nuestros ayudantes espirituales en todo momento; todo lo que tenemos que hacer para recibir su ayuda es abrir nuestro corazón.

Si necesitas que las fuerzas angélicas te guíen, puedes acceder a ellas de la manera más rápida a través de la oración. Además de pedir ayuda general, también puedes solicitar el apoyo de ángeles específicos para que te asistan en proyectos particulares. Por ejemplo, si eres músico o quieres iniciar un proyecto musical, puedes rezar para pedir a los ángeles de la música que te brinden su ayuda. Si eres escritor, puedes convocar a los ángeles de la comunicación. Si estás buscando una nueva casa o quieres renovar tu residencia actual, los ángeles del hogar pueden ayudarte. También hay ángeles de los viajes, ángeles de sanación, ángeles que protegen a la familia, ángeles que pueden ayudarte a resolver cualquier inquietud particular. En realidad, hay ángeles para todas las necesidades, y se sienten felices de que los convoques para ayudarte.

Personalmente, suelo orar para pedir ayuda a los ángeles de la enseñanza, de la escritura y de las relaciones, por nombrar solo unos pocos. Sigo sintiéndome agradecida a mi ángel de la cocina, que un verano me salvó de abrasarme con agua hirviendo.

Y en otra ocasión, cuando todavía estábamos casados, mi exmarido, Patrick, que era un excelente cocinero y dedicaba mucho tiempo a preparar comidas, especialmente para invitados, invitó a cenar a unos buenos amigos. Patrick había pasado todo el día preparando un cochinillo, para ponerlo luego en la barbacoa. Me pidió que lo vigilara durante unos minutos mientras él iba a recoger a nuestra hija Sonia, que estaba en casa de una amiga, no muy lejos de donde vivíamos.

Me senté junto a la barbacoa durante cinco minutos, y de pronto sonó el teléfono. Era mi antigua e íntima amiga Sue, con la que no hablaba desde hacía más de seis años. No es necesario decir que me olvidé por completo del cochinillo hasta que oí un grito espantoso que venía del patio. Era Patrick, completamente histérico, que estaba gritando: «¡La barbacoa se está incendiando!». De inmediato colgué el teléfono y corrí a ver lo que estaba pasando. Al llegar vi a mi exmarido con el cochinillo en llamas. (Al parecer, la grasa del cochinillo se había consumido y la carne estaba quemada).

Los invitados llegaron en el mismo momento en que Patrick estaba apagando las llamas. Estaba furioso conmigo por no haber vigilado el cochinillo después de haber trabajado tanto para prepararlo, y además se sentía avergonzado porque no teníamos nada más que ofrecer a nuestros invitados. Me miró en silencio y fue a abrir la puerta. Desesperada ante la posibilidad de tener que pasar esa velada soportando su rabia pasivo-agresiva, rogué a mis ángeles que me ayudaran.

Patrick aplacó su ira con el siguiente comentario:

—Tengo que deciros que el asado se quemó porque Sonia no se ocupó de vigilarlo. De manera que podéis agradecerle que ahora no tengamos nada que ofreceros para cenar.

—Un momento —dije yo, mientras interiormente rezaba como una enardecida—. No estamos seguros de que la carne se haya echado a perder.

Insistí en que Patrick cortara la carne de todos modos.

—¿Para qué voy a tomarme esa molestia? Está completamente quemado —respondió con desprecio.

Sin embargo, para sorpresa de todos los que estábamos sentados a la mesa, la carne se había asado a la perfección. De hecho, fue el asado más delicioso que probamos jamás. Ni siquiera Charlie Trotter, el chef más famoso de Chicago en ese momento, lo hubiera podido hacer mejor. La cena fue un éxito rotundo, y yo no dejaba de agradecer a mis ángeles por haberme salvado el día. Al final de la noche, uno de nuestros invitados se giró hacia mí sonriendo y, guiñándome un ojo, me dijo:

—Dado que Patrick nos ha dicho que tú eras la responsable de la cena, debo decirte que ha sido una de las más deliciosas de toda mi vida.

Yo le sonreí a mi vez y le respondí:

—No puedo atribuirme el éxito; los que merecen nuestra gratitud son los ángeles de la cocina.

Cualquier iniciativa se desarrollará mucho más fácil, suave y tranquilamente si pides a tus ángeles que te ayuden. Siempre están presentes y preparados para asistirte en cualquier situación. A lo largo de todos los años que llevo trabajando con ellos, jamás he visto que un ángel haya dejado abandonada a una persona. Sin embargo, tu equipo de apoyo espiritual no se limita a los ángeles; santos, profetas, guías espirituales, seres de luz, espíritus naturales, deidades y muchos otros también están a tu disposición. Si te has criado en un ambiente católico, es indudable que estarás familiarizado con los diversos santos y con su capacidad para ayudarnos desde el Otro Lado. Mis santos personales favoritos son san José, el santo patrón de los hogares; san Antonio de Padua, el santo patrón de las cosas perdidas; santa Teresa, «la pequeña flor», la santa patrona del amor; san Cristóbal, el santo patrón de los viajes; san Judas, el santo patrón de las causas perdidas y, por supuesto, la que más amo, mi favorita, la Madre María, la cara femenina de Dios, que nos brinda compasión y ternura.

Puedes pedir apoyo a cualquier deidad aunque pertenezca a una tradición espiritual que no sea la tuya, porque los poderes superiores no hacen diferencias. Por ejemplo, Sally, mi clienta estadounidense, reza regularmente a la diosa hindú Kali, mientras que mi amigo Steve, que es cristiano, dirige sus oraciones a Buda. Mi amigo judío Dan le pide a san Antonio que lo ayude a encontrar nuevos clientes y está alucinado con la ayuda que ha recibido. Uno de mis amigos católicos le pide ayuda al espíritu de la gran águila blanca de la tradición nativa americana. Yo suelo dirigirme a Gaia, la Madre Divina de la mitología griega.

Si quieres pedir ayuda a cualquier fuerza espiritual, simplemente tienes que concentrar tu corazón en aquello que te preocupa o te reporta sufrimiento y luego sencillamente decir: «Ayuda». El Universo te ofrecerá acceso a todas las posibilidades que puede ofrecerte, de manera que si enfocas tu atención en recibir ayuda para un asunto en particular, enviarás telepáticamente esa comunicación y atraerás una respuesta que te resonará en un plano emocional. Y si invocas en particular la ayuda espiritual de deidades, estas benevolentes fuerzas superiores te responderán.

A algunas personas les preocupa que el hecho de pedir ayuda a ángeles, santos y dioses o diosas signifique adorar falsos ídolos. No te preocupes, ese es el discurso de tu ego, que pretende imponerse una vez más. No hay nada malo en hacerlo: Dios existe de muy diversas formas y tiene toda clase de rostros. Pero si no te sientes cómodo o cómoda invocando estos diferentes tipos de asistencia amorosa y comunicándote con ellos, no tienes por qué hacerlo. Simplemente, puedes pedir a Dios que ponga a sus ayudantes a trabajar sin que sepas a cuáles de ellos les ha asignado la labor.

También puedes pedir ayuda a personas fallecidas que has conocido, o de las que has escuchado hablar, y que ahora se encuentran en el mundo espiritual. La gente hace esto de manera natural, y en muchas culturas invocar la sabiduría y ayuda de los ancestros forma parte de su práctica espiritual. El espíritu de los difuntos sigue vivo y todavía puede conectarse con nosotros, de manera que tiene sentido que estén aquí para ayudarnos. Puedes pedir ayuda telepáticamente a aquellos que están en el Otro Lado y que en vida tuvieron un sonado éxito en un área particular, como puede ser el arte, la música, la medicina e incluso el gobierno. Por ejemplo, dos buenos amigos míos suelen pedir ayuda para sus proyectos musicales a antiguos compositores como Richard Rodgers y Oscar Hammerstein. En cierta ocasión conocí a un joven artista que empezaba su carrera. Se esforzaba constantemente por mejorar su manera de pintar, pero solía sentirse frustrado y enfadado hasta que buscó psíquicamente la ayuda de Miguel Ángel y Rafael para conocer sus secretos. No puedo afirmar con plena seguridad si le respondieron, pero lo que sí sé es que dejó de quejarse y comenzó a disfrutar de su trabajo.

Tengo sueños recurrentes en los cuales recibo enseñanzas de tres de mis guías espirituales más importantes: los obispos católicos franceses del siglo XIII De Leon, Lucerne y Maurice, que me iniciaron en las doctrinas secretas de la Iglesia y en el significado profundo del tarot. Estas clases nocturnas me han ayudado a analizar buena parte de la información más importante que jamás he recibido y son probablemente la fuente de guía intuitiva más significativa para mi trabajo de maestra espiritual.

Ten en cuenta que siempre debes utilizar el sentido común cuando pides ayuda. ¿Hubieras confiado en el consejo ofrecido por una persona en particular antes de que falleciera? Si la respuesta es negativa, tampoco debes confiar en ella ahora. Puedes recibir información de bajo nivel a través de vagabundos energéticos, almas perdidas ansiosas de viajar como polizones o de hacer autostop si las dejas. Debes saber que no evolucionamos automáticamente hacia la conciencia espiritual en el mismo momento en que perecemos. Estemos o no en el cuerpo, todavía tenemos que seguir creciendo, y después de la muerte recogemos lo que hemos dejado pendiente en esta vida.

El marido de mi alumna Emily era bebedor y jugador, y tuvo una muerte prematura a los cincuenta y nueve años. Poco después de que falleciera, Emily asistió a una de mis clases en busca de sanación porque estaba muy abatida por su pérdida. A las pocas semanas comenzó a sentir que el espíritu de su marido se comunicaba con ella, lo que la reconfortaba enormemente porque, a pesar de sus defectos, lo echaba mucho de menos. Poco después, empezó a tener sueños en los que su marido le aconsejaba que se dedicara a las apuestas. Pensando que estaba intentando compensar sus errores terrenales, Emily confió en sus sueños y siguió sus sugerencias. A los tres meses había perdido más de tres mil dólares.

Desesperada y confundida, vino a verme.

—¿Cómo puede estar pasándome esto otra vez? —me dijo mientras lloraba.

—A pesar de no ocupar ya un cuerpo físico, tu marido sigue siendo tan adicto a las apuestas como lo era cuando estaba vivo, y ahora te está utilizando.

Ocasionalmente, las personas que abandonan su cuerpo de forma repentina permanecen dando vueltas en el plano terrenal durante cierto tiempo, perdidas y confusas. Como todavía se identifican en gran medida con su existencia humana, y no terminan de darse cuenta de que ahora solo existen en espíritu, quieren aportar su granito de arena si estás dispuesto a escuchar sus sugerencias. Esto es especialmente cierto para las almas que se sintieron ignoradas en su forma terrenal. Si les prestas atención, estarán encantadas; pero debes saber que sus comentarios prácticamente siempre son inútiles e incluso pueden llegar a ser dañinos. De manera que si en algún momento sientes que un alma está intentando conectarse contigo, pero no está brindándote ninguna ayuda, limítate a indicarle que se dirija hacia la luz y que pida a sus ángeles que vengan a buscarla.

Muchos alumnos intuitivos que son principiantes y todavía no han dado los pasos necesarios para tener una buena conexión a tierra y capacidad de discernimiento terminan por prestar atención a los espíritus de bajo nivel, que los toman de rehenes para sus constantes y absurdas divagaciones. Por ejemplo, una de mis vecinas fue contactada por un espíritu guía que le comunicó que ella era un ser iluminado. Sin ánimo de ofender, debo decir que esta era la primera señal de que estaba conectándose con un espíritu cuyas credenciales eran cuestionables. Un espíritu guía de alta vibración no se dedica a halagar ni tampoco te dice que eres alguien especial; al fin y al cabo, a nivel del alma todos somos iguales, aunque estamos en diferentes niveles de conciencia.

Mi vecina creyó esa necedad y comenzó a actuar como si mereciera que le prestaran una atención especial, llegando incluso a esperar que los demás le rindieran pleitesía. Pero, como es evidente, nadie estaba dispuesto a satisfacer sus aspiraciones, y pronto sus familiares y amigos empezaron a apartarse de ella.

Como nadie escuchaba sus vibraciones, se sintió confusa y perdida, y decidió acudir a mi consulta en busca de consejo. Le expliqué que siempre puedes comprobar si tus vibraciones son fiables por los resultados que te reportan. Si provienen de un plano superior, tus relaciones mejoran y te sientes más unido a los demás. La saqué de su autoengaño, asegurándole que a pesar de que era alguien tan importante y digno de ser amado como lo somos todos, no había nada extraordinario en su persona.

Mis guías me sugirieron que en vez de intentar mostrarse como un ser iluminado, sería más conveniente para ella hacer algún servicio iluminado, como por ejemplo trabajar en un comedor de beneficencia, donde su luz podría brillar para alumbrar a los demás. Ella aceptó mi consejo y se apuntó como voluntaria en un programa para personas sin hogar organizado por la iglesia local.

Todos somos seres espirituales iguales, estamos interconectados y transitamos diversas etapas del desarrollo de la conciencia. En el nivel más profundo, somos un cuerpo y un espíritu. Cualquier sugerencia que indique lo contrario no merece ser escuchada, de manera que debes ignorarla. Si los seres que han abandonado el cuerpo no han hecho la transición desde el ego hacia el espíritu, seguirán intentando atraer tu atención apelando a tu ego, incluso desde el Otro Lado. Por lo tanto, es esencial poder discernir a la hora de recibir apoyo, porque no deseas que te distraiga la adulación de la gentuza psíquica, que en realidad no te ofrece ninguna ayuda sustancial. Una guía espiritual fiable es equilibrada, sensible, y jamás te dice lo que debes hacer. Simplemente te ofrece sugerencias para apoyar tu camino y te permite tomar tus propias decisiones, porque respeta tu libertad para elegir tus opciones y también para cometer errores. Si el mensaje que recibes te despierta temores, es excesivamente adulador o te hace sentir incómodo, cambia telepáticamente el canal *de inmediato*, porque no procede de una Fuente Superior y solo implica una pérdida de tiempo para ti. Limítate a decir: «Te envío hacia la luz. Puedes marcharte».

Además, por ser una persona intuitiva que se deja guiar por su alma, tienes acceso a la ayuda de toda la jerarquía de los Seres de Luz Universales, desde los difuntos hasta tu Creador. Utiliza tu capacidad para conectar con la Sabiduría Divina de la forma que más te beneficie. Pide ayuda cuando te sientas débil o un poco perdido y luego presta atención al mensaje que recibes. El espíritu es sutil, de manera que debes estar muy atento. Y cuando la ayuda llegue a ti, comprueba qué sensaciones te deja: si sientes que procede de la luz, entonces las sensaciones serán similares, luminosas y llenas de energía.

Si quieres saber más acerca de cómo recibir ayuda y apoyo de los ángeles y los guías, puedes leer mi libro *Pregunta a tus guías.** Allí encontrarás todo lo que necesitas para disfrutar de este ilimitado apoyo Divino en tu vida.

---

* Ed. Sirio, 2017.

Entrenamiento *woo-woo*

Pide más ayuda a tu espíritu. Invita a todos tus ayudantes espirituales a que se manifiesten. Tienes un sistema de apoyo psíquico a tu disposición en todo momento. Tus guías jamás interferirán en tu vida, de manera que lo primero que tienes que hacer es pedirles ayuda. Si te sientes vulnerable, pide a tus ángeles guardianes que te protejan. Si estás trabajando en un proyecto en particular, pide ayuda a los ángeles de ese ámbito específico. Si quieres que te guíen mentores de otras épocas, convócalos para que te ayuden. Si echas de menos a alguien que ha pasado al Otro Lado, envíale amor y, si así lo deseas, pídele su apoyo. Asegúrate de pedir únicamente respaldo útil y cordial, basado en la luz y el amor de estas fuerzas benevolentes. Identifica claramente la calidad de la guía que recibes y agradece siempre a tus Ayudantes Divinos su amorosa asistencia.

Sabiduría *woo-woo*

Convoca a las tropas.

CONÉCTATE CON TUS MAESTROS DIVINOS

Cuanto más crecemos espiritualmente, más ayuda recibimos de nuestros espíritus guía y, en particular, de nuestros Maestros Divinos cuyo propósito fundamental es ayudarnos a evolucionar espiritualmente. Estos guías supervisan el desarrollo personal de nuestra alma, así como también el currículum del alma que cada uno de nosotros eligió antes de encarnarnos en esta vida. Estas lecciones reflejan las ambiciones de nuestra alma individual y nos ayudan a reconocer nuestros puntos débiles para que podamos superarlos y amar con más libertad. Son el propósito esencial del alma para nuestra vida.

El foco de mi práctica intuitiva ha sido ayudar a las personas a reconocer y comprender el currículum de su alma. Sintonizo con las historias de las vidas pasadas de mis clientes y analizo la evolución de su alma de una vida a otra, de la misma forma que tú analizarías el progreso de un alumno desde preescolar hasta la universidad. Puedo ver las lecciones que han sido asignadas a mis clientes y que ellos no han conseguido aprender, lo que les causa sufrimiento. Y puedo verlo gracias a la ayuda de mis maestros y de los suyos; juntos me muestran el motivo por el cual mis clientes están aquí, y me comunican en qué deben centrarse para evolucionar, conquistar la paz mental y cumplir con su propósito. Mis espíritus maestros trabajan más horas extras porque el currículum personal del mi alma es ayudar a elevar la conciencia de otras personas para que sintonicen con la Guía Divina. Por este motivo, utilizo mis habilidades intuitivas mientras transmito mis enseñanzas.

Es muy importante que establezcas contacto con tus espíritus maestros, porque te instarán a que reflexiones honestamente sobre tu vida y mejores esos ámbitos en los que tienes dificultades. También te transmiten mensajes importantes que te ayudan a crecer espiritualmente, porque consiguen que te fijes en determinados libros o que enciendas la radio o la televisión para ver programas que abordan algunas de las áreas específicas que no se te dan bien. Además, te conectan con gente que puede instruirte en el plano terrenal.

Cuando desempeño mi trabajo de maestra espiritual me sigo sorprendiendo por las resistencias a aprender cosas nuevas. La gente no quiere enterarse de que sus problemas pueden ser el resultado de sus malas decisiones, y podrían aligerarse o resolverse mediante el aprendizaje, y prefieren culpar a otra persona o incluso a los espíritus maléficos del lado oscuro. Sin embargo, el verdadero sentido de encarnarse en un cuerpo físico es evolucionar en un aula de aprendizaje constante. La única forma de dar por terminado el currículum es morir, e incluso en ese momento solo comenzarás una nueva vida. Pero ahora mismo, estás aquí en esta vida para aprender lo máximo posible.

Los espíritus maestros trabajan de manera muy sutil, pero directa. Por lo general, llegan en esos momentos en que sientes que estás tocando fondo. Llaman tu atención exponiéndote a informaciones relevantes, como pueden ser folletos, anuncios o invitaciones de personas que no conoces para asistir a conferencias y talleres. Te sugieren que enciendas la radio o la televisión cuando está a punto de aparecer en un programa alguien a quien te conviene escuchar. Una de sus maniobras favoritas es hacer que caiga sobre tu cabeza un libro que está en la estantería de una librería o biblioteca. Por ejemplo, mi clienta Catherine había querido aprender algo más acerca de su sentido psíquico durante años, pero nunca se decidía a hacerlo. «Un día, fui a Barnes & Noble —me comentó—, porque tenía una tremenda necesidad de leer algo nuevo. No sabía qué era lo que estaba buscando, de manera que me puse a dar vueltas por la sección de metafísica hasta que de repente una copia de tu libro *El camino de los psíquicos* cayó de una de las estanterías y me dio en la cabeza. ¡Aquello me sorprendió tanto que me eché a reír! Leer tu libro me condujo a tu taller que, a su vez, me llevó a estudiar medicina energética. Ahora me estoy formando para ser sanadora de reiki y canal intuitivo. He descubierto que tengo un don para la sanación, y por si esto fuera poco, jamás me he sentido más feliz y más satisfecha en toda mi vida. Cuando la gente me pregunta qué hice para introducirme en este ámbito, digo que fue algo que literalmente me golpeó en la cabeza».

Otra forma de trabajar de los espíritus maestros es recurrir a mensajeros, personas que de repente y sin ningún motivo aparente se animan a dar recomendaciones a otra persona con la intención de que aprenda algo, incluso aunque no se sientan muy cómodas haciéndolo. Por ejemplo, un espíritu maestro debió de haber reclutado a una mujer que estaba junto a un buen amigo mío en la cola de una tienda de comestibles, porque de pronto ella le dijo:

—Usted debe de ser pintor o poeta.

Él, riéndose, le contestó:

—De ninguna manera, pero me gustaría serlo.

—¿Usted pinta?

—Sí, pero no muy bien y tampoco muy a menudo.

—¿Y escribe poesía?

—Algunas veces, pero solamente por afición.

—Entonces usted es pintor y poeta —le comentó ella—. Solo que no lo reconoce.

Cuando mi amigo me contó esa conversación, le dije que su espíritu maestro estaba hablando con él a través de esa mujer: «Probablemente no tenía la menor idea de por qué se le ocurrió decirte todas esas cosas; sin embargo, yo las he estado diciendo durante años. Por eso supongo que tus espíritus maestros pensaron que las palabras de una extraña podrían tener un mayor impacto sobre ti».

Los espíritus maestros de mi clienta Alice optaron por un enfoque similar. Ella siempre había tenido, y seguía teniendo, problemas económicos. Y aunque vivía en un estado de drama constante por ese motivo, nunca pensó en analizar su vida ni tampoco se imaginó que las cosas podían ser diferentes; sencillamente se limitaba a pasar de una crisis a otra. Le indiqué que tenía que aprender algo sobre el dinero, porque en una vida pasada había sido una criada que nunca tenía un centavo. Una de las tareas de su alma era conseguir ganar dinero, en vez de esperar que la mantuvieran otras personas.

Le sugerí que encontrara maestros reales que le enseñaran a asumir la responsabilidad de su propia economía, pero Alice no mostró el menor interés por hacerlo. Creía que la solución residía en casarse con un hombre rico. Le dije que no tenía ninguna intención de desilusionarla, pero que intuitivamente veía con toda claridad que esa no era una opción adecuada para ella.

—¿Será por eso que nunca consigo tener ninguna cita con un hombre? —me preguntó, como si en su cabeza se hubiera encendido una bombilla.

—Efectivamente —le respondí—. En esta existencia, has bloqueado esa posibilidad para poder evolucionar. Siento decírtelo, pero en la película actual de tu vida no hay ningún viejo rico para ti.

Aunque en principio pueda parecer un trago amargo, las personas suelen sentirse en cierto sentido aliviadas cuando alguien les dice una verdad y les muestra lo que deben hacer para evolucionar espiritualmente.

Al día siguiente, durante el almuerzo Alice estaba recitando su lista diaria de quejas y luchas relacionadas con el dinero cuando uno de sus compañeros de trabajo, que ella apenas conocía, le preguntó repentinamente:

—¿Has oído hablar alguna vez de Deudores Anónimos?

Sorprendida, y recordando lo que yo le había dicho el día anterior, le respondió:

—No. ¿Qué es?

—No estoy muy seguro —contestó su compañero—, pero creo que es un programa gratuito para enseñar a las personas como tú a gestionar mejor el dinero.

Alice se sintió un poco rara, pero pronto se dio cuenta de que esas palabras provenían de sus espíritus maestros, que estaban invitándola a crecer. De manera que preguntó a su compañero:

—¿Y cómo puedo entrar en contacto con ellos?

—No tengo la menor idea —fue la respuesta—. Prueba con Internet.

Esa tarde, mientras Alice conducía de vuelta a casa escuchó por la radio una entrevista que le estaban haciendo a un actor famoso. Ese hombre estaba contando su vida, y hablaba particularmente de sus problemas con el juego y de cómo había conseguido solventarlos. Aunque le costaba admitirlo, Alice también se había dedicado a las apuestas durante bastante tiempo, de manera que escuchó detenidamente las explicaciones del actor sobre las soluciones que había encontrado para abandonar ese hábito; entre otras cosas, asistir a las reuniones de Deudores Anónimos. Alice había recibido el mismo mensaje tres veces en veinticuatro horas. Como es evidente, *alguien* estaba intentando decirle algo

«Muy bien, me rindo —dijo en voz alta—. Tengo que admitirlo, necesito ayuda». En ese momento, sintió que la envolvía una profunda sensación de paz que reemplazó su constante ansiedad. En cuanto llegó a su casa, encendió el ordenador y buscó Deudores Anónimos, y se enteró de que había un grupo que se reunía en su vecindario.

«Fue un punto de inflexión en mi vida —me comentó más adelante—. En ese grupo recibí por primera vez instrucciones reales sobre la responsabilidad económica. Con su ayuda, logré abandonar el consumo compulsivo. ¡Y no me costó ni un dólar! Estoy sumamente agradecida a mis guías por haberme dado la patada en el trasero que tanto necesitaba para moderar mis gastos y conseguir administrarme mejor. Estaba desesperadamente empeñada en no enterarme de lo que me pasaba, y ni siquiera lo sabía».

Todas las personas deben crecer en esta vida, nadie está exento de aprender. Cualquiera que piense que ser intuitivo lo excusa de la autorreflexión y del crecimiento se engaña a sí mismo. Todos nos encontramos en diferentes niveles de evolución, y cuanto más ambiciosos somos, más pronunciada es la curva de aprendizaje. Yo he convertido en una práctica constante el hecho de aprender cosas nuevas de personas que están más informadas y son más competentes que yo en determinados ámbitos. No obstante, hace muchos años creía que por ser intuitiva podía conocer todo tipo de cosas sin que nadie me las enseñara. Esto significó una gran presión, absolutamente innecesaria. Cuando comencé a escuchar a mis espíritus maestros, descubrí que todos somos alumnos perpetuos en esta vida y que ese es el sentido de estar aquí en la Tierra. Esta es una escuela para todas las almas y todos somos estudiantes mientras estamos vivos. Una vez que lo comprendí, todo me resultó más claro y más evidente, y a partir de ese momento se presentaron en mi vida nuevos maestros que aún hoy siguen acompañándome.

Hace muchos años, en un momento en que me sentía particularmente agobiada por demasiadas responsabilidades y cierta falta de equilibrio, pedí ayuda a mis espíritus maestros. En respuesta, fui conducida a visitar a una amiga que trabajaba como *coach*.

—Sé que hay algo que tengo que aprender para sentirme mejor. Sin embargo, no sé qué es —le comenté—. ¿Tienes alguna idea?

—Acabo de enterarme de que existe un taller llamado el Proceso Hoffman —me dijo mientras me pasaba un folleto—. Tal vez sea lo que necesitas; ¿por qué no te informas?

El mero hecho de tener el folleto en mi mano ya me hizo sentir bien. De inmediato supe que tenía que apuntarme a ese taller. Guiándome por el instinto, no dudé en despejar mi agenda durante los siguientes diez días, lo cual fue toda una proeza. Aquel taller resultó ser una de las clases de sanación más profundas a las que he asistido jamás. Me ayudó a liberarme de lo que quedaba de mis patrones de autosabotaje, que me habían acompañado y bloqueado durante años, y me abrió a una sanación y una canalización intuitiva todavía más profundas. La forma en que ese taller llegó a mi vida, el momento oportuno y todo lo demás, me salvó la vida. Sabía que mis espíritus maestros me habían enviado allí como parte de mi desarrollo espiritual.

Esa experiencia me enriqueció hasta tal punto que tomé la decisión de asistir como alumna a algún tipo de enseñanza espiritual todos los años. Y esta es una de las mejores decisiones que he tomado en toda mi vida. No solo porque mi vida ha mejorado profundamente gracias a esta práctica personal, sino porque ser alumna me ha permitido sentirme respaldada, guiada y ayudada en este plano de las formas más diversas y profundas. Siempre seré una alumna espiritual activa, porque cuanto más aprendo, más me percato de que hay muchas cosas más para aprender, y más feliz, tranquila y creativa me siento. Quiero disfrutar de esto lo máximo posible.

Con frecuencia me causa gracia que las personas ignoren los consejos de sus espíritus maestros, especialmente cuando es evidente que representan una ayuda importante. Alex, un prometedor estudiante de teatro, no hizo ningún esfuerzo para desarrollar una carrera después de haberse graduado. Por el contrario, se dedicó a trabajar como asesor financiero y a vender servicios que no le interesaban en absoluto. Como es evidente, se sentía insatisfecho y aburrido. En innumerables ocasiones intenté transmitirle el mensaje que le enviaban sus espíritus maestros aconsejándole que asumiera algunos riesgos creativos y se apuntara a una clase de teatro basada en improvisaciones; pero él rechazó mi sugerencia una y otra vez. «No es algo práctico», me decía, a pesar de que mi sexto sentido me indicaba que sí lo era. Es probable que ignorara mis sugerencias porque tenía miedo de fracasar o de decepcionarse. Conversamos sobre ese asunto una y otra vez durante tres años, sin que se produjera ningún cambio.

Cierto día, Alex apareció en mi consulta con varios catálogos del Centro de Artes Escénicas de Chicago. Agitó los folletos delante de mí y me preguntó sonriendo:

—¿Eres tú la responsable de que haya recibido todo esto?

—De ninguna manera —le contesté—. Pero ojalá hubiera sido yo, porque creo que es exactamente lo que necesitas.

—He estado recibiendo el mismo catálogo cada día durante las últimas dos semanas —me contó—. Tenía la sensación de que la escuela me estaba acosando. ¿Acaso crees que alguien está intentando decirme algo?

—Bueno, no sé, Alex. Pero teniendo en cuenta las últimas cinco lecturas intuitivas que te he hecho, ¿qué piensas tú?

Alex captó el mensaje y ese mismo día se apuntó a una clase de introducción a la improvisación. Lo último que supe de él fue que estaba encantado con la interpretación y que seguía yendo a sus clases. No sé si llegó a tener un trabajo profesional, pero eso no es lo importante. Lo que Alex obtuvo de aquellas clases fue la oportunidad de expresar su verdadero ser.

Los espíritus maestros están aquí para conducirte hacia tu ser extraordinario; sin embargo, para beneficiarte de sus mensajes tienes que estar receptivo y abierto a aprender. Si quieres tener una existencia intuitiva, es fundamental que estés dispuesto a ser un alumno durante toda tu vida.

En cada una de las lecturas que hago, se manifiesta un espíritu maestro para ofrecer recomendaciones relacionadas con el crecimiento, que pueden beneficiar significativamente al alma de mis clientes. Según mi punto de vista, en eso reside la verdadera importancia de una lectura. Sin embargo, a pesar de estas sugerencias, muchas personas se resisten a escuchar y rechazan esta ayuda. Las excusas que utilizan son variadas. Por ejemplo: «Prefiero leer un libro», «No me gustan los grupos» o «No tengo tiempo», a pesar de que aceptar ser un alumno les brindaría nuevas herramientas y nuevos avances, y les permitiría disfrutar de la vida de muchas formas diferentes.

La respuesta más común que suelo oír es: «Sé que tengo que aprender esto, pero no sé por qué no lo hago». Yo sí lo sé. El crecimiento del alma no es fácil. Requiere que reflexionemos sobre nosotros mismos, abandonemos viejos hábitos, tomemos mejores decisiones, seamos honestos, reconozcamos nuestras resistencias, salgamos de nuestra zona de confort, abandonemos nuestras codependencias y cambiemos nuestras conductas. Y eso *no es fácil*. Sin embargo, me gusta recordar a mis clientes que es más fácil que no aprender, pues eso significa que nuestros problemas irán de mal en peor. Al final, nadie puede escapar de las lecciones del alma, aunque algunos de nosotros necesitamos vivir varias vidas para aprenderlas.

Uno de mis aforismos favoritos, que a menudo cito cuando estoy dando clase, o cuando hago lecturas a mis clientes, procede del *I Ching*: «Hay algo muy limitado en un hombre que es exclusivamente autodidacta».

Con la mente y el corazón de un principiante, la mentalidad de un alumno hace posible que la ayuda llegue de todas las direcciones, tanto desde el plano superior como desde el terrenal. Pídele a tu ego que se haga a un lado y deje que tu espíritu disfrute siendo un aprendiz de la vida. Considéralo una oportunidad infinita para mejorar tu vida. Encarna el dicho: «No lo sé, pero estoy deseando aprenderlo». Y luego deja que tus espíritus maestros te conduzcan al sitio donde puedes hacerlo.

Entrenamiento *woo-woo*

Toma conciencia de tus espíritus maestros. Observa cómo se comunican contigo y también qué es lo que te invitan a aprender. No están demasiado lejos de ti; de hecho, son algunos de los primeros guías que se manifestarán para atraer tu atención. Y para engrasar los ejes de las ruedas del aprendizaje, ¿por qué no asistir al menos a una nueva clase?

Para empezar, prueba mi cursillo *online* gratuito *Card Deck for Beginners* (Mazo de cartas para principiantes), en soniachoquette.net/courses, con el código de acceso **Vibes**. Este cursillo te enseñará a trabajar con mis cartas del oráculo para aprender las lecciones de tu alma en cualquier situación que surja en tu vida. A partir de ahí, intenta recordar otras cosas que siempre has querido aprender. Puede ser cualquier cosa que te guste: estudiar francés, aprender a bailar tango, familiarizarte con el *reiki* o hacer escalada en rocas. El aprendizaje te mantiene joven, creativo y presente para aprovechar las mejores cosas de la vida. No tiene ninguna importancia qué es lo que estés aprendiendo siempre que consideres que la vida es tu aula de aprendizaje y te sientes en la primera fila, dispuesto a aprender.

Observa también si tus espíritus maestros han estado intentando ponerse en contacto contigo. ¿Acaso últimamente se te ha caído algún libro en la cabeza? ¿Alguien te ha invitado a una conferencia o a una clase, o te ha hecho conocer un grupo que trabaja en un ámbito de aprendizaje específico que te interesa? ¿Has encontrado azarosamente un *podcast* que te ha abierto nuevos horizontes? Mis dos hijas, Sonia y Sabrina, y yo tenemos un *podcast* semanal llamado *It's All Related: Welcome to the Family* (Todo está relacionado: bienvenido a la familia), en el que hablamos sobre confiar en nuestras vibraciones y ser intuitivos. Es muy divertido escucharlo.

Sé sincero. ¿Puedes sentirte a gusto como alumno sin sentirte inferior? Si la respuesta es afirmativa, estás en camino de alcanzar la expansión intuitiva. No te pongas las cosas difíciles y empieza estudiando algo divertido. Obtener conocimientos es una forma de enriquecer tu vida. El aprendizaje no tiene como objetivo «repararte», porque no estás roto. El aprendizaje sirve únicamente para empoderarte... ese es el verdadero sentido de ser más intuitivo.

Sabiduría *woo-woo*

Muéstrate dispuesto a aprender.

SEXTA PARTE

LA VENTAJA INTUITIVA

ESPERA LO MEJOR

Quizás una de las diferencias más significativas entre las personas de cinco sentidos y las que utilizan seis sea que las primeras están muy preocupadas por cómo abrirse camino en el mundo. En contraste, las personas de seis sentidos, las *woo-woos* del mundo, saben en el fondo de su corazón que el Universo está allí para ayudarlas de todas las maneras posibles. En otras palabras, las personas de cinco sentidos experimentan la vida como si se tratara de una batalla en la que hay que luchar denodadamente, mientras que las que usan sus seis sentidos suelen pensar que la vida es como un juego en el que hay que participar, disfrutar y ganar.

La mayor ventaja de dejarte guiar por la intuición es que te liberas de la sensación de tener que ocuparte de resolverlo todo en tu vida. Intentar controlar mentalmente el mundo es un esfuerzo agotador y, francamente, un empeño inútil. Aquellos que necesitan resolver las cosas de antemano antes de asumir riesgos nunca viven como les gustaría vivir. El miedo a cometer errores, a perder el control o a un sinnúmero de otros fracasos imaginados por el ego hace que las personas prefieran preservar su seguridad antes que aventurarse a hacer lo que les dicta su corazón.

Tomemos por ejemplo a mi cliente Yvonne. No estaba nada conforme con su trabajo de agente de líneas aéreas y su ilusión era trabajar con animales. Sin embargo, no podía siquiera imaginar la posibilidad de conseguir en ese campo un trabajo seguro con el que pudiera ganar un sueldo semejante al que percibía. No se decidía a perseguir su sueño por miedo a tener problemas económicos, a no encontrar un buen trabajo y a perder su seguridad, entre otros temores. Ignoró su insistente intuición y no hizo absolutamente nada para cumplir su deseo aunque solo fuera como una afición. Yo la animé de todas las formas posibles, sin lograr modificar su creencia de que nunca podría salir adelante en el ámbito laboral que tanto la ilusionaba. Su ego simplemente no le dejaba considerar la posibilidad de abandonar su trabajo ni tampoco de dedicarse a él a media jornada.

Ahora voy a comparar a Yvonne con mi clienta Cleo, que también se sentía infeliz con su empleo y le apetecía trabajar con animales. A diferencia de Yvonne, Cleo estaba dispuesta a confiar en sus vibraciones y hacer caso de sus sensaciones, a pesar de no estar segura de hacia dónde la conducían. Me dijo: «Sé qué es lo correcto, aunque no tengo trabajo. ¿Crees que si confío en mis vibraciones y me dejo llevar únicamente por la fe, todo saldrá bien?».

Yo no tenía la menor duda, sabía que Cleo iba a prosperar porque su espíritu la guiaría. La apoyé con entusiasmo y le sugerí que hiciera caso de sus vibraciones cuanto antes. Al poco tiempo comenzó a cuidar y pasear a los perros de algunos de sus amigos. Más adelante, una tarde sus guías le dijeron al oído las siguientes palabras: *guardería de mascotas*. La idea la sorprendió y le pareció divertida, y en ese momento decidió ampliar sus servicios y seguir el consejo. Se anunció en las tiendas de mascotas de su vecindario y en periódicos, ofreciendo a quienes tenían perros un espacio donde ella se ocupaba de alimentar, pasear y jugar con las mascotas durante el día.

Al cabo de un mes Cleo tenía diez nuevos clientes (algunos de ellos eran famosos) deseosos de que sus perros fueran admitidos en su guardería de mascotas. El negocio empezó a funcionar a jornada completa incluso antes de que Cloe llegara a imprimir sus tarjetas y desde entonces no hace más que prosperar. Y lo más importante es que disfruta enormemente con los perros que cuida. A diferencia de Yvonne, Cleo se dispuso a recibir la ayuda del Universo, y esta no tardó en llegar. Ahora, surca alegremente las olas energéticas de la vida haciendo exactamente lo que tanto deseaba y saboreando cada minuto.

Tener una vida intuitiva definitivamente requiere un salto al vacío. Imagina que estás balanceándote en un trapecio y confías en quien te está esperando al otro lado. Del mismo modo, para entregarte al espíritu tienes que soltar los miedos típicos de las personas de cinco sentidos. Abandonarás lo conocido durante unos breves instantes, pero, ¿sabes qué?, en ese momento estarás volando y poco después el Universo te tomará en sus brazos. Te quedarás suspendido en el aire sin poder hacer nada a no ser que te abandones y te relajes.

Saber que el Universo siempre te ayudará genera un vacío de expectativas positivas. Y siempre que se crea un vacío, el Universo se apresura a llenarlo con su equivalente vibratorio. En otras palabras, obtienes lo que esperas. Por ejemplo, si dos personas llegan con su coche a Manhattan un viernes por la noche y una de ellas espera encontrar un aparcamiento mientras que la otra no tiene ninguna expectativa, ambas recibirán lo que les corresponde: la persona que confía en recibir ayuda la tendrá, en tanto que la otra no la recibirá.

Esperar el apoyo del Universo eleva instantáneamente tu vibración al nivel de los seis sentidos. Cuando cuentas con su ayuda eres capaz de reconocer quién eres de verdad: un hermoso espíritu amado, y no un perro ladrador perdido a la deriva. De este modo, podrás florecer en el jardín de la vida y te abrirás para recibir las bendiciones y el apoyo que están a tu disposición en todo momento. Aunque algunas personas son escépticas y lo ponen en duda, yo les sugiero que lo prueben. La expectativa es un imán energético que atrae hacia ti todo lo que deseas. Yo siempre he esperado lo mejor y lo atraigo una y otra vez. Algunos dicen que esto es tener suerte; en realidad es Ley Divina.

Las personas de cinco sentidos se obsesionan constantemente con los cómo de la vida: «¿Cómo lo conseguiré?», «¿Cómo voy a

encontrar a alguien que me ame?», «¿Cómo puedo conservar la relación que tengo ahora?», «¿Cómo puedo estar seguro de cualquier
cosa?». Las personas de seis sentidos no se preocupan por el *cómo*, se
limitan a concentrarse en lo que desean y en lo que pueden hacer para
conseguirlo. Delegan el cómo en el Misterio Divino.

En los cincuenta años que llevo enseñando a la gente a tener una
vida extraordinaria, jamás escuché ni una sola historia de éxito de
una persona que necesitara saber *cómo* antes de perseguir un sueño.
Mi madre solía decir: «Si Dios te da una idea, también te mostrará el
camino». Sé por experiencia que eso es absolutamente cierto: el Universo siempre ha sido más creativo a la hora de ayudarme a cumplir
mis sueños de lo que yo hubiera podido ser jamás.

Una idea común a todas las personas de cinco sentidos en relación con los que usamos los seis sentidos es que nosotros lo sabemos
todo por anticipado. La verdad es que casi nunca lo sabemos, pero
no necesitamos saberlo. Sabemos lo que no nos está funcionando y
confiamos en que el Universo cuidará de nosotros si seguimos nuestra
sabiduría interior, como lo hace con todas sus maravillosas creaciones. Lo único que podemos garantizar es que ignorar nuestro espíritu y aferrarnos a nuestros miedos nos roba nuestra alegría y nos hace
malgastar la vida. Si deseamos actuar de acuerdo con lo que nos dicta
el corazón, el Universo nos mostrará el camino hacia el éxito.

Entrenamiento *woo-woo*

Espera lo mejor del Universo. Abre tu mente y tu corazón y pregúntate cuántos dones extraordinarios puedes recibir. Eleva el techo mental y emocional de las cosas buenas que te permites disfrutar y solicita más apoyo a cada hora del día.

Cuando vas de camino al trabajo, espera que el viaje sea tranquilo; espera encontrar la mejor plaza de aparcamiento o asiento en el tren; espera que tu jefe, tus compañeros de trabajo y tus clientes te valoren; espera que las personas te sonrían y te saluden cordialmente; espera que las reuniones de trabajo se desarrollen relajadamente y que tu trabajo sea brillante.

Si estás soltero y te apetece tener una relación, espera conocer a alguien fabuloso que se interese por ti. Si ya tienes una relación amorosa, espera que tu pareja te sorprenda con gestos románticos. Cuando el teléfono suene, espera buenas noticias. Cuando llegue un correo, espera sorpresas maravillosas e incluso regalos. Cuando te confrontes con un problema, espera soluciones fáciles y rápidas. Y por encima de todo, espera que el amor y la ayuda lleguen a ti todos los días de tu vida.

Sabiduría *woo-woo*

Abre tu corazón para recibir sorpresas positivas.

ACEPTA LA AVENTURA

Las personas de cinco sentidos a menudo van por la vida con un pie sobre el pedal del freno. En contraste, las de seis sentidos pisan el acelerador. Son abiertas, entusiastas y aventureras. Esperan lo mejor de la vida, hacen planes positivos, están abiertas a recibir los dones y las oportunidades de la vida. ¡Simplemente, nunca tienen suficiente ni se conforman!

Ser apasionado y optimista cambia tu vibración desde el nivel de la resistencia y la defensa, hasta el de la atracción y la receptividad. Cuando amas la vida, la vida te ama a ti. De manera que cuando te sumerges en ella con alegría y abundancia, la vida te devuelve exactamente lo mismo en forma de personas y oportunidades extraordinarias y conexiones providenciales. Cuanto más disfrutes de la vida entregándote plenamente a todo aquello que alimenta tu alma, y cuanto más amor despliegues a tu alrededor, más amor recibirás a través de personas y situaciones que enaltecen tu alma. Tu brújula interna se mueve de acuerdo con tus actitudes y valores. Si tienes una expectativa positiva, tu brújula interior te conduce hacia ella.

Las personas negativas tienen problemas con todo lo que acabo de mencionar, porque no coincide con su experiencia vital. «¿Cómo puedes negar todas las cosas horribles que pasan en el mundo con tus gafas de color de rosa?», me escribió alguien la semana pasada.

Yo no niego las cosas horribles, simplemente no formo parte de la energía que las crea o contribuye a crearlas. No es lo único que pasa en el mundo. Hay también muchos acontecimientos maravillosos e impresionantes, descubrimientos fantásticos, relaciones amorosas y bellas creaciones. Estoy muy ocupada contribuyendo con esas energías y pidiendo a mis vibraciones que me enseñen nuevas formas de seguir haciéndolo. Si te entregas a una mirada negativa del mundo, lo que experimentarás será precisamente algo negativo. Si eres un martillo, todo se transforma en un clavo. Mi maestro el doctor Tully dijo en una ocasión: «Si quieres ayudar a las personas infelices que existen en el mundo, no seas una de ellas».

Los individuos que aman la vida tienen un encanto y un carisma increíbles; la gente se siente atraída por ellos porque su vibración es cautivadora y positiva, elevan tu vibración por encima de las nubes y te llevan a espacios despejados. De la misma manera, ver y buscar las cosas buenas de la vida te permite atravesar la cubierta de nubes grises para ver la inagotable luz del sol. Por debajo de las nubes, en las frecuencias inferiores, continúan las constantes peleas de perros del ego. Tu espíritu está por encima de las nubes; te permite elevarte sobre los dramas para llegar a un ancho de banda amplio y creativo.

Pero pasar del ego al espíritu no es tarea fácil. Sucede cuando se toma la decisión consciente de estar en una vibración amorosa alta y requiere disciplina y compromiso. Es mucho más fácil ser escéptico y oscuro, lo que explica por qué hay tanta gente infeliz. Al ego le encanta sufrir, y cuanto más, mejor. Ahora mismo, los egos del plano terrenal están armando un gran alboroto. Los que aman la vida rechazan esa nefasta sentencia de muerte del ego, e intencionadamente toman decisiones dirigidas a apreciar y disfrutar los regalos que ofrece la vida. Esas personas iluminan una habitación como un árbol de Navidad en el Centro Rockefeller. El dalái lama es una de esas personas que aman la vida, pero también lo son muchos otros individuos en todo el mundo. Por ejemplo, hablaré de Remi, que trabaja en el gimnasio al que voy en París. Su vibración es encantadora, cada sonido que sale de su boca es una risa. Siempre está inspirando a los demás, haciendo bromas, dando sugerencias, comunicando a las personas su amor por la vida y animándolas a amar las suyas. De manera que algunos días, cuando me siento agotada y me falta inspiración, voy al gimnasio solamente para tener una dosis de Remi.

Tengo una amiga llamada Wendy que siempre busca y ve lo mejor de cada situación. Aprecia las pequeñas cosas de la vida y tiene el corazón y la puerta siempre abiertos para cualquier persona. Estar con ella es como tener unas minivacaciones. En su presencia me río sin parar y siempre encontramos un montón de cosas para disfrutar juntas. Hablamos de lo que nos gusta, desde los *croissants* de un café parisino hasta los zocos de Marrakech, las comedias italianas, la comida hindú y las oportunidades en las tiendas de rebajas. Cuando estamos juntas compartimos buenas vibraciones.

Cuando Wendy me visitó en París, justo antes de la pandemia, fuimos a nuestro café favorito para disfrutar de un bocadillo y una copa de vino blanco. El camarero francés no podía haber sido más agradable, lo que ya es una gran cosa en París. Pero además de ser muy amable, nos trajo un postre a cuenta de la casa. En París, eso es un *milagro*, y fue un detalle diferente en aquel día que pasamos juntas. Compartimos tan buenas vibraciones que prácticamente no paramos en casa.

Le dije a Wendy que su alta vibración era contagiosa y que el camarero nos había abierto su corazón porque había sentido su energía positiva. Por ese motivo se había mostrado tan amable y generoso. Así es como funcionan las vibraciones. No solamente nos conducen hacia cosas buenas, sino que también atraen cosas buenas a nuestra vida. Nuestra frecuencia es una fuerza poderosa que se transmite e irradia a un nivel de afirmación de la vida o, por el contrario, a un nivel de destrucción de la vida. Las personas que transmiten fatalidad y pesimismo son tan culpables de crear malas situaciones como aquellos a quienes condenan.

Para entrar en esta vibración, sumerge tu copa en el río de la vida y bebe con alegría, en vez de darle la espalda. La mayoría de las personas de cinco sentidos se niegan a disfrutar de las dulzuras de la vida hasta que les sucede algo semejante a lo que describió una de mis clientas, que había sufrido una profunda depresión: «Por fin he logrado que las cosas sean fáciles para mí». Desafortunadamente, conseguirlo le llevó cincuenta dolorosos años de su vida.

Recuerda qué es lo que te hace feliz y luego hazlo sin demora. No esperes a que tus problemas se resuelvan. Cuídate haciendo todo aquello que alegra tu corazón, te hace reír, estimula tu curiosidad y te provoca una sensación de asombro. Baila con la vida en vez de luchar contra ella; no postergues tu disfrute pensando que primero tienes que ocuparte de solucionar problemas graves. Un verdadero amante de la vida me dijo en una ocasión: «En cuanto sufro una crisis, me voy a bailar. Resuelvo mucho mejor las cosas después de haber bailado».

¿Qué es lo que te gusta de la vida? ¿Sabes qué es lo que te produce felicidad y alegría, lo que te hace sentir satisfecho y en paz contigo mismo? ¿Sabes qué es lo que te confirma que la vida es bella y que vale la pena vivirla? Si esperas que el turbulento río de la vida se calme lo suficiente como para que puedas reflexionar sobre ello, nunca lo descubrirás.

Hace poco tiempo hablaba con una clienta llamada Florence, una señora mayor que se estaba recuperando del COVID y se sentía apática y muy baja de energía. Me llamó para comentarme que tenía miedo de morir y que quería saber si su fin estaba cerca. Me quedé en silencio durante unos momentos y luego le respondí:

—Florence, no estoy segura de si estás preparada para mi respuesta.

Con la voz entrecortada me dijo:

—¡Oh, no! ¿Estoy en las últimas?

—No, mucho peor —le respondí—. Lamento tener que decirte que no solamente te recuperarás, sino que además tienes un largo camino por delante. Pero también veo que estás más dispuesta a morir que a hacer los cambios que te permitirían disfrutar de la vida.

Permaneció en silencio durante diez segundos y luego dijo:

—Estaba casi deseando estar a punto de morir porque me siento muy desdichada.

—La única razón por la cual eres desdichada es que tú eliges serlo —le contesté—. Veo que eres amada, tienes dinero y hasta hace poco tiempo estabas sana y fuerte. Pronto volverás a estarlo. Sin embargo, eres incapaz de poner límites y alguien cercano a ti te está acosando y robando tu alegría. ¿Puedes decirme algo al respecto?

Florence se echó a llorar y dijo:

—Tengo un nieto que es adicto a la metanfetamina y está en la cárcel. Su novia se está recuperando de sus adicciones y tiene tres hijos. La dejé vivir en una casa maravillosa de mi propiedad que vale un millón de dólares y ella la ha destrozado. Yo pago las facturas, me hago cargo de limpiar la suciedad y el desorden, y permito que abusen de mí. En cuanto tiene la menor oportunidad, mi nieto me llama desde la cárcel para decirme que soy una egoísta por no darle más dinero. Pero él se lo gasta en quién sabe qué cosas y los niños no ven ni un céntimo. Por eso en muchos momentos he pensado que sería mejor morirme para no tener que soportar más todo esto.

—¿Estás segura de que morir es la mejor solución que se te puede ocurrir? Me parece una solución extrema y no muy creativa.

Florence se rio.

—Lo que realmente quiero es vender esta propiedad, mudarme con mi nuevo marido a una ciudad que está a ochenta kilómetros de donde vivo ahora y comenzar una nueva vida allí donde ambos tenemos amigos y donde mi nieto y su novia no podrán localizarme. Nuestros amigos son maravillosos. Acaban de comunicarme que hay una nueva casa en venta en su vecindario. Si me decidiera, podríamos ir mañana mismo a verla.

—De manera que tienes la opción de aceptar una nueva vida o de morir como una mártir. A mí me parece que todo está muy claro.

—¿Y qué pasará con esos niños? —se lamentó—. No puedo abandonarlos.

—Lo que yo veo es que han sido trasladados a un hogar de acogida. Ya no están con su madre.

—Así es, en efecto —admitió Florence—. La semana pasada, su abuela, la madre de su madre, decidió que los niños fueran a vivir con ella. Ese fue un milagro que nunca hubiera esperado.

—La decisión está en tus manos, Florence. ¿Puedes soportar la idea de tener una buena vida aunque aquellos que amas elijan no tenerla? Este tipo de decisiones son necesarias para acceder a una vibración más elevada. No puedes obligar a seguir tu camino a una persona que no quiere hacerlo.

Florence se quedó callada por unos instantes y luego dijo:

—Tengo que confesarte algo. Desde hace una semana me siento mucho mejor. No quería que nadie lo supiera para que me dejaran en paz. Estuve a punto de morir, pero le prometí a Dios que si sobrevivía, me permitiría ser más feliz. Así que pienso que ha llegado el momento de hacerlo.

—Si confías en tus vibraciones y abandonas tu cabeza, serás capaz de hacerlo, Florence.

Como todos sabemos, la pandemia puso al mundo de rodillas, no solamente a Florence. Todos sentimos la necesidad de protegernos y tuvimos que encontrar la forma de seguir adelante en esa situación desconocida. Algunas personas perdieron el control. Sus egos no fueron capaces de gestionar esa alteración. Cuando comenzó la pandemia, en la primavera de 2020, una de mis clientas más antiguas, Kay, me escribió un correo electrónico que decía lo siguiente: «El apocalipsis ha llegado, sabía que esto iba a ocurrir. Te quiero, y me despido de ti ahora, antes de que todos nos desvanezcamos en este humo mortal». Por cierto, Kay sigue estando aquí.

Por un lado, creo que se decepcionó al ver que no se producía la catástrofe que había previsto. Por el otro, la pandemia fue la cosa más emocionante que le sucedió en años. Kay tenía una situación real para estar preocupada, y no se trataba de las cosas espantosas que había imaginado sobre la situación mundial. Había decidido esconder la cabeza bajo las sábanas y sacarla únicamente para enviar correos electrónicos ocasionales sobre el juicio final. Otro amigo, el propietario de un restaurante italiano que se enfrentaba a potenciales pérdidas catastróficas debido al confinamiento, tuvo una respuesta muy diferente. Le pidió a su espíritu que le ofreciera una solución en vez de volverse loco. Este hombre tiene un gran corazón y sintió el deseo de ayudar a las personas a atravesar estas épocas tan terribles de la mejor manera posible. Una noche antes de dormirse comenzó a rezar para recibir una respuesta, que llegó a él la mañana siguiente. Tuvo la idea de crear una «Fiesta de *pizzas*», es decir, una caja para llevar a casa que contenía todo lo necesario para preparar dos grandes *pizzas* familiares: una masa precocida, *mozzarella*, tomate y el resto de los ingredientes, además de todo tipo de accesorios para fiestas, una botella de vino tinto, refrescos para los niños y una lista de películas divertidas para ver en Netflix.

Su iniciativa tuvo un éxito rotundo e inmediato. El éxito fue tan grande que mi amigo no daba abasto con los pedidos. Además, donó mil *pizzas* a personas que habían perdido su trabajo y tenían hijos, y su solidaridad lo llevó a aparecer en el periódico local. Casi todos los que leyeron el artículo en el que se contaban sus iniciativas contribuyeron con la causa.

Con este nuevo concepto y el paquete de incentivos que recibió del gobierno, consiguió mantener a todos sus empleados y conservar sus restaurantes hasta que pasó lo peor. Al final, su «Fiesta de *pizzas*» se convirtió en el producto básico de sus restaurantes y ahora está abriendo nuevos establecimientos.

Afirma que en cierto modo la pandemia fue lo mejor que podría haberle sucedido a su empresa. Aunque sintió que estaba asumiendo un gran riesgo, no se detuvo a pensar demasiado en su nuevo proyecto. Simplemente se dejó guiar por su instinto. «Dentro de mí no albergaba ningún miedo —me dijo—. Estaba convencido de que iba a funcionar, y así fue». En vez de esperar que la vida le ofreciera seguridad, solicitó ayuda a su espíritu y concibió nuevas maneras de ser creativo.

Una de las cosas más sorprendentes que he observado es que muchos sufren de lo que yo denomino «anorexia psíquica», es decir, hacen que su alma pase hambre y se prive de disfrutar los sabrosos y dulces elementos de la vida, sin siquiera pensar en qué es lo que nutre a su espíritu. Las personas de seis sentidos que se dejan guiar por el espíritu saben que alimentar el alma es tan importante y necesario para su bienestar como alimentar el cuerpo. Cuando el alma pasa hambre las personas se sienten amargadas, enfadadas y resentidas, y crean una vibración tóxica que hace que los demás retrocedan ante su presencia, por lo que se quedan aisladas y solas.

La mayoría de nosotros hacemos que nuestras almas pasen hambre sin siquiera advertirlo. Lo hacemos cuando vivimos a toda prisa pensando en el futuro; cuando ignoramos el aroma de las flores y el calor del sol; cuando nos olvidamos de salir a dar un paseo, mirar las estrellas, disfrutar de una buena conversación con un amigo o amiga, o sentarnos junto a la chimenea con un buen libro; cuando miramos demasiadas noticias, escuchamos demasiadas historias oscuras y nos olvidamos de nuestros paseos en bicicleta, de los baños de burbujas y de jugar con nuestro perro.

Julia Cameron entiende que para un espíritu intuitivo y creativo es esencial alimentar el alma y recomienda lo que ella llama una Cita Artística, lo que equivale a una salida semanal para disfrutar de algo que alegre tu alma. Puede ser cualquier cosa, desde recorrer tiendas de segunda mano hasta ir a patinar al parque, o desde alquilar una película extranjera y preparar un buen tazón de palomitas hasta ir a un museo o una galería. Igual que un pozo que se seca, tu alma se agota rápidamente y necesita que vuelvas a llenarla. Al hacerlo, espolvoreas tu vida con «polvo de hadas», produces destellos constantes y atraes milagros y magia.

¿Estás dispuesto a retozar en el jardín de la vida? ¿Estás preparado para alimentar y nutrir a tu espíritu? ¿Eres capaz de ocuparte de tu hambre psíquica y nutrir tu alma cada día? ¿Estás dispuesto a saborear la dulzura de la vida y luego pasar la copa de la bondad a otras personas para que beban de ella? Si la respuesta es afirmativa, conseguirás todo lo que deseas y mucho más.

Si te sientes estancado, cambia de canal y sintoniza otro que alimente tu alma. Reconoce la fiesta de la vida que está frente a ti: disfruta de una deliciosa comida, de una taza de café recién hecho, del canto de los pájaros, de una brisa cálida, de un paseo por el vecindario o de una buena novela. Tú eres el único que sabe qué es lo que nutre tu espíritu y dónde encontrarlo. De este modo, traes luz a tu vida y a la de quienes te rodean. Las personas que aman la vida son los sanadores de la vida, porque creen en ella.

Entrenamiento *woo-woo*

Esta semana, aligérate de cargas. Abandona los pesares y diviértete. Consigue que disfrutar de la vida sea un valor espiritual. Concéntrate en todo lo que te hace sonreír y en lo que te da satisfacción. Una vez que identifiques lo que te da alegría, saboréalo cada día. Cuanto más disfrutes de la vida, más alegrías te brindará. Deja de sentirte demasiado responsable y genera espacio para deleitarte con momentos más relajados para tu alma, para cuidarte y amarte. Comprueba que todo es muy diferente cuando te permites disfrutar la vida y también observa que la gente se comporta de otro modo contigo.

Tal como sucede en la canción de *Sonrisas y lágrimas*,* ponle nombre a tus cosas favoritas. Eso cambiará tu vibración y te hará sentir mucho más ligero. El mundo entero ama a las personas que aman la vida. Por eso te animo a que esta semana seas un verdadero amante de la vida. ¡Siéntate para disfrutar del banquete y de la fiesta!

Sabiduría *woo-woo*

Disfruta de la vida.

---

* N. de la T.: En Hispanoamérica se estrenó con el tituló *La novicia rebelde.*

DEBES SABER QUE SIEMPRE HAY UNA SOLUCIÓN

Puedes distinguir inmediatamente a las personas de cinco sentidos de las que utilizan sus seis sentidos por su forma de ver el mundo. Las primeras lo miran a través del visor del ego y solo ven la superficie de la vida, los obstáculos y la fatalidad. Las personas de seis sentidos están conectadas con el espíritu y solamente ven invitaciones y oportunidades para ser creativas y evolucionar.

Tomemos por ejemplo a Mónica, que trabajaba como auxiliar de vuelo para una importante línea aérea. Un año escuchó que su empresa iba a desaparecer de la faz de la Tierra y pensó que podía perder su trabajo en cualquier momento. Pasó los siguientes once años constantemente inquieta y preocupada; ensayaba estrategias mentales para cuando llegara el día en que se quedaría sin empleo y se convenció de que llegaría a ser una indigente. Mónica se atormentó durante todos esos años con esa preocupación, aunque la empresa siguió funcionando, ella nunca perdió ni un solo día de trabajo y cobraba su sueldo cada mes. Pasó todo aquel tiempo sufriendo en vano, porque finalmente otra compañía aérea se fusionó con su propia empresa y esa operación no solamente ofreció más estabilidad a su puesto de trabajo sino que supuso un aumento sustancial de sueldo. Por lo tanto, la ansiedad que alimentó durante todos esos años fue un gasto inútil de tiempo y energía, que terminó por afectar realmente a su salud.

Neil, un compañero de trabajo de Mónica que utilizaba sus seis sentidos, consideró la inestabilidad laboral de una forma muy diferente. Como no estaba dispuesto a quedar a merced de circunstancias que estaban fuera de su control, convirtió esa situación en una oportunidad para utilizar sus días libres para conocer más de cerca la industria del tapizado. Durante los siguientes once años, entre vuelo y vuelo, Neil trabajó como tapicero por cuenta propia en el estudio que tenía en su casa, perfeccionando sus conocimientos, captando clientes y ganando una excelente reputación. Cuando se produjo la fusión de las dos líneas aéreas, rescindió su contrato antes de lo previsto y renunció a su puesto de trabajo. Eso le dio derecho a tener descuentos en todos los viajes que deseaba hacer y plena libertad para seguir desarrollando su propio negocio. Hoy en día, tiene una vida creativa y estabilidad económica y además es su propio jefe.

El motivo por el cual estoy tan familiarizada con este auxiliar de vuelo de seis sentidos es que Neil es mi hermano. Aunque él y Mónica se subieron inicialmente al mismo barco, por así decirlo, Neil se dedicó a buscar soluciones mientras que Mónica solo veía problemas. Crecimos en un hogar de seis sentidos, y nuestra madre siempre resaltaba que todos los problemas tienen una solución y que nos corresponde a nosotros descubrirla a través de nuestro sexto sentido, como si fuera un juego. También solía decir que descubrir las soluciones a los problemas era su deporte favorito en la vida. Neil sencillamente siguió su consejo.

Una parte de ser una persona intuitiva significa que tomas la materia prima que te da la vida y usas tu capacidad creativa para transformarla en oro. Mis maestros me enseñaron que cuando en nuestra vida surge un obstáculo, no es más que la forma que tiene el Universo de volver a conducirnos hacia el deseo que alberga nuestro corazón.

Mi cliente Matt era una persona de cinco sentidos y sólidas creencias, que sentía que la vida estaba en su contra. Cuando se produjo una desaceleración económica, perdió en la bolsa doscientos mil dólares que tenía en su fondo de pensiones y que había tardado más de veinticinco años en acumular. Esa cuantiosa pérdida de dinero estuvo a punto de provocarle un ataque cardíaco. «¿Por qué mi corredor de bolsa me ha hecho esto?», se lamentaba una y otra vez. No podía ver que todo el país, y posiblemente el mundo entero, estaba sufriendo el mismo revés económico. Se lo tomaba como algo personal.

Matt no conseguía comprender lo que su esposa, de seis sentidos, veía con toda claridad: estaban viviendo por encima de sus posibilidades. Había llegado el momento de hacer recortes económicos, pero Matt se resistía a tomar esa decisión. La pareja vendió su casa de Los Ángeles para mudarse a una vivienda más modesta en una ciudad pequeña. Allí la vida era más barata y más manejable, y eso significaba tener mucho menos estrés. Tanto Matt como su mujer eran mucho más felices y sus problemas económicos se resolvieron considerablemente. En ese periodo de tiempo el mercado se recuperó y en menos de dos años su situación fiscal fue más boyante que nunca; por otra parte, su calidad de vida había mejorado sustancialmente. Hoy en día, Matt todavía no es capaz de reconocer el regalo que recibió y sigue lamentándose por el dinero que perdió en la bolsa.

Las personas de seis sentidos consideran que cualquier cambio de planes o cualquier dificultad inesperada supone una oportunidad para crecer, incluso aunque los obstáculos sean penosos. Kathy, una asesora financiera de Nueva York, era una mujer insatisfecha. Aquella mañana del 11 de septiembre de 2001 se dirigía hacia una cita en el World Trade Center. Como se dio cuenta de que iba a llegar muy pronto, decidió tomar un café en una cafetería que había al otro lado de la calle. Gracias a eso evitó por escasos minutos ser una víctima más de los ataques terroristas. La devastación y la profunda depresión en la que cayó después de aquel trágico acontecimiento finalmente dio lugar a una inspiración y una creatividad que nunca antes había sentido.

Antes del 11 de septiembre, Kathy se sentía sola y no le encontraba sentido a la vida, ya que dedicaba la mayor parte del tiempo a ayudar a personas acaudaladas a ganar más dinero. Consideró que haberse salvado de morir en ese trágico día había sido un regalo de Dios. Desde entonces recondujo sus talentos para tener una existencia más conectada con el alma y se dedicó a recaudar fondos para organizaciones sin ánimo de lucro que se dedicaban a sanar la violencia, el racismo y el abuso sexual. Mientras que muchos de los amigos de Kathy que utilizan exclusivamente sus cinco sentidos siguen luchando por recuperar su equilibrio, ella nunca se ha sentido más centrada y está plenamente convencida de que su trabajo puede marcar una diferencia en el mundo. El desastre de las Torres Gemelas la apartó de su perspectiva de cinco sentidos y abrió su mente y su corazón a una vida de seis sentidos conectada con el alma.

En una escala más personal, Cleo y Gary cambiaron de canal para dejar de vivir basándose en cinco sentidos y tener una vida de seis sentidos después de la trágica pérdida de su hija de tres años, Haley, que enfermó de cáncer. Antes de la muerte de la pequeña, Cleo y Gary llevaban una vida basada estrictamente en cinco sentidos, superficial y consumista. Adoraban a Haley, pero se detestaban mutuamente. Cuando la pequeña enfermó, el caos se apoderó de la familia. Sin embargo, el sentido psíquico latente de Cleo se puso en marcha de forma muy contundente. Sabía en el fondo de su corazón que Haley no iba a conseguir superar la enfermedad, a pesar de todos los esfuerzos de los médicos para mantenerla viva. Cleo dedicó el poco tiempo que le quedaba con ella para colmarla de amor de todas las formas posibles. Sus inmaduras prioridades cedieron su lugar a un aprendizaje sobre el amor incondicional. A pesar del insoportable y profundo dolor que sentía, reconoció que la muerte de su hija le había ofrecido un regalo. Por primera vez en su vida, Cleo vivía según lo que le dictaba su corazón.

Gary lo tuvo más difícil porque se sintió herido, presionado, furioso, fuera de control, y en su fuero interno se sentía responsable de la muerte de su hija. Movido por la desesperanza, y también por la desesperación, se alejó de Cleo hasta que finalmente ella decidió pedirle el divorcio. Completamente sorprendido, Gary se dio cuenta de que se había comportado de una manera irascible, controladora y egoísta. Era lo suficientemente intuitivo como para ver que si Cleo lo abandonaba, la sensación de pérdida iba a ser todavía más devastadora, de manera que empezó a abrir su corazón. Esto permitió que la pareja cambiara por completo su vida anterior, lo que incluyó dar por terminadas sus profesiones, vender su casa, mudarse a una nueva ciudad y hacer terapia. Y no solamente consiguieron salvar su matrimonio: Gary se comprometió con su proyecto personal de tener una nueva vida con un nuevo sentido. «El regalo de la muerte de Haley —comentó— es que ahora estoy consiguiendo lentamente retornar a la vida».

La sabiduría basada en el corazón te ayudará a transitar con buen talante los obstáculos que te presenta la vida. Como es evidente, nunca serás capaz de eliminar completamente las dificultades porque impulsan tu crecimiento espiritual. Lo que hace el sexto sentido es despertarte para que puedas ver lo que es realmente importante. Te ofrece el conocimiento, la creatividad y la resistencia psíquica para seguir creyendo en el crecimiento de tu alma y reconocer que todas las dificultades son solamente autopistas secretas para aprender a amar incondicionalmente a los demás.

Las personas de cinco sentidos no suelen reconocer que la Sabiduría Divina siempre está funcionando en tu nombre. Por ejemplo, una clienta se puso en contacto conmigo porque estaba desconsolada. Una tormenta de nieve había bloqueado las carreteras hacia el aeropuerto, y ella y su familia no podían salir de la estación de esquí en la que habían pasado unos días de descanso. Se sentía consternada porque todos sus planes se habían frustrado y la vida seguía su curso prescindiendo de ellos. Mi clienta no tuvo en cuenta que normalmente ella, su marido y sus hijos, que ya asistían a la universidad, vivían en distintas localidades y en muy raras ocasiones podían pasar unos días todos juntos. En consecuencia, perdió la oportunidad de disfrutar del regalo que le ofrecía la ventisca: pasar dos días más con su familia.

Ser una persona de seis sentidos es mucho más que ser optimista o tener una buena actitud. Significa confiar en que la vida se desarrolla como corresponde y que siempre te conduce hacia tu propio crecimiento y a nuevas oportunidades. Una persona de seis sentidos no se limita a ver el lado positivo de las situaciones complicadas, sino que además reconoce que los obstáculos que se presentan en el camino son la forma que tiene el Universo de impulsarnos a crecer, aunque a veces esto parezca insoportable. Sin esos desafíos, posiblemente nos perderíamos el sentido de la vida. Las personas de cinco sentidos toman las dificultades de la vida como algo personal y las consideran como luces rojas y pesadas cargas. Las de seis sentidos consideran que los obstáculos y las dificultades son luces verdes e invitaciones para el desarrollo personal.

Mi madre me enseñó que la vida nunca nos detiene, simplemente nos ofrece una razón para que se nos ocurran mejores ideas. Las personas de seis sentidos disfrutamos concibiendo dichas ideas, porque sabemos que tenemos todo el respaldo y la ayuda del Universo.

Cuando pienso en todas las cosas que podría haber perseguido si no hubiera sido por la intromisión del Universo, me siento increíblemente agradecida por haber sido reconducida y por tener en mi corazón la certeza de que me ha guiado constantemente hacia mi bien más elevado y creativo, a pesar de los obstáculos y las decepciones que he tenido que afrontar en la vida.

Entrenamiento *woo-woo*

Esta semana considera cualquier inconveniente, decepción, dificultad o disgusto como una invitación a vivir de una forma extraordinaria. Acepta la oportunidad y pide a tu espíritu que te guíe hacia el regalo que tiene para ofrecerte.

Revisa tus problemas pasados con el mismo discernimiento y enumera las cosas positivas que se han producido en tu vida a partir de las dificultades. ¿Te sentiste inspirado para probar nuevas ideas? ¿Te sentiste a salvo de errores? ¿Cómo descubriste los dones que brotaron de dichas dificultades? Independientemente de que se trate de un atasco de tráfico, una cita cancelada o una cita a la que no ha acudido la otra persona, un cliente que te rechaza o incluso una enfermedad o un fallecimiento, siempre hay nuevas direcciones, nuevas oportunidades, nuevas lecciones y nuevas soluciones. ¿Eres capaz de verlas? ¿Te apetece hacerlo? ¿Estás dispuesto a dejar de ser una víctima de la vida para comenzar a ser un inventor? Deja de remar a contracorriente, relájate y aprende a fluir con la vida. Y no olvides que siempre hay una solución para cada problema. Solo tienes que practicar el deporte de encontrarla.

Sabiduría *woo-woo*

Busca una solución, no permitas que
el problema te detenga.

SÉPTIMA PARTE

TOMA LA AUTOPISTA

PIDE A TU SER SUPERIOR QUE TE GUÍE

Ahora ya debes de tener meridianamente claro que dejar que tu ego
—ese perro ladrador temeroso y de cinco sentidos– guíe tu vida es
como entrar en un callejón sin salida. Aunque el ego piensa que con
todas sus intromisiones te está protegiendo, en realidad no es así. La
clave para la libertad es *sortear* el ego.

Para meter en vereda a tu ego de una vez por todas, toma la decisión de permitir que tu espíritu tome el mando por completo. De
lo contrario, tu ego/perro ladrador puede mantenerte dando vueltas
en círculo eternamente, estancado en lo que yo llamo el síndrome «sí,
pero»: «Sí, pero ¿y si cometo un error?», «Sí, pero ¿y si mis sensaciones no son acertadas?», «Sí, pero ¿y si la gente piensa que soy un idiota por ser intuitivo?». Si sigues por ese camino, jamás aceptarás que
has trabajado duro para conectarte con tu espíritu y tus vibraciones.

Una de mis estrategias favoritas para superar los bloqueos y recurrir a mi sexto sentido es hacer caso a mi mente subconsciente,
que se guía por el espíritu, y no al ego. Esto es asombrosamente simple: le digo a mi mente subconsciente que anule cualquier creencia
que proceda de mi ego. En otras palabras, en vez de desmontar cada
creencia falsa, emoción distorsionada o conducta autolimitativa que

313

el ego pone en mi camino, dirijo mi mente subconsciente y espiritual para que simplemente ignore a mi ego y pase por encima de todos los bloqueos que tengo.

Por ejemplo, mi ego no quería que me divorciara de mi marido porque no soy una desertora. Eso es lo que me decía a mí misma. ¡Nos habíamos comprometido a estar juntos toda la vida, y por Dios que íbamos a cumplir ese propósito! Sin embargo, hacía ya bastante tiempo que mi espíritu se sentía infeliz y nuestras peleas y discusiones eran muy perjudiciales para nuestras almas. La espontaneidad de mi sexto sentido agobiaba a Patrick por su necesidad de control impuesta por sus cinco sentidos. Vivíamos en dos universos separados. Y cada vez me resultaba más evidente que eso nunca iba a cambiar. Decidimos divorciarnos y pedimos la ayuda de un mediador. Por decirlo de la forma más suave, aquello fue horroroso. Mi ego no deseaba que me separara. Yo era leal y quería hundirme con el barco.

Después de que aquella espantosa sesión finalizara, Patrick me llamó y como no contesté me dejó un mensaje en el que me pedía que lo llamara. Mi ego estaba ansioso por tomar el teléfono. Le pedí a mi espíritu que me guiara hacia mi bien más elevado. Y él me indicó que diera por terminado mi matrimonio y que hiciera el Camino de Santiago por segunda vez. Mi ego se sintió derrotado y confuso durante unos momentos, pero mi espíritu no estaba dispuesto a dar un paso atrás. Tenía que desprenderme de mi matrimonio y seguir con mi vida. Así lo hice y me trasladé a París, lo que fue una sorpresa total para mí. Por primera vez en años me sentí libre de ser yo misma sin tener que luchar contra nada. Nunca me imaginé que pedirle al espíritu que resolviera la situación podría movilizarme de una forma tan drástica, pero estoy muy contenta de que así fuera. Mi vida actual es rica, colorida, emocionante, tranquila, hermosa y extraordinaria de muy diversas maneras. Estoy aprendiendo mucho y creciendo más de lo que nunca habría podido hacer si me hubiera quedado estancada en mi vida anterior.

Dirigir tu mente subconsciente para que sortee tu ego hace que la vida sea más aventurera, sin lugar a dudas, pero también más gratificante, especialmente si tu ego te obliga a saltar de conclusión en conclusión, a juzgar erróneamente a personas o situaciones, a ignorar tu intuición o a realizar un sinnúmero de jugarretas autodestructivas. Tu espíritu te mantendrá en el camino y te ayudará a ser auténtico. Al esquivar las creencias y las conductas basadas en el ego que te separan de tu sexto sentido lograrás superar tus conductas de autosabotaje, y esto producirá resultados sorprendentes y a veces divertidos. Cuando invitas a tu espíritu a tomar las riendas de tu vida, él no dudará en hacerlo incluso aunque tu ego no participe. Si programas tu mente subconsciente para escuchar y responder únicamente a tu espíritu, serás fiel a tus vibraciones y a todo aquello que realmente deseas. Por último, te rendirás plenamente a la Voluntad Divina y dejarás que la sabiduría de Dios guíe tus pasos.

Tenía todas estas ideas en mente cuando le sugerí a mi clienta Roseanne que condujera su mente subconsciente para que escuchara exclusivamente a su espíritu. El ego de Roseanne estaba creando innumerables problemas en su vida, y su dilema más reciente consistía en si debía seguir saliendo con un hombre en particular. «No sé qué hacer con este tío —me dijo—. Es un escritor que trabaja por su cuenta, y esto me asusta porque sus ingresos no son nada estables. Ha estado comprometido dos veces y en ambas ocasiones lo dejó. Eso me indica que es una persona que no se compromete. Se viste de manera muy descuidada, y a veces me da vergüenza estar con él. No sé qué hacer. Me gusta, pero también veo que hay muchas cosas que no están bien».

En vez de aliviar sus constantes temores, que claramente eran producto de su ego controlador, le sugerí a Roseanne que evitara las intromisiones de su ego conectándose directamente con su espíritu para pedirle ayuda. Cualquier otro consejo hubiera sido muy poco fructífero, porque su ego habría encontrado la forma de confundirla todavía más. Abordar sus temores uno por uno no nos hubiera llevado a ningún lado; era mucho más útil para ella aprender a detener el parloteo de su ego en cuanto lo percibía. Eso abriría el camino para que pudiera confiar en sus vibraciones y no dependiera de las mías para conocer las respuestas correctas para la situación que estaba viviendo o en cualquier otra circunstancia.

Después de ofrecerle ese consejo, Roseanne me preguntó muy sorprendida:

—¿Quieres decir que puedo hacerlo sola y que no necesito tu ayuda?

—Así es.

—¿Puedo fiarme de lo que escucho? Ya sabes que no confío en nada.

—Sí.

—Muy bien. ¿Qué debo hacer?

—Debes decir: «Le indico a mi mente subconsciente que solo escuche lo que dice mi espíritu, independientemente de lo que diga mi mente consciente».

—¿Y eso es todo?

—Eso es todo.

Le sugerí a Roseanne que a lo largo de la siguiente semana repitiera una y otra vez la frase que le había enseñado, en particular cuando estaba preocupada o agobiada por tener que resolver algo. Le indiqué que en vez de llamar a sus amigos y hablarles de su preocupación por no saber qué hacer, repitiera esa frase. Aunque se mostró escéptica, le aseguré que se podía producir un milagro y ella recibiría las respuestas que estaba buscando. Finalmente, siguió mi consejo. Al principio no advirtió ninguna diferencia en su vida, pero una noche, mientras ella y su novio estaban intentando decidir su futuro, dando vueltas y más vueltas, y perdiendo el tiempo como siempre hacían, su novio terminó por suplicarle:

—Simplemente te pido que me digas qué es lo que realmente quieres. Estoy dispuesto a hacer lo que me pidas.

Ella pretendía decir: «Quiero que veamos una película juntos», pero lo que dijo fue:

—Lo único que quiero es casarme, para no tener que seguir pensando si eres o no el hombre adecuado para mí.

Sin dar crédito a sus palabras, él le preguntó:

—¿Qué es lo que acabas de decir?

El espíritu de Roseanne se había adueñado de la situación, y ella continuó diciendo:

—En el fondo de mi corazón sé que eres el hombre adecuado —admitió— y no quiero estropearlo por mis temores, como suelo hacer con casi todas las cosas.

Él vaciló durante unos segundos, sorprendido por aquella inesperada declaración, y luego respondió:

—Entonces, eso es precisamente lo que deberíamos hacer.

Antes de aquel día Roseanne nunca había hecho nada espontáneo en toda su vida, y mucho menos confiar en su corazón y su intuición, porque era una esclava del control de su ego. Sin embargo, en ese instante se sintió liberada. Su espíritu la liberó. Aunque hasta el día de hoy todavía sigue luchando con su ego, este ya no le impide confiar en sus vibraciones. Roseanne sigue aprendiendo a sentirse a gusto confiando en ellas; su lealtad y perseverancia la han alejado permanentemente de su ego. (Me siento muy feliz de poder decir que seis años más tarde, ella y su marido siguen felizmente casados y con el proyecto de tener su primer hijo).

Dirigir tu mente subconsciente para que eluda a tu ego no es una tarea tan difícil como parece. Lo haces cada vez que te concentras en algo o repites algo una y otra vez durante algunos días. A eso lo llamamos desarrollar un hábito. Ese hábito se graba en tu mente subconsciente y la conducta empieza a funcionar por sí sola.

Un bebé recién nacido no sabe cuidarse. Sin embargo, cinco o siete días después de venir al mundo aprende a encontrar y chupar sus dedos o su pulgar, para tranquilizarse. Así de rápido ha programado su subconsciente para crear el hábito de calmarse a sí mismo. Se requiere aproximadamente la misma cantidad de tiempo para desarrollar un hábito en la edad adulta. De manera que si pasas siete días programando tu mente subconsciente, ella anulará tus bloqueos, estimulará tu intuición y facilitará que te mantengas fiel a tus vibraciones.

Hace algunos años, cuando todavía estaba casada, un domingo por la tarde Patrick y yo estábamos en un vuelo de camino a casa. El vuelo había salido de Albuquerque en dirección a San Luis, donde teníamos que hacer una conexión. Cuando llegamos a la puerta de embarque del segundo vuelo, escuchamos con decepción que delante de nosotros había treinta y cinco pasajeros y que el vuelo estaba completo, de manera que no teníamos ninguna posibilidad de viajar en él.

Patrick pensó que debíamos reservar una habitación en un hotel e intentar tomar otro vuelo al día siguiente. Eso me pareció sensato, porque ya era muy tarde y no tenía ningún sentido esperar en el aeropuerto. Sin embargo, mi cuerpo parecía tener otra opinión y se resistía a moverse. Patrick comenzó a alejarse, pero yo no conseguía abandonar mi asiento. Los empleados llamaron a unos pocos pasajeros que estaban esperando como nosotros y el vuelo se llenó. A continuación, la auxiliar de vuelo anunció: «Ya no hay más plazas disponibles, amigos; inténtenlo otra vez mañana».

El resto de los pasajeros se había marchado, solo quedábamos Patrick y yo. Entonces él me dijo con impaciencia: «Venga ya, vámonos de una vez».

Le dije que sí pero mi cuerpo seguía sin querer moverse, a pesar de que el avión estaba a punto de despegar. Finalmente, Patrick me dijo muy enfadado: «Bueno, ¿vienes o no?».

Nuevamente le dije que sí, pero seguí sentada preguntándome qué era lo que me estaba pasando. Justo en ese momento, el avión volvió lentamente a la terminal y la auxiliar de vuelo desapareció detrás de la puerta. Treinta segundos más tarde salió del avión con tres pasajeros, dos adultos y un niño. Nos miró y dijo: «Hemos cometido un error: había solamente dos asientos libres y esta familia no quiere separarse». Viendo que todos los demás pasajeros se habían marchado, añadió: «Supongo que es vuestra noche de suerte».

Nos apresuramos a embarcar y llegamos a Chicago una hora más tarde. Yo estaba enormemente agradecida a mi espíritu, porque aquella noche mi ego quería marcharse y él no me dejó. Me mantuvo sentada en aquel asiento a pesar de mi voluntad de marcharme. «Gracias, Dios mío», pensé mientras me acostaba en mi cómoda cama pocas horas más tarde.

Lo maravilloso de programar tu mente subconsciente para que solamente escuche a tu espíritu, y no a tu ego, es que te facilita actuar de acuerdo con tus vibraciones y ser una persona de seis sentidos en un mundo de cinco sentidos. Cuando invitas a tu espíritu a hacerse cargo de tu vida, no tienes que preocuparte por si metes la pata y te quedas estancado en tu ego, incluso si eso es lo que quieres. Tu espíritu puede anular los patrones negativos de tu ego si le pides que lo haga, y entonces vivir una vida de seis sentidos se convertirá en tu segunda naturaleza.

Resulta interesante observar que muchas personas hacen precisamente eso (aunque a lo mejor sin darse cuenta) cuando invierten su tiempo en actividades que las hacen conectar con su corazón. Por ejemplo, tengo un amigo que es compositor y cantante. Jamás ha asistido a una clase en toda su vida; sin embargo, compone, canta e interpreta hermosas y conmovedoras baladas como un maestro. Cuando le pregunté de dónde obtenía su inspiración, me respondió: «Sinceramente no tengo la menor idea. Ni siquiera pienso las canciones, simplemente se manifiestan».

Mis amigos Loc y Carla tienen la misma conexión con sus Seres Superiores en el ámbito de la fotografía. Son dos artistas geniales, pero en general son incapaces de decir de qué manera preparan una obra o qué es lo que los ha inspirado. Su trabajo surge de forma automática. «Simplemente hago esto o aquello, y nunca sé qué es lo que hice ni por qué, pero funciona», afirman los dos. Aprendieron la mecánica básica de la fotografía, pero su inspiración procede de un lugar más elevado.

El espíritu toma el mando cada vez que te expresas a través de tus talentos. Cuando invitas a tu espíritu a tomar las riendas de tu vida, desaparecen los obstáculos que tu ego pone en tu camino o sencillamente pasas por encima de ellos. Dejas de pensar; simplemente lo sabes. Así es como yo hago las lecturas intuitivas a mis clientes. No soy yo, Sonia, el ego, la que hace la lectura, sino mi espíritu. Yo ni siquiera pienso lo que voy a decir hasta que lo digo. Y sin embargo, todo tiene sentido para mis clientes.

Acaso tu espíritu ya está al mando de una parte de tu vida. Si es así, sigue adelante y no te detengas a pensar en ello. Lo mejor que tiene el hecho de darle a tu espíritu un cargo ejecutivo para que se ocupe de invalidar tu resistencia de seguir tu propia intuición es que te facilita la transición hacia una vida extraordinaria. Es mucho menos agotador para tu sistema emocional, requiere menos energía, reporta resultados positivos y brillantes, y le da descanso a tu cerebro. Creo que incluso te rejuvenece.

Puedes influir sobre tu mente subconsciente para que coopere y abandone sus alianzas con el ego y las reemplace por alianzas con tu espíritu recurriendo a la repetición y la perseverancia. Por lo tanto, repite tu intención una y otra vez hasta que funcione. Cuanto más simple sea el mantra, tanto mejor. El mío es: «Espíritu, toma el mando». Y él lo hace. El tuyo también puede hacerlo.

Entrenamiento *woo-woo*

Repite esta frase con frecuencia: «Mente subconsciente, deja que mi espíritu tome el mando». Escríbela en pósits y pégalos en lugares visibles de tu casa y de tu lugar de trabajo, para que sean un recordatorio visual constante. En el momento en que te sientas abatido por las preocupaciones, que estés luchando contra algo o que te preguntes qué es lo que debes hacer, repite una vez más: «Espíritu, toma el mando».

Toma nota de todos los ámbitos en los que tu espíritu ya se ha hecho cargo del trabajo. ¿Cómo fluyen las cosas en esos ámbitos? ¿Te gusta cómo están funcionando? Por último, añade un poco de música a tu mantra, cántalo para ti mismo en vez de limitarte a decirlo en voz alta. La mente subconsciente responde mejor a la música, así que el mantra se fijará mejor si lo cantas.

Sabiduría *woo-woo*

Deja que tu espíritu tome el mando.

BUSCA SIEMPRE LA VERDAD

Uno de los grandes descubrimientos que haces cuando abres un canal intuitivo es la clarividencia o la «visión clara». Pero antes de que puedas activar esta percepción extrasensorial, empieza por darte cuenta de lo que tienes justo frente a la nariz. Desafortunadamente, muchas personas de cinco sentidos tienden a observar el mundo de manera descuidada. Echan un rápido vistazo a lo que las rodea, inventan historias, proyectan sus opiniones y hacen falsas suposiciones con respecto a los demás, todas ellas inexactas. Estas equivocaciones pueden dar lugar a todo tipo de malentendidos y oportunidades perdidas.

La base de la clarividencia es estudiar quién y qué hay frente a ti sin proyecciones, distorsiones, prejuicios, sentimentalismos ni miedos. En otras palabras, ver lo que hay *realmente* frente a ti, y no lo que tú deseas ver. Este tipo de percepción lúcida y objetiva te permite ver más allá de la superficie de las cosas y llegar a su misma esencia. Esto requiere mucha atención y práctica. Cuanto más fielmente percibas al mundo y a las personas que te rodean, más profundas serán tus percepciones intuitivas.

Para desarrollar tus habilidades de clarividencia, comienza por dejar de lado tus opiniones sobre las personas y las cosas, y observa la vida más detenidamente. Sé curioso. Observa y aprende. Analiza cada detalle, cada contracción muscular, cada uno de los hábitos que tiene una persona, como si fueras un detective. Todo esto ofrece mucha información sobre cómo es esa persona. Lo mismo puede aplicarse a lugares y objetos. La clarividencia no solamente es el arte de ser perspicaz a la hora de observar, sino también de ver más allá de la fachada protectora de una persona y de su conducta defensiva, para llegar hasta su verdadero espíritu. Esto sucede únicamente cuando el observador es tu espíritu, y no tu ego. De este modo, serás capaz de ver lo que es real en los demás desde un lugar que es real dentro de *ti*.

La clave es observar sin superponer a tus percepciones todo tipo de proyecciones, historias y presunciones. Por ejemplo, ¿has intentado decirle algo a alguien y menos de treinta segundos después esa persona te responde «Ya lo sé»? Y no es un «ya lo sé» que nace en un espacio profundamente intuitivo de comprensión, sino un «ya lo sé» que surge de una actitud de «soy consciente de todo lo que hay que saber sobre lo que me estás diciendo, de manera que no necesito escucharte ni tengo que aprender nada de ti».

Hace muy poco tiempo tuve una experiencia relacionada con lo que acabo de mencionar. En la actualidad estoy revisando este libro en Mallorca, España, un sitio al que estoy considerando la posibilidad de mudarme. Como me encuentro en un viaje de exploración, aprovecho todas las oportunidades que tengo para hablar con los residentes locales sobre diversos aspectos de la vida en esta isla y me dedico a recorrer distintos lugares. Cierto día, tomé un taxi desde una pequeña ciudad llamada Soller para ir a la capital de la isla, llamada Palma. Como el trayecto era de unos veinte minutos, tuve tiempo de charlar con el conductor, que se llamaba Pierre, y le pregunté cómo era vivir en la isla. Lo primero que me dijo fue: «Tiene suerte de preguntármelo a mí, lo sé *todo* sobre este sitio». Entonces comenzó a decir que en Soller abundaba la gente entrometida que se pasaba el día chismorreando, motivo por el cual no era un buen sitio para vivir. Sin embargo, en el lugar donde él vivía, aproximadamente a unos quince minutos de allí, los residentes eran mucho más sofisticados y se ocupaban de su propia vida. También me dijo que tenía un barco y que le encantaba navegar, y que consideraba que toda persona a la que no le gustara el mar era idiota. Me sonreí al escuchar esas palabras porque yo soy una de esas personas a las que no les gusta el mar. Prefiero la montaña. Cuando intenté decirle algunas de las cosas que había aprendido del propietario de la casa donde me alojaba, me interrumpió diciendo «ya lo sé, lo sé», y luego volvió a sus críticas de las personas que no vivían en su localidad y a las que no les gustaba navegar.

Al volver de Palma conversé con otro conductor de taxi. Le hice las mismas preguntas. Ese taxista se pasó los siguientes veinticinco minutos diciéndome que la ciudad donde vivía, Palma, era un sitio maravilloso pero que estaba llena de esnobs arrogantes y personas ignorantes que tenían barcos.

Cuando llegué a mi siguiente destino, hablé con una amiga que vivía en la isla desde hacía diez años y le pedí que me contara su experiencia. Me dijo que Soller era el mejor sitio en el que había vivido en toda su vida y que la gente era abierta, cálida, cordial y solidaria.

Las tres personas compartieron «la verdad» sobre Soller. No obstante, ninguna de ellas era la verdad absoluta, sino la verdad subjetiva de cada una de las personas con las que hablé. Sus opiniones únicamente reflejaban sus propias percepciones y prioridades, y de ninguna manera transmitían una perspectiva completa del lugar. Decidí ignorarlas y recurrir a mi clarividencia para valorar la zona.

Por lo general, cuando tenemos problemas con otras personas solemos echar la culpa a una observación incorrecta o una percepción del ego. Esto es especialmente cierto cuando nos hemos sentido heridos o traicionados por alguien y tenemos la sensación de que esa persona lo ha hecho con toda intención. Por ejemplo, una de mis clientas me contó recientemente que estaba furiosa y desolada porque su marido la había dejado por su secretaria. No podía creer que hubiera sido capaz de hacerle algo semejante. Sin embargo, si hubiera sido objetiva y hubiera visto la situación desde la posición privilegiada de su espíritu, habría podido recordar que él ya había dado fin a dos matrimonios anteriores por otra mujer (y en una de esas ocasiones, la nueva mujer había sido mi clienta). También habría podido reconocer que su marido hacía tiempo que no tenía relaciones íntimas con ella y a menudo se había excusado argumentando que se sentía deprimido y que tenía varias adicciones que le impedían estar realmente presente con nadie. Por increíble que pueda parecer, ella no se percató de ninguna de esas señales que presagiaban el destino aciago de su matrimonio. Creo que no las vio porque no quería verlas

Tenía otra clienta que cada vez que veía una persona con sobrepeso se decía a sí misma que seguramente sería perezosa. Sus prejuicios comenzaron a ser un problema en el trabajo, porque tenía que trabajar en equipo con algunos compañeros que tenían algunos kilos de más. Sus proyecciones le impidieron ser receptiva para aceptar sus contribuciones. Asumía que tenía que hacerse cargo de todo el trabajo y rechazaba todas sus ideas creativas. Ellos, a su vez, se sentían juzgados y limitados. Finalmente, resentidos por su conducta controladora, los miembros de su equipo la abandonaron, uno tras otro, y ella terminó teniendo realmente que hacerse cargo de todo el trabajo. Nunca reconoció el problema hasta que una de esas personas «perezosas» abrió una agencia de publicidad y durante el primer año ganó dos premios de excelencia en la industria. Mi clienta se sintió obligada a reflexionar profundamente para entender que sus propios prejuicios la habían cegado hasta el punto de no haber podido reconocer los enormes talentos de sus compañeros de equipo.

Así como nuestra incapacidad para ver las cosas acertadamente nos perjudica cuando proyectamos opiniones a través de filtros negativos, con la misma facilidad también se pueden producir efectos contraproducentes cuando proyectamos opiniones a través de filtros positivos. Por ejemplo, una de mis alumnas tenía una empresa de diseño bastante exitosa. Estaba desesperada por encontrar un ayudante personal y llamó a una agencia de empleo temporal. Le enviaron a una mujer que le pareció muy agradable. Agradecida por su ayuda, mi alumna se aferró a esa mujer sin hacerle demasiadas preguntas y depositó en ella toda su confianza antes de conocerla más a fondo. La elogiaba constantemente, llegó a darle las llaves de su casa, le permitió acceder a sus depósitos bancarios e incluso la autorizó a firmar contratos.

Pasaron tres meses y cierto día el banco se puso en contacto con ella para decirle que tenía un descubierto de veinte mil dólares. Mi alumna llamó de inmediato a su asistente, y ella admitió en el acto que se había quedado con el dinero.

Atónita y dolida, mi alumna le preguntó:

Pero ¿por qué lo has hecho? Me he portado muy bien contigo.

—Porque tú eres rica y no lo necesitas, y yo sí —dijo la mujer antes de colgar el teléfono.

Profundamente decepcionada, mi alumna llamó a la agencia de empleo temporal para tener más información sobre esta mujer con la idea de presentar cargos contra ella. Cuál no sería su sorpresa al descubrir que la agencia ya no existía. Su negligencia fue una lección cara y dolorosa.

No solamente escondemos la cabeza en la arena cuando se trata de circunstancias de la vida, también tendemos a hacerlo cuando nos enamoramos. Recuerdo que una vez una amiga me llamó para decirme que estaba locamente enamorada y que quería presentarme a su nuevo novio, que era maravilloso. Cuando le pedí que me contara cómo era, sus palabras surgían a borbotones para describir a un hombre encantador y carismático y, lo mejor de todo, exactamente igual a Richard Gere.

Cuando conocí a ese hombre, lo que vi fue una persona grosera que estuvo vociferando a través de su teléfono móvil durante toda la cena, masticando con la boca abierta, mordiéndose las uñas y discutiendo con todos los que estábamos sentados a la mesa. Y en cuanto a que se parecía a Richard Gere..., sin comentarios. Estuvieron saliendo durante dos meses y un buen día la relación se acabó repentinamente. Más adelante mi amiga me dijo: «No sé qué fue lo que vi en él. ¡Era de lo peor!».

Las anteojeras emocionales y las suposiciones son dos hábitos negativos que te impiden tener una visión clara de lo que hay. Sin una percepción exacta, te arriesgas a tener una opinión desatinada de otra persona o de una situación, y también a tomar decisiones erróneas. La observación presuntuosa, basada en el ego, puede perfectamente estar en el origen de la mayoría de tus problemas. Si te tomas el tiempo necesario para averiguar cuál es la situación desde una perspectiva espiritual antes de sacar conclusiones o de hacer planes, puedes evitar muchas equivocaciones y estar receptivo para aprovechar posibilidades maravillosas

Hace muchos años hice una lectura para un médico en mi apartamento de Chicago. Al finalizar la sesión, hablamos de su deseo de llegar a ser más intuitivo y le sugerí que asistiera a uno de mis talleres de seis semanas de duración que estaba a punto de comenzar.

—Ojalá pudiera —me respondió—. Mi esposa se reiría de mí y me echaría de casa si le dijera que voy a asistir a una clase de desarrollo intuitivo porque no cree en esas cosas. Esto hace que me sienta solo en mi matrimonio, porque aprender sobre la intuición es mi pasión.

Mientras se ponía su abrigo para marcharse una vez finalizada la sesión, sonó el timbre. Fui hasta el telefonillo y le indiqué a la siguiente clienta que debía subir hasta la tercera planta. Cuando me giré, vi que estaba completamente pálido.

—¿Qué ha pasado? —le pregunté, sorprendida de verlo tan alterado.

—¡Oh, Dios mío! La que acaba de llegar es mi esposa —dijo con la voz entrecortada. Y después, muerto de miedo, me preguntó—: ¿Tiene una puerta trasera por la que pueda marcharme sin encontrarme con ella?

Entre risas, le mostré el camino. Estaba tan seguro de conocer perfectamente a su mujer que le impresionó mucho descubrir que no la conocía en absoluto. Prefirió huir antes de afrontar la realidad. Esta situación me mostró en qué medida vivimos en nuestro propio mundo y lo llamamos «la verdad». La clarividencia nos saca de nuestro teatro interior distorsionado y nos ayuda a conectar con lo que es real en el momento presente.

Mi maestro el doctor Tully me dijo en una ocasión: «Jamás des por sentado que conoces plenamente a otra persona». Al hacerlo, proyectas en ella tus propias ideas, suposiciones y limitaciones. Cuanto más te dediques a ver a los demás por lo que realmente son, más cerca estarás de conocerlos y comprenderlos. Tu forma de ver el mundo es un hábito, y por ese motivo puedes estar mirándolo a través de ciertos filtros muy arraigados. Si lo permites, tus creencias, tus juicios, tus prejuicios y tus patrones no te dejarán ver la verdad. Como ya he afirmado reiteradamente, el espíritu desestabiliza al ego, que se resiste a rendirse e insiste en interferir en tu vida para mantenerte alejado de la realidad. No lo dejes hacerlo. Ahí fuera, y también dentro de nosotros mismos, hay condiciones desagradables y dolorosas que a menudo no queremos reconocer porque tememos que sean más intensas de lo que creemos poder soportar. Sin embargo, no podremos sanarlas hasta que tengamos el valor de hacerlo. La negación es una forma de protección que no funciona. Jamás he conocido ningún caso en el que ignorar la verdad haya sido útil para nadie. ¿Lo ha sido para ti? Dicho esto, debo añadir que sigo sorprendiéndome al ver que una percepción sincera puede ser increíblemente sanadora y potente.

Para activar tu sentido superior de la clarividencia, busca aspectos pasados y hurga en el corazón de las personas. Reconoce que por debajo de la fachada protectora, cada uno de nosotros es simplemente un ser humano vulnerable que se siente inseguro y lo único que desea es ser amado y aceptado. Teniendo eso en cuenta, observa con curiosidad neutral qué es lo que hacen los demás para conseguir ese amor y esa aceptación. Si observas y escuchas detenidamente y con plena atención, con curiosidad y con el corazón abierto, pronto comprobarás que todos somos muy parecidos.

El noventa y nueve por ciento de tus problemas se podrían evitar si activaras tu visión clara y vieras tu vida y la de los demás con más claridad y objetividad. Eso genera comprensión, que es la base de la clarividencia. Tal como me dijo mi maestro Charlie hace mucho tiempo: «Sonia, tu sexto sentido es realmente un sentido agudo de lo obvio».

Cuanto más deseo tengas de ver la verdad, más clara te resultará. La clarividencia se desarrolla gradualmente, desde la observación precisa del mundo exterior hasta una percepción profunda y exacta del mundo no físico. Cuanto más objetivamente observes lo que es real en un momento específico, mayor será tu percepción intuitiva en el futuro. Del mismo modo, cuanto más receptivo seas para conocer la verdad de una persona, más fácilmente se manifestará su verdad.

Observar a otros con precisión significa estar más interesado por ellos que por cómo ellos te ven a ti. Si estás dispuesto a cambiar tu foco y dejar de observarte a ti mismo para tratar de descubrir todo lo que puedas sobre los demás, serás capaz de percibir todo lo que estás buscando. La clave para analizar a los demás y comprenderlos a un nivel muy profundo es mirarlos con neutralidad amorosa, evitando los juicios y las presunciones. Cuanto más te dediques a mirar la vida en este nivel de conciencia, más fácil te resultará activar tu visión más elevada: la clarividencia.

Tengo una nieta de siete meses llamada Sufi que me enseña diariamente a ser cada vez más clarividente. Esta mañana, sentada en mi regazo, estuvo observando mi cara sin pestañear durante alrededor de un minuto. Luego se acercó un poco más para examinar mi collar. Y a continuación, me agarró la muñeca para observar detenidamente mi pulsera de oro. Sufi se tomó todo el tiempo del mundo para investigar lo que le interesaba. Primero para acercarse más a mí y luego para echarse hacia atrás con el fin de tener dos perspectivas diferentes de las mismas cosas. Lo examinó todo lenta y detenidamente. Por último, me miró a los ojos y me dedicó una amplia sonrisa, muy satisfecha por sus descubrimientos.

Es una lástima que perdamos esta actitud mental receptiva y curiosa. Nos perdemos muchas cosas cuando simplemente le echamos un vistazo a la vida como si ya lo hubiéramos visto todo. No es así. Esta profunda curiosidad por descubrir la verdad de las cosas es la base de la clarividencia. Es una habilidad intuitiva que nos recuerda que hay mucho más de lo que el ojo puede ver.

Mi cliente Rob, de Kansas, compró una antigua casa victoriana en el campo hace algunos años. «Está bastante deteriorada y necesita mucho trabajo —me dijo—, pero en cuanto entré en ella vi que esa casa podía ser una mina de oro. No puedo explicarlo, algo me urgió a que la comprara. Fue una sensación muy extraña». Sus amigos y familiares intentaron desanimarlo, argumentando que la casa iba a ser una ruina económica, pero él no los escuchó. Después de un año en el que la renovación resultó ser una pesadilla, Rob se dio cuenta de que la casa necesitaba suelos nuevos y que tal vez incluso habría que reforzar los cimientos porque parecían estar en muy mal estado. Resignado a asumir un nuevo gasto con el que no había contado, decidió levantar el entarimado de madera por sí mismo. Mientras lo hacía, descubrió dos grandes bolsas de arpillera llenas de billetes de cien dólares mohosos ocultas bajo el suelo de la cocina y además una pequeña bolsa que contenía joyas, entre las que encontró dos anillos de diamantes y diez monedas de oro. En total, su hallazgo tenía un valor superior a los doscientos mil dólares, lo que representaba el triple de dinero de lo que había pagado por la vivienda.

Después de esto, Rob se dedicó a hacer algunas averiguaciones sobre la casa y se enteró de que había pertenecido a un reputado contrabandista. Al parecer, la leyenda era cierta y el dinero encontrado era muy probablemente el producto de sus actividades delictivas que aquel hombre había escondido en su casa.

La clarividencia de Robert al ver la casa por primera vez resultó ser acertada.

—Yo sabía que no me equivocaba cuando la compré —afirmó.

—¿Acaso no estás contento de haber confiado en tus vibraciones a pesar de que inicialmente parecía que estabas metiéndote en un gran lío? —le pregunté retóricamente, pues conocía perfectamente bien las complicaciones y el estrés que supone renovar una antigua casa victoriana, porque yo misma lo hice en una ocasión.

—Ya lo creo que estoy satisfecho. Usé parte de ese dinero para terminar de arreglar la casa. Poco después de haber terminado la reforma, me enteré de algo llamado Airbnb y no tardé en firmar un acuerdo con ellos. Al principio, tenía uno o dos huéspedes cada pocos meses, pero desde la pandemia ahora estoy ganando una fortuna alquilando la casa mensualmente.

Con la clarividencia no solamente ves lo que sucede en el plano físico, también puedes «ver» con tu ojo interior qué es lo que ocurre en el plano energético. Esto fomenta la comprensión, que a su vez te lleva a aprovechar oportunidades positivas y creativas, y a evitar equivocaciones. Incluso puede conducirte hacia un cofre de oro, como le sucedió a Rob.

Entrenamiento *woo-woo*

Intenta fingir que eres un detective buscando pistas y observa todo lo que te rodea con una mirada abierta y meticulosa. Conoce a las personas lo más profundamente que puedas. Estudia sus expresiones faciales y su lenguaje corporal. Muestra curiosidad por conocer su espíritu, en vez de preocuparte por cómo ellas te ven a ti. Intenta ir más allá de las fachadas protectoras de los demás para poder conocerlos y comprender claramente quiénes son en realidad. Investiga cuáles son sus mayores miedos, sus puntos fuertes, sus talentos e incluso los deseos ocultos de su corazón. Busca nuevos detalles que no hayas advertido previamente.

Pide a tu espíritu que te muestre lo que es más importante. Puedes practicar con las personas con quienes te relacionas diariamente, como pueden ser tus familiares, amigos o socios. Cierra los ojos y obsérvalas con tu ojo interior. Formula preguntas como por ejemplo: «¿Qué es lo más importante que tengo que ver de esta persona? ¿Qué es lo que no veo con mis ojos físicos? Muéstrame todas las posibilidades de esta relación y todos los puntos ciegos».

¿Qué es lo que ves y que no habías visto antes? Y recuerda que debes observar a los demás sin juzgarlos, sin proyectar tus propias opiniones ni contarte una historia sobre ellos. Sé neutral, como si estuvieras observando un bello paisaje. Limítate a observar y aprender.

Sabiduría *woo-woo*

Nunca asumas que conoces completamente a otra persona.

BUSCA LO DIVINO EN TODAS LAS COSAS

Ver el mundo a través de los ojos de tu espíritu es mirarlo desde la parte Divina que hay en ti, y eso significa ver el mundo a través de los ojos de Dios. ¿Puedes imaginártelo? Ver el mundo desde esta perspectiva elimina prejuicios, proyecciones y distorsiones, ya que Dios no ve los obstáculos y las defensas que tu ego impone. Este cambio de percepción no solamente te permitirá ver el mundo físico exactamente tal cual es, sino también el cuerpo energético de los demás. Cuando tu espíritu ve el espíritu de los demás, te sorprendes al descubrir toda la belleza que puedes encontrar en las personas.

Este no fue el caso de Penny, que vino a consultarme porque estaba cansada y harta de Marshall, el «caradura de su marido». Marshall no había tenido un trabajo estable durante los diez años que llevaban casados, a pesar de que Penny le había encontrado varios empleos en la industria informática. Ella despotricaba por su falta de responsabilidad y porque a él «solo le interesaba jugar con sus herramientas». Hasta que su marido no consiguiera tener un sueldo real, ella no podría cumplir su deseo más profundo, que era tener hijos. Penny estaba consumida por la frustración y rabiosa por la vida improductiva de su marido, y quería que yo la ayudara «a hacer algo con ese canalla».

Sin embargo, cuando visualicé intuitivamente a Marshall, no vi nada parecido a lo que Penny había descrito. Lo que vi fue un hombre frustrado, que tenía un enorme talento con sus manos y varias potenciales habilidades artísticas y sanadoras que si conseguía desarrollar llegarían a ser muy valiosas. Sencillamente, no era tan ambicioso con las cosas materiales como lo era su esposa. Aunque descubrí que podían enseñarse mutuamente muchas cosas sobre la vida, lo cierto es que iba a ser muy complicado si cada uno de ellos no apreciaba y aceptaba el espíritu del otro.

Cuando miré a ese hombre a través de los ojos de Dios, como había aprendido en mi formación como clarividente, vi que sus manos resplandecían como si fueran de oro. Luego, en una búsqueda más profunda, percibí que tenía talento para ser masajista terapéutico o escultor. Ambas ocupaciones podrían canalizar importantes sanaciones y lo ayudarían a cumplir su propósito en la vida. Compartí estas observaciones con Penny, pero ella se limitó a ridiculizar la situación diciendo: «Sí, él dice lo mismo que tú. Afirma que lo que quiere hacer es algo relacionado con el arte o con los masajes terapéuticos. ¡Tiene gracia, lo mismo querría hacer yo! Pero eso no va a pagar el alquiler. Marshall necesita tener un trabajo de verdad en el campo de la informática o vendiendo algo, que es lo que hago yo».

Los comentarios de Penny lamentablemente revelaron su cortedad de miras, y no la de su marido. Como ella era una persona de cinco sentidos, materialmente insegura, sin la menor conciencia del alma, era incapaz de percibir que los maravillosos talentos artísticos y sanadores de Marshall eran potencialmente muy importantes a nivel económico. Y como no podía ver esas habilidades a través de sus ojos, había decidido erróneamente considerar que no eran reales.

Le sugerí que quizás el problema lo tenía ella, y no Marshall, y que si era capaz de ver y valorar quién era realmente su marido —un artista y un sanador— y lo apoyaba para que siguiera su camino, él llegaría a ganar dinero con sus dones, tendrían una vida decente y podrían tener la familia que ella tanto deseaba. Todo era cuestión de ocuparse primero de las prioridades. «¿Quieres decir animarlo a que continúe haciendo todas esas tonterías a las que se dedica? Tú eres tan poco realista como él», me dijo.

Desafortunadamente, Penny nunca consiguió ver a Marshall a través de los ojos de Dios. Por el contrario, siguió acusándolo de ser un soñador y un aprovechado. No es de extrañar que al poco tiempo se divorciaran. Cinco años más tarde, Marshall vino a mi consulta para pedirme una lectura. Después del divorcio se había apuntado a una escuela de masajes y al mismo tiempo había empezado seriamente a hacer esculturas. Se había casado con una mujer que había conocido en la escuela, que había reconocido, apreciado y valorado sus talentos desde el primer momento. Con su apoyo, Marshall abrió una consulta privada de masajes terapéuticos y finalmente también encontró un agente de arte que lo ayudó a comercializar sus obras. En solo doce meses vendió seis esculturas, valoradas entre los dos mil y los siete mil dólares cada una, y una de sus obras fue admitida en un pequeño museo de Canadá. Todo lo que me contó no fue ninguna sorpresa para mí porque siempre había visto su talento. Gracias al apoyo de alguien que compartía su visión de la vida, ese talento prosperó y Marshall encontró su lugar en el mundo.

Su segunda mujer lo vio tal como era, y al apreciar su talento activó su potencial. En vez de sentirse frustrada por no ver lo que quería ver en él (como le había sucedido a Penny), ella «comprendió» intuitivamente a Marshall. Vio su espíritu y su talento, y vio también a la persona que llegaría a ser. Con la visión Divina de su mujer, con el paso del tiempo él consiguió ser esa persona.

Mirar a través de los ojos de Dios es mucho más que simplemente relajar nuestra visión e incentivarnos para ver la parte buena de las personas; nos da la capacidad de ver el cuerpo energético que, como podrás comprobar, puede salvarnos la vida.

Mi clienta Beth hace varios años tomó la decisión espiritual de mirar el mundo y todo lo que hay en él a través de los ojos de Dios. Sus percepciones comenzaron a revelar cosas increíbles de inmediato.

Cierto día, estaba sentada en una reunión de la junta directiva cuando su intuición empezó a mostrarle como un fogonazo la imagen del presidente de la empresa sufriendo un ataque cardíaco, aunque era un hombre aparentemente sano y relativamente joven. Ella pestañeó varias veces intentando desprenderse de lo que percibía, pero la imagen persistió. Sin estar demasiado segura de qué era lo que debía hacer, decidió acercarse a él al acabar la reunión y, con mucha delicadeza, le preguntó cómo se encontraba. «Muy bien —respondió el presidente—. ¿Por qué lo preguntas?».

Después de dudar unos instantes, ella le contó su visión aunque con una versión bastante más moderada. Él se rio y le aseguró que se sentía realmente bien, pero a continuación añadió: «Sin embargo, te diré una cosa: tomaré lo que me comentas como una señal y pediré cita para hacerme un chequeo».

Tres semanas más tarde, Beth recibió una nota en la que le decían que se pasara por el despacho del presidente. Nada más entrar percibió que parecía estar bastante alterado. «Como soy un tipo supersticioso, me hice un examen físico —le dijo—. Parece ser que tengo obstrucciones cardíacas importantes de las que no tenía la menor noticia, y esta semana me van a operar. ¿Sabes que me has ahorrado un ataque al corazón o incluso algo peor?».

Beth no salía de su asombro y sintió una profunda gratitud por haberse atrevido a compartir con su jefe lo que había visualizado. De más está decir que el jefe también estaba muy agradecido.

Por ser una persona de conciencia elevada, mirar a través de los ojos de Dios te permite ver la verdad de las otras personas y de ti mismo, tanto en un plano físico como energético. «Desde que empecé a mirar a través de los ojos de Dios, el mundo cambió drásticamente —afirmó Jim, un alumno que asistía a mi cursillo sobre el despertar psíquico—. Antes de modificar mi percepción, me di cuenta de que no estaba viendo realmente a las personas. Por el contrario, les echaba un vistazo y luego inventaba historias terribles sobre ellas basándome en mis observaciones inseguras y equivocadas. Cuando me decidí a mirar con los ojos de Dios, como tú nos sugeriste, la vida se iluminó y las personas repentinamente me parecieron hermosas. Ya no veía únicamente sus apariencias físicas; comencé a mirarlas a los ojos y pude realmente ver sus almas. Este reconocimiento fue tan sanador, profundo y conmovedor que mi corazón se abría, independientemente de a quién mirara. Me avergüenza admitir que en ocasiones incluso sentí que estaba a punto de llorar —manifestó—. Ahora no solamente veo el alma de una persona, sino que al mirarla comprendo verdaderamente quién es. No puedo explicarlo con palabras, pero en un determinado nivel orgánico, entiendo instantáneamente a los demás como nunca antes lo había hecho».

La experiencia de Jim es la visión normal de la vida para las personas que utilizamos seis sentidos. Nuestra visión es una octava más alta y tenemos más capacidad para percibir la riqueza y la complejidad energética de los objetos y las personas que nos rodean. Percibimos, y en última instancia vemos, tanto los cuerpos físicos como energéticos, incluidas sus auras.

Mi clienta Miriam tuvo una sorpresa conmovedora cuando se decidió a ver el mundo a través de los ojos de Dios: «En el árbol que hay en mi jardín vi una luz de un increíble color violeta que parpadeaba con suavidad pero llena de energía. Debo decir que realmente me asusté —me dijo—. Luego recorrí el jardín con la mirada y vi un conjunto de luces similares rebotando por encima de mis flores. Siempre he sido una amante de la naturaleza, y he apreciado la belleza del mundo físico, pero con este cambio de perspectiva la vida se ha tornado mucho más hermosa, hasta el punto de conmoverme hasta las lágrimas. ¿Cómo pude haberme perdido todo esto?, me pregunté. ¡Es verdaderamente impresionante!».

Mirar a través de los ojos de Dios te permite percibir y comprender todas las cosas en un nivel mucho más profundo que con una mera visión intelectual, porque el ojo de tu espíritu responde a una vibración diferente que tus ojos físicos no son capaces de registrar. También te invita a ver cómo será el mundo que vendrá y te revela las creaciones que se producirán en el futuro y las intenciones que expresará tu alma.

Una de las formas más potentes de despertar tu clarividencia es lo que mi amiga Julia, que también es mi mentora en el campo de la literatura, denomina los «espejos de fe». Muchos años atrás, yo quería escribir un libro sobre el tema del despertar del sexto sentido, pero no tenía confianza en mi capacidad para escribir, Julia jamás puso en duda que fuera capaz de hacerlo y durante los seis meses siguientes decidió verme como una talentosa y prolífica escritora. El reflejo de su mirada constante, llena de convicción y fe, volvía sistemáticamente a mí, hasta que finalmente tuvo una resonancia en la visión que yo tenía de mí misma, y ya no tuve más dudas. Al cabo de seis meses, a lo largo de los cuales disfruté de la influencia de esos espejos de fe, había escrito mi primer libro, *El camino de los psíquicos*. Estoy plenamente convencida de que el hecho de que Julia me viera como escritora fue la razón por la cual me convertí en una. Muchas veces me he preguntado si de no haber sido por su capacidad para verme como yo quería ser vista, mi sueño seguiría siendo sencillamente eso, un sueño.

Los clientes a los que les he contado esta historia me han dicho que soy muy afortunada de haber recibido esos espejos de fe de mi amiga Julia y que ellos no tienen esa suerte y por eso están bloqueados. Es verdad que fui afortunada, y estoy profundamente agradecida, pero desde que recibí ese regalo de Julia, he estado estudiando los espejos de fe y he descubierto que la mejor manera de atraerlos es *convertirse* primero en uno de ellos. Decídete a ver los deseos más profundos de otras personas y sus creaciones futuras, y cree en ellas hasta que desarrollen la fe en sí mismas.

Es cierto que Julia me visualizó como escritora, pero también es cierto que yo la visualicé a ella como clarividente. Nuestras mutuas visualizaciones que surgieron de nuestros espíritus no solamente consiguieron que mi libro existiera, también fueron el comienzo de la clarividencia y la vida psíquica de Julia. La clave es percibir la diferencia que te gustaría ver en el mundo. Puedes mirar al mundo desde un punto de vista inconsciente, superficial y de cinco sentidos —enfocándote en los fallos o defectos, percibiendo separaciones a través de juicios y miedos, y aterrorizándote a ti mismo— o puedes utilizar tu sexto sentido, intentar ver el alma de los demás, reconocer y apreciar la belleza que hay en todas las cosas y sentir compasión por todo lo que existe.

Entrenamiento *woo-woo*

Mira al mundo a través de los ojos de Dios, especialmente en esas situaciones en las que no te gusta lo que ves. ¿Qué diferencia produce este cambio de percepción? ¿Estás abierto para ver a los demás a través de los ojos del espíritu? ¿Qué puedes ver ahora que antes pasabas por alto?

Ten fe en alguien, demuéstraselo y pídele que haga lo mismo contigo. A continuación, debes empezar a reflejar la versión futura de la persona que quieres llegar a ser. Mira un aspecto hermoso de cada persona con la que te relacionas y comunícaselo sin falsos cumplidos ni adulaciones. Luego haz lo mismo contigo cada mañana. Resulta fácil descartar esta parte de la práctica; sin embargo, cuando puedas verte con verdadero aprecio sabrás que ya has hecho la transición.

Sabiduría *woo-woo*

Ve el espíritu en todas las cosas.

OCTAVA PARTE

EL ARTE DE TENER
UNA VIDA INTUITIVA

SÉ ALEGRE Y DESENFADADO

Voy a contarte un secreto divertido: cuanto más alegres y desenfadados somos, más fácil nos resulta sintonizar con nuestras vibraciones. Un corazón ligero aquieta y acalla a nuestro ego y nos conecta automáticamente con nuestro sexto sentido. Esto favorece que estemos abiertos a las vibraciones sanadoras, a la guía y a la percepción y comprensión de nuestro espíritu y de nuestros ayudantes espirituales.

Una de las mejores formas de tomarse las cosas con calma es simplemente reírse, reírse mucho, porque esto eleva tu energía y tus vibraciones, y abre tu corazón de forma instantánea y sin esfuerzo. La risa no solamente encumbra tu conciencia a una frecuencia más elevada; además limpia y repara tu aura, despierta tu espíritu, aclara tu perspectiva y vigoriza tu alma. Cuando te ríes con todas tus ganas, te pierdes y te fundes con tu risa, y dejas que tu espíritu se encargue de todo tu cuerpo. Nada ni nadie puede controlarte si tienes la capacidad de reírte de las situaciones.

La risa te ayuda a olvidar tus problemas, aunque sea por un momento, y cuando eso ocurre tu ego se calma y tu espíritu toma el mando para despejar la negatividad, la confusión y la ansiedad. Cuando estudiaba con el doctor Tully, hace ya muchos años, aprendí que «la risa ahuyenta al demonio». Ese demonio se manifiesta a través de cualquier ilusión, distorsión, miedo o confusión que te sume en un mar de dudas, te asusta o te incita a cuestionar tu seguridad fundamental, tu valor y tu bondad.

Tomarte a ti mismo demasiado en serio es un obstáculo para confiar en tus vibraciones. Tu ser «serio» o intelectual es tu ego que vuelve a tomar posesión de ti, incansablemente decidido a tener el control. En contraste, tu espíritu es tu ser más ligero y juguetón que permite que el Universo se haga cargo y tome las decisiones. Esto no significa que lo que le preocupa a tu espíritu no sea importante, sino que no quieres confundir lo que es profundo con lo que es serio. Lo profundo enseña, sana y aumenta tu capacidad de amarte a ti mismo y a los demás de una manera más compasiva; la seriedad es generalmente un mero mecanismo de defensa para proteger a tu ego con el fin de que no se sienta vulnerable. Tus momentos de vanidad o engreimiento requieren que estés en guardia, porque reflejan que tu ego está dando vueltas a tu alrededor, intentando bloquearte el acceso a tu espíritu. Para el espíritu nada es tan serio como para arrebatarte la ligereza de tu corazón, ni siquiera la muerte. Como es evidente, a lo largo de tu vida puedes tener momentos y periodos tristes y sombríos, como por ejemplo cuando has sufrido una pérdida repentina y estás de duelo.

Hace algunos años daba un taller sobre desarrollo intuitivo en el Instituto Omega de Rhinebeck, Nueva York. Por alguna razón, los alumnos de este grupo en particular se estaban tomando muy en serio lo que aprendían; en consecuencia, la mayoría tenía poca fortuna a la hora de conectar con su sexto sentido. Para ayudarlos a salir de ese bloqueo, los animé a que se hicieran reír entre ellos. Inicialmente, pensaron que era una idea estúpida pero, después de tratar de convencerlos durante un buen rato, decidieron intentarlo.

Al principio, se notó que les faltaba bastante práctica y no se mostraron muy graciosos, pero finalmente los participantes consiguieron relajarse y empezaron a estar más graciosos y a pasárselo mejor. Algunos comenzaron a tocar el trombón con las axilas, mientras que otros se ponían bizcos y hacían muecas divertidas. Hubo quienes simularon ser animales, saltando sobre un solo pie, haciendo ruidos tontos y actuando como un grupo de niños de jardín de infancia. Cuanto más lo intentaban, más se divertían, y al final surgió una hilaridad genuina que los hizo reír todavía más. Durante quince minutos todos estuvieron tan entregados a ese estado desenfadado y divertido que me costó mucho conseguir que dieran por terminado el ejercicio.

En cuanto se calmaron un poco, los invité a probar de nuevo el ejercicio con sus músculos intuitivos. Para su sorpresa, en ese estado mental libre y despejado, fueron capaces de ver correctamente sus vidas y sintonizar con cosas que nunca antes habían visto o reconocido. Pudieron describir hogares, trabajos, deseos secretos del corazón, planes de viaje e incluso grandes amores, a pesar de que no se conocían. Ninguno de ellos se sintió bloqueado e incluso los más dubitativos estaban sorprendidos por descubrir que un poco de humor podía mejorar su intuición.

La risa te conecta con la perspectiva general de las cosas y amplía tu visión, tal como me enseñó mi primer maestro intuitivo, Charlie Goodman. Charlie introdujo la risa como puerta de entrada a mi sexto sentido, y cuando estudiaba con él a veces me hacía reír tanto que las lágrimas comenzaban a rodar por mis mejillas. «Más allá de lo que veas o sientas —subrayaba—, nunca pierdas el sentido del humor en relación contigo misma».

Mi madre lo decía a su manera: «La situación puede ser crítica, pero nunca es seria». Descubrí que cuanto más me inclinaba a encontrar el humor en todas las cosas, más capaz era de ver el Espíritu Divino que me tendía una mano humorística para guiar mi camino.

Cultivar nuestro sentido del humor aumenta nuestra intuición y mejora nuestra salud. Si nos dejamos absorber por nuestros problemas y creamos melodramas con nuestra seriedad, nos desconectamos de nuestro sentido más profundo, que nos permite ver que somos espíritus hermosos. Nos retiramos de la vida en vez de sumergirnos en ella. La risa nos permite retornar a nosotros mismos y a la vida.

¿Qué es lo que te hace reír? Descubre qué es lo que te hace gracia y repítelo con frecuencia. Si estás deprimido, o no tienes el menor deseo de sonreír, intenta fingir que te ríes. Créase o no, esto realmente funciona. Un verano en el que estaba dando clases en San Francisco, un hombre de setenta y ocho años me dijo que acababa de pasar una semana en un centro de salud y bienestar, donde él y otras personas que sufrían una profunda depresión se habían sometido a un tratamiento. El tratamiento consistía en que se tumbaran en el suelo y se rieran durante treinta minutos cada día, aunque no tuvieran ganas de hacerlo. Los instructores les pidieron que falsearan la risa si era necesario, pero que no dejaran de reír. Ese hombre no era capaz de explicar por qué motivo comenzó repentinamente a sentirse mucho mejor. Al final de la semana, su corazón se había liberado de una profunda y pesada carga que lo había atormentado desde que se había divorciado quince años atrás. No es ningún milagro. La risa ahuyenta las sombras oscuras de la vida y eleva instantáneamente nuestra vibración hasta un estado más sano y evolucionado. La risa es sanadora. Nos permite reconectar con nuestro espíritu y liberarnos de las historias de nuestro ego. Falsear la risa funciona porque los ángeles del humor terminan por manifestarse y activan la risa natural (y la sanación).

A lo largo de mi práctica intuitiva, he visto muchas personas actuar demasiado seriamente en nombre del crecimiento espiritual, perdiendo su sentido del humor, espontaneidad y alegría por pensar que este trabajo es «sagrado». Mi clienta Brenda, por ejemplo, meditaba durante horas todos los días, se alimentaba exclusivamente de productos biológicos y utilizaba todo tipo de amuletos, cristales, talismanes y objetos de titanio que pudiera conseguir, con el fin de purificarse y protegerse. En la búsqueda de su «santidad», leía continuamente libros de autoayuda, asistía a innumerables talleres y conferencias y se había autodesignado experta en todos los temas de *New Age* (que ella consideraba que dominaba mucho mejor que sus instructores).

A pesar de todos sus esfuerzos, Brenda era una de las personas más amargadas, poco creativas y con menos sentido del humor que he conocido. Era tan controladora que no tenía ninguna conexión intuitiva con su alma, con su corazón, con su humor ni con nada realmente espiritual. Para decirlo brevemente, era una pesada. Le sugerí varias veces que dejara de obsesionarse constantemente por su superación personal y que viviera su vida con más ligereza. Sus esfuerzos eran prácticamente ridículos, y yo intenté que pudiera verlos con humor. Esto fue imposible y además se ofendió cuando le dije que aunque la vida es importante, ella no debería ser tan seria. Al escucharme, salió furiosa de mi despacho tras decirme que le había hecho perder el tiempo.

Es esencial no caer en la misma trampa que Brenda, lo que quiere decir dejar que tu ego te engañe para que creas que la vida es una lucha y que ser espiritual es la mayor de todas las batallas. No es verdad. Yo les digo a mis alumnos: «No seáis espirituales, sed animosos».[*] Es más divertido. Echarle ánimo a la vida es una aventura y hace que podamos disfrutarla mucho más. Aunque a veces la vida pueda dar un poco de miedo, provocar dolor, ser compleja, presentar desafíos y ser a veces solitaria, nunca estás solo porque siempre tienes la ayuda de tu espíritu, tus ángeles y tus guías.

Algunas personas todavía no pueden distinguir entre el ego y el espíritu. La diferencia es la siguiente: tu espíritu es relajado, compasivo y se ríe mucho, especialmente de ti y de tus payasadas; tu ego es crítico, ruidoso, controlador y rara vez se ríe de nada, especialmente de sí mismo. El espíritu te pide cosas con la mayor delicadeza y luego confía; el ego exige y es desconfiado. El espíritu es ligero, sencillo y le encantan las aventuras; el ego puede ser severo y pesado, y evita lo desconocido.

Cuando comencé a desarrollar mi sexto sentido, mi maestro Charlie me enseñó a encontrar algo que me hiciera reír diariamente a lo largo de tres meses. El tipo de humor que tenía que adquirir no era el sarcasmo, que a menudo se considera humor pero en realidad

---

[*] N. de la T.: Juego de palabras entre los términos ingleses *spiritual* y *spirited*.

es rabia o cinismo poco disimulados. El sarcasmo representa precisamente lo contrario a creer en la vida. Debía encontrar el lado absurdo, dulce, tonto y ridículo de la vida. Esto abrió mi corazón y me ayudó a sentir más compasión por mí misma y por los demás seres humanos.

Estaré eternamente agradecida por esa lección que cambió por completo mi punto de vista. Ahora busco automáticamente el humor en todas las cosas, independientemente de lo complicada que pueda ser una situación. Al hacerlo, veo el espíritu de todas las personas y la luz que hay en todas las cosas y sé que conseguiré atravesar cualquier obstáculo que se presente en mi camino y que seré capaz de aprender de él.

Mis modelos espirituales son de sonrisa fácil y su risa es generosa. Thich Nhat Hanh, el dalái lama o Ram Dass se ríen rápidamente como un arroyo borboteante. También lo hacía mi madre cuando estaba viva. La Madre Teresa insistía en que las monjas que trabajaban en su hogar dejaran todo lo que estaban haciendo para jugar durante una hora cada tarde. Eso las mantenía sanas, alegres y llenas de amor mientras atendían a los marginados y los moribundos. Si la Madre Teresa, el dalái lama y mi madre podían reírse frente a los desafíos que les presentaba la vida, entonces todos podemos hacerlo. La risa no impide que surjan graves problemas en nuestra vida, pero canaliza la sabiduría para poder gestionarlos y luego sanarnos.

Entrenamiento *woo-woo*

Esta semana ríete mucho. Encuentra el humor en todas las cosas: canta en la ducha, haz esculturas en tu pelo con el champú mientras estás en la bañera, haz muecas divertidas mientras te cepillas los dientes, lee libros graciosos, alquila comedias, ve a un club de karaoke con un amigo y apúntate, llama a tu mejor amigo de la escuela primaria para recordar viejos tiempos, bromea con tus hijos y juega con tu perro. ¡Abandona tu seriedad y relájate! Lo repito una vez más: si la risa no te surge espontáneamente, simúlala; es una buena forma de incorporar este hábito a tu vida. Si te sientes como un tonto, no te preocupes; cuanto más ridículo te veas, más iluminado te sentirás.

La risa potencia tu intuición. Prepárate para tener destellos intuitivos de genialidad, ideas brillantes, sueños increíbles, sincronicidades y paz interior; con toda certeza pronto llegarán a tu vida.

Sabiduría *woo-woo*

Ríete.

LIBERA TU CREATIVIDAD

La intuición es un arte, y no una ciencia, porque procede de tu espíritu y no de tu ego. Una de las formas más efectivas de estimular tu intuición es hacer algo artístico y que no dependa de tu cerebro pensante. Las actividades creativas de cualquier tipo actúan como un puente para tu ser intuitivo.

Muchos de mis clientes me han comunicado que reciben importantes inspiraciones y descargas intuitivas cuando están realizando un proyecto creativo, porque dejan de pensar y se limitan a ser. Maureen comentó que cierta tarde que ella y su nieta estaban pintando con los dedos, inicialmente se limitaba a entretener a la pequeña, pero poco a poco la actividad la fue atrapando y pronto se perdió en ella. Mientras se embadurnaba los dedos, disfrutando con el lío que estaban montando, Maureen recordó de pronto dónde había guardado unos documentos importantes que había estado buscando durante semanas. Esa noche los recuperó.

Ron estaba trabajando en su jardín, enterrando con cuidado algunos bulbos para formar un patrón geométrico que había diseñado mentalmente, cuando tuvo la inspiración de crear laberintos con flores. Elaboró la idea, la comentó con algunas personas y a todas les encantó. Pronto comenzó a vender modelos de sus laberintos a amigos y conocidos, y eso dio lugar a una empresa de modelos paisajísticos para jardines. Finalmente, sus diseños llegaron a tener tanta demanda que Ron dejó el trabajo que tenía en un almacén, algo que deseaba hacer desde hacía años.

Miranda era una madre recientemente divorciada que se sentía sola y aislada, así que decidió apuntarse a clases de acuarela. En la tercera sesión, sintió la vibración de contactar con su mejor amiga del instituto, con la que no hablaba desde hacía treinta años. Haciendo caso de su corazonada, la buscó en Facebook y al mes siguiente se encontraron por Zoom. Al saber que Miranda estaba sin pareja, su amiga le comentó: «Deberías conocer a mi vecino, es un tío muy majo y es soltero». Entonces arreglaron una cita a ciegas, y la química funcionó. Ni siquiera había pasado un año cuando Miranda se comprometió con ese hombre.

Algunas veces las personas rehúyen las expresiones artísticas porque cuando eran pequeñas les negaron el permiso para jugar en ese terreno. Tienen miedo de asumir riesgos creativos porque, en algún momento de su vida, no las animaron para que se expresaran libremente. Tal vez les dijeron que no tenían talento, o que con el arte no era posible ganarse la vida, o que no conseguirían el éxito y la popularidad que disfrutan los que se dedican a los deportes. Estas personas fueron psíquicamente dañadas, y eso es lamentable. El arte y las vibraciones son expresiones naturales del Espíritu Divino al que todos tenemos derecho.

Cada uno de nosotros es un ser intuitivo y artístico. Ambas cualidades conforman una parte integral de nuestra naturaleza, aunque en el pasado hayamos recibido mensajes negativos al respecto. Olvídate de ellos. Todos tenemos nuestra forma particular de ser creativos, y esa forma refleja la personalidad de nuestra alma: algunos pintan, algunos escriben, algunos cocinan, algunos trabajan en el jardín y algunos planchan extraordinariamente bien. La clave es estar abierto a ser ingenioso frente a ser *un artista*, una diferencia que se asemeja mucho a la que existe entre ser *psíquico* y ser *un psíquico*. Cambiar la forma de entender estas definiciones, y considerarlas como una parte de nuestro legado intuitivo, nos coloca en el camino de ser ingeniosamente intuitivos.

Creamos arte todo el tiempo cuando conversamos, cocinamos o escribimos una carta, aunque quizás eso no es lo que las personas de cinco sentidos llamarían artístico. Del mismo modo, todos tenemos intuición porque todos tenemos un espíritu, y el arte y la intuición son las alas de nuestro espíritu. Ser «ingenioso», igual que ser psíquico, es simplemente otra forma de expresar nuestro espíritu. Para acceder a tu ser creativo, debes abandonar tu cabeza, abrir tu corazón y crear un maravilloso desorden: colorea la vida por fuera de las líneas que la circunscriben y hazlo de un modo espontáneo, fantasioso, sincero. Y también con coraje, tal como lo hacías cuando eras joven y todavía estabas conectado con tu intuición. Cuanto más ingeniosamente vivas, más intuitivo serás, y cuanto más intuitivo seas, más ingenioso llegarás a ser.

Esto me recuerda lo que sucedió cuando salí de gira durante diez días para promocionar mi libro *True Balance* [Auténtico equilibrio]. Como ser ingenioso es esencial para tener una vida intuitiva, le pedí a una amiga artista y clarividente llamada Anne que me acompañara. Juntas sería más fácil ayudar a la audiencia a expresar activamente su ingenio. Después de cada encuentro, presentamos un pequeño proyecto artístico para que todo el mundo lo probara. Distribuimos una gran cantidad de crayones y tarjetas sobre el suelo, y pedimos a cada asistente que buscara una pareja para trabajar en un pequeño proyecto artístico. La mayoría de las personas se acercaron al ejercicio con el mismo escepticismo que habían mostrado cuando se trataba de confiar en su intuición, pero al menos estaban deseosas de probar la experiencia. En cuanto abandonaron su cabeza, se olvidaron de sus temores y comenzaron a divertirse; incluso llegaron a hacer trabajos muy creativos.

En cierta ocasión tuvimos un público bastante exigente en Cincinnati —personas reservadas y desconfiadas, con las piernas y los brazos rígidamente cruzados y los labios tensos— que evitaban cualquier contacto visual con nosotras y también entre ellas. Conté algunas historias y compartí mis ideas para relajar la situación y generar un poco de equilibrio y armonía, y también incluí algunas sugerencias creativas e incluso un poco tontas, pero nadie se rio ni intentó hacer los ejercicios. Me preguntaba qué era lo que todas esas personas estaban haciendo allí, pero como ya había hecho varias giras de promoción de libros, sabía perfectamente lo que tenía que hacer para que aquella indiferencia no me afectara.

Sin embargo, cuando miré a mi amiga me di cuenta de que estaba pasándolo mal. Aun así, gracias a su espíritu sagaz, Anne se puso de pie y sacó las tarjetas y los crayones mientras presentaba su proyecto con gran entusiasmo. Nadie se movió. Impertérrita, Anne intentó una vez más motivar a los asistentes para que abandonaran sus asientos y se divirtieran un rato. Pero la situación no se modificó.

Una mujer mayor con cara de piedra observó secamente: «Querida, estás en Cincinnati. En Cincinnati no usamos crayones». En ese instante, una niña que no tendría más de dos años avanzó corriendo por el pasillo en dirección a la sección infantil de la librería, mientras su padre trataba de alcanzarla. Al ver la pila de crayones, la niña se puso a gritar de alegría: «Mira, papá, son crayones». Y se dedicó a tomarlos a puñados, sin poder creer la suerte que tenía. Entonces se dirigió a la audiencia y dijo: «Son crayones. ¡Venga, vamos a colorear!».

La pequeña se puso a pintar tarjetas, una tras otra, y luego, viendo que nadie se movía, volvió a decirles que fueran a pintar con ella. Esa vez funcionó. Poco a poco, los adultos abandonaron sus asientos, cautivados por el entusiasmo de la niña. Finalmente, agarraron los crayones y comenzaron a colorear. En ese mismo momento todo el grupo pasó del blanco y negro al color. Para avivar esa llama inicial de entusiasmo, pusimos música de tambores africanos y se produjo el milagro: ¡Cincinnati estaba pintando! Comenzaron a reírse, a moverse al ritmo de la música, a intercambiar tarjetas y a dibujar como locos; sus espíritus cobraron vida. Y en cuanto todos se sumaron a la actividad, la pequeña de pronto dijo «adiós» y se alejó corriendo tan repentinamente como había llegado.

Pasamos algunos momentos más siendo «ingeniosos», tal como lo denominaba Anne, celebrando nuestro genio creativo, mostrándonos nuestras obras de arte de colores brillantes y sintiéndonos maravillosamente equilibrados. Luego quitamos la música, guardamos los crayones y nos despedimos. Nuestra misión se había cumplido: el público se había liberado de la prisión estéril de su intelecto y había reconectado con su espíritu. Por sus miradas, supimos que habían avanzado un poco más hacia los seis sentidos. Estábamos a punto de dar fin al taller y marcharnos; sin embargo, nadie se movía. Lo habían pasado tan bien que no querían que nos fuéramos.

Desde la última fila, una mujer gritó: «Poned otra vez la música, queremos seguir disfrutando un poco más».

Yo estaba anunciando cordialmente que ya era la hora de marcharnos cuando la niña volvió a aparecer en escena y empezó a tirar con fuerza de mi vestido. «Señora —me dijo desconsolada—, ¿a dónde se han ido los crayones? —Y con la voz más desesperada y desgarradora que he oído en mi vida, agregó—: ¡Los necesito!».

Su pregunta fue muy buena. ¿A dónde se han ido los crayones? ¿A dónde se han ido el color y la diversión de la vida? Los seres humanos necesitamos arte y espontaneidad, porque alimentan nuestra alma e inspiran nuestro genio intuitivo. Todos somos artistas, poetas, pintores; a nuestra manera, todos somos creadores e inventores. Sin embargo, para los seres espirituales intuitivos de seis sentidos, ser ingenioso, y también ser sentimental, no es algo que se consigue de la noche a la mañana. Ser ingenioso significa saborear la vida desde el corazón, con estilo y placer. Igual que ese pequeño ángel de dos años, los que confiamos en nuestras vibraciones estamos dispuestos a asumir riesgos, dejar nuestra huella y convertir los momentos ordinarios en aventuras extraordinarias.

Ahora echa un vistazo a tu vida. ¿Te concedes permiso para tener momentos ingeniosos? ¿Eres capaz de dejar que tu espíritu creativo se exprese con libertad? Esto puede suceder de muy diferentes maneras: te aconsejo que des una vuelta por una tienda de materiales de arte y manualidades y que le permitas a tu espíritu que se libere. Juega con crayones o con cualquier otro material que te atraiga. ¿Qué es lo que le apetece hacer a tu genio intuitivo? Sed generosos a la hora de experimentar con vuestras actividades creativas.

La última vez que estuve en una tienda de artículos de arte, vi a un niño de alrededor de nueve años a punto de tener un ataque de nervios por todas las posibilidades creativas que tenía frente a él: ¿qué es lo que quería? ¿Pinturas? ¿Rotuladores? ¿Tiza? ¿Arcilla? ¿Témpera? No era capaz de decidirse, quería llevárselo todo. Desafortunadamente, su madre no fue capaz de apreciar su entusiasmo.

—No puedes llevártelo todo —le dijo con brusquedad mientras el niño trataba angustiosamente de decidir qué era lo que más le gustaba—. Elige una sola cosa, y si se te da bien, a lo mejor puedes probar otras cosas. De lo contrario, será un gasto inútil.

—¡Eso no es justo! —contestó el niño—. ¿Cómo puedo saber si soy bueno haciendo algo si no lo puedo probar primero?

Su respuesta me pareció muy sensata.

Madre e hijo siguieron discutiendo, y yo recé para que los ángeles vinieran al rescate. Mis vibraciones me comunicaron que la razón de que la madre estuviera de tan mal humor es que sentía envidia. Estaba bajo el control de su ego. Estaba dispuesta a dejar que su hijo pasara un buen rato con su creatividad, pero no se permitía hacer lo mismo.

Sentí compasión por ella y tuve el deseo de estimular un poco su espíritu. Cuando nuestras miradas se cruzaron, me hizo un gesto con la cabeza, como estableciendo una complicidad de madre a madre.

—Estos niños —dijo sacudiendo la cabeza—. Si lo dejara, se lo llevaría todo.

—Entiendo lo que quieres decir —le contesté—. Si lo dejaras llevárselo todo entonces no quedaría nada para ti, y eso no sería justo. Él debería llevarse algunos materiales y tú deberías hacer lo mismo. ¿Qué te gustaría llevarte a ti?

Sorprendida por mis palabras, no parecía demasiado segura de lo que debía responder.

—No estoy aquí por mí —afirmó—, no soy artista.

—Seguro que lo eres. ¿Quién no lo es, en realidad? Solo tienes que estar dispuesta a ser una mala artista.

Ella se echó a reír, y todo su espíritu se abrió:

—Vale, eso sí puedo ser.

Te creo. ¿Y no te parece que puede ser divertido?

Con ese pensamiento en mente, dejó de intentar controlar a su hijo y se puso a buscar su propio «cofre de oro» artístico. Como ves, poner tu ingenio en acción es lo mismo que poner en marcha tus motores intuitivos. Cada uno de ellos requiere que busques en tu interior, saques todo lo que hay en tu corazón y le dejes cobrar vida, respirar y bailar, sencillamente porque forma parte de ti, y no porque coincida con los criterios o ideas de otra persona.

Cuando sugiero a mis clientes que hagan actividades creativas como forma de desbloquear su intuición, inevitablemente escucho que su ego retrocede ante esta idea. «No sé dibujar», «No tengo habilidad para pintar» o «Soy inútil para el arte», suelen decir. Y yo suelo responderles que no se preocupen por eso. Después de todo, ¿has visto alguna vez un niño de cuatro años al que no le guste crear, decir la verdad o confiar en su espíritu? Probablemente no, porque eso forma parte de quienes somos y de la forma en que hemos nacido. Hemos sido entrenados para ello, de manera que «no soy artista» en realidad significa «no soy la idea que tienen otras personas de lo que es un artista».

Este modo de pensar no tiene nada que ver con lo intuitivo ni con la diversión, de manera que abandona esa idea. Por otra parte, ser un «mal artista» en realidad significa que eres bueno para asumir riesgos y que no tienes problemas para ser un principiante cuando es necesario. Además, también implica la posibilidad de expresar tus sentimientos e inspiraciones y dejarte llevar por tus aficiones sinceras, sin tener en cuenta lo que los demás piensan o lo que te hayan dicho.

Cuando digo que necesitas ser ingenioso para activar tu sexto sentido y vivir en concordancia con tu espíritu, no quiero decir que deberías entrar en el negocio del arte. Lo que sugiero es que dediques más tiempo a tu creatividad, simplemente por el puro placer de hacerlo. Todo lo que haces puede convertirse en arte si tú lo deseas y si crees que lo es.

Entrenamiento *woo-woo*

Entra en una tienda de artículos de arte o de música, un estudio de danza, un vivero de flores, una tienda de repostería o algún otro sitio cuya actividad artística te atraiga. Concédete permiso para ser un mal artista y asumir el riesgo de disfrutar con algunos materiales creativos por pura diversión. No tienes que gastar un montón de dinero, puede ser suficiente con una caja de crayones y un bloc de papel. Incluso un pequeño tambor puede ser estimulante con un poco de esfuerzo y buena voluntad.

Dedica algunos minutos cada día a hacer obras de arte de mala calidad: dibuja, colorea, haz garabatos, baila, toca algún instrumento, canta y disfruta. Si realmente quieres expresar tu espíritu, muestra tus creaciones en público colocando tus trabajos en la puerta de la nevera, bailando en el salón, cantando en la mesa y sintiéndote muy a gusto contigo por hacerlo.

Enfoca todo lo que haces con un toque ingenioso. Tal como dice mi amiga Anne: «El arte es la hermosa voz de tu espíritu». La intuición se expresa a través del corazón y más directamente a través del arte. Si tienes suficientes oportunidades para jugar, te garantizo que también tu espíritu comenzará a brillar a través de tu arte.

Sabiduría *woo-woo*

Todos somos artistas.

RECIBE RESPUESTAS INSTANTÁNEAS

Como persona que utiliza sus seis sentidos, encontrarás muy valioso y práctico tener la mayor cantidad posible de herramientas y técnicas para ejercitar tus vibraciones. De manera que cuando tengas dudas, necesites tomar una decisión o quieras descubrir rápidamente la verdad sobre algo, podrás hacerlo directamente sin desperdiciar tu tiempo en pensar en ello. Una de dichas herramientas es el test muscular de la kinesiología.

La kinesiología es un arte intuitivo consolidado, que se basa en hacer un test de la respuesta muscular frente a estímulos negativos o positivos. Un estímulo positivo provoca una intensa respuesta muscular, mientras que uno negativo da como resultado una debilitación radical del músculo. El test muscular también puede diferenciar las situaciones que resguardan la vida de las situaciones que merman la energía, y lo más interesante es que puede discernir si una determinada circunstancia es verdadera o falsa.

El test muscular es relativamente simple y resulta infalible si se hace de la forma correcta: una respuesta muscular intensa significa que algo es favorable, deseable o seguro, mientras que una respuesta muscular débil indica que algo es falso, inapropiado o indeseable. Los resultados te ayudarán a encontrar respuestas e instrucciones claras de forma rápida sin que intervenga tu intelecto, que puede inducirte a error. La premisa que subyace al test muscular es que tu cuerpo es parte de la naturaleza y está energéticamente conectado con el Todo, de modo que puede revelar información precisa sobre el núcleo mismo de todo lo que existe en el Universo, especialmente cuando los pensamientos se reducen al mínimo. Por otra parte, el cuerpo no miente, y por eso puede transmitir información cabal sobre las cosas que te afectan.

La kinesiología ha sido estudiada por científicos y médicos de todo el mundo e incluso es utilizada como un instrumento de diagnóstico en medicina alternativa. Un físico cuántico podría probablemente explicar por qué funciona tan bien, pero los seres de seis sentidos no necesitamos saber cómo ni por qué hay que utilizarla. La empleamos porque sabemos que tiene sentido a un nivel intuitivo y sabemos también que nuestro cuerpo puede actuar como un receptor muy preciso de información, y una parte natural de su trabajo es guiarnos.

El test muscular te ofrece información intuitiva instantánea sobre cualquier cosa y en cualquier momento. Por ejemplo, para saber si necesitas una vitamina o suplemento en particular, si el coche usado que quieres comprar está en buen estado o si en el destino vacacional que has elegido hará buen tiempo durante tu visita. Las opciones para utilizar el test muscular como un barómetro psíquico son infinitas.

La mejor forma de usar esta técnica es el método de dos personas, en el cual alguien te ayuda a realizar el test. Afortunadamente, no es necesario que el ayudante sea una persona de seis sentidos, ya que a veces no suele resultar muy fácil encontrarla. (Dicho esto, por razones evidentes, siempre es mejor tener un ayudante de seis sentidos para realizar el test, porque dos personas intuitivas perciben más que una cuando se trata de verificar las vibraciones).

Después de encontrar un ayudante, colócate la mano derecha sobre la barriga y luego extiende el brazo izquierdo en sentido lateral y mantenlo en esa posición. A continuación, pide a tu ayudante que te presione hacia abajo la muñeca izquierda, mientras tú ejerces una suave resistencia. No luches por mantener el brazo en la posición, la idea es encontrar un punto natural de resistencia y fuerza contra la presión, que servirá como base para la respuesta instantánea. Una vez establecida, puedes formular mentalmente tu pregunta o tu preocupación de la manera más neutral posible y excluyendo emociones o prejuicios. No sonrías, no hables, no muevas la cabeza ni hagas ningún comentario durante el test. Es aconsejable que te quites todos los objetos de metal que tengas en el cuerpo y que el ambiente sea lo más silencioso posible.

Supongamos que quiero hacer un test muscular para descubrir si un determinado producto que contiene proteína de soja podría ser beneficioso para mi salud. Pensaría en el producto como si lo estuviera viendo, pero sin dejar que se filtrara ninguna sensación relacionada con él; evitaría los pensamientos como, por ejemplo, «me encanta el envase», «me gusta el aroma» o «creo que es demasiado caro», porque todos ellos proceden de la emoción y no de la intuición. Lo mejor es simplemente pensar en el producto de soja.

En cuanto tengo el producto en mente, extiendo lateralmente el brazo y pregunto a mi cuerpo: «¿Puedo hacer esta pregunta?». A continuación pido a mi ayudante que me presione suavemente el brazo hacia abajo. Si los músculos de mi brazo permanecen firmes y resisten rápidamente la presión, la respuesta sería sí; es decir, mi cuerpo está de acuerdo con que le consulte sobre este asunto. Por el contrario, si mi brazo debilitado por la presión se desliza hacia abajo, entonces mi cuerpo revelaría mi resistencia frente a la pregunta y me sugeriría de forma muy precisa que no estoy preparada para hacer esa pregunta.

Si recibiera un sí por respuesta, el siguiente paso sería pensar en el tema en cuestión y decir simplemente: «Sonia, producto de soja». Entonces mi ayudante me presionaría una vez más el brazo hacia abajo. Si el producto pudiera proporcionarme energía y fortalecerme, los músculos de mi brazo permanecerían fuertes, resistirían fácilmente la presión y el brazo se mantendría con firmeza en su sitio. Si el producto no tuviera la capacidad de revitalizarme, los músculos de mi brazo no soportarían la presión. Mi brazo descendería hasta situarse en el costado de mi cuerpo aunque yo quisiera resistirme. Evidentemente, podría superar este debilitamiento natural y obligar a mi brazo a permanecer fuerte, pero necesitaría hacerlo de forma deliberada y con gran esfuerzo. Si ese fuera el caso, estaría frustrando el propósito del ejercicio. Pero si hacemos el test con una mente abierta, neutral y natural, nuestro cuerpo puede aconsejarnos con gran precisión sobre cualquier tema. Por ejemplo, he utilizado tests musculares para elegir las alfombras para mi casa, comprar alimentos en el mercado y encontrar el mejor vuelo cuando tengo que viajar.

Tiendo a sentirme un poco agobiada y confusa cuando voy a la tienda de alimentos sanos y veo la enorme oferta que hay. Los que me conocen saben que solía comprar toda clase de vitaminas y minerales que me parecían interesantes, aunque la mayoría de ellos se quedaban en un estante de la cocina sin utilizar. No obstante, desde que descubrí el test muscular, eso ya no me sucede. Si me apetece comprar un producto, simplemente hago un test muscular para determinar si lo necesito y si es adecuado para mí. Esto ha simplificado significativamente la elección de vitaminas y medicamentos. Ahora tomo únicamente unos pocos suplementos, y me siento genial. También he utilizado el test muscular para identificar cuáles son las vitaminas correctas para mis hijas, con diferentes resultados para cada una (mi hija mayor necesitaba una dosis mayor de un producto que la pequeña), de forma que hacer el test me ayudó a personalizar sus suplementos.

Una amiga de seis sentidos utilizaba el test muscular para perder peso. Gracias a eso descubrió que el trigo, el queso y la carne no eran buenos para su organismo, así que dejó de consumirlos. Con su nueva dieta comenzó a adelgazar rápidamente y además recuperó su energía. «Gracias al test muscular mi pesadilla con las dietas se terminó de una vez por todas, algo que había representado un problema para mí desde la adolescencia», me comentó.

Una clienta que utiliza los seis sentidos emplea el test muscular para determinar dónde invertir su dinero. «Imaginé que mi agente de bolsa se limitaba a hacer deducciones basadas en determinados factores y que sus sugerencias no eran infalibles. No ignoro ni rechazo lo que me sugiere, pero ahora hago un test muscular para asegurarme. Entre nosotras, me siento más segura».

Cuando mi hija Sonia tenía que entrar en el instituto, tuvo que dedicarse a la tarea de descubrir cuál sería el mejor para ella. Tomar esa decisión resultó un agobio durante semanas, y finalmente me pidió que le hiciera un test muscular. Después de hacerlo se sintió muy aliviada porque pudo identificar un instituto específico. «Es el que más me había interesado —me dijo—. El test confirma mis vibraciones y facilita mi decisión».

He utilizado el test muscular para ayudar a localizar personas y objetos, e incluso en una ocasión lo usé para determinar si un amigo que había desaparecido estaba todavía con vida. Mi hermano me llamó una noche para decirme que estaba muy preocupado porque Randy, un amigo común que es coleccionista de antigüedades, había viajado desde su ciudad natal en Colorado hasta Detroit para asistir a una feria de antigüedades varias semanas atrás y no había regresado en la fecha prevista. Randy había viajado solo en su coche, y mi hermano no sabía nada de él desde hacía unos cuantos días.

Teniendo en cuenta que llevaba con él valiosas antigüedades, Anthony temía que pudieran haberle robado o que pudiera haber tenido un accidente y estuviera inconsciente en un hospital donde nadie lo conocía. Y para empeorar las cosas, el padre de Randy acababa de morir y Anthony no tenía forma de contactar con él para darle la mala noticia. Por este motivo me pidió que lo ayudara.

Con la ayuda de mi hija, hicimos un test muscular para conocer las respuestas. Los resultados indicaron que Randy estaba vivo, en buen estado y, lo más extraño de todo, que ya estaba de regreso en su casa de Colorado. Le dije a mi hermano cuáles habían sido los resultados y le pedí que me mantuviera informada. Al día siguiente me llamó para comunicarme que efectivamente Randy había llegado sano y salvo a su casa la noche anterior, tal como yo le había dicho. Al parecer, nuestro amigo había decidido tomarse el viaje de regreso con toda tranquilidad. Había elegido volver por una carretera que tenía hermosas vistas panorámicas, deteniéndose en ciudades pequeñas a lo largo del camino buscando algunos tesoros, y no se le ocurrió avisar a nadie de que llegaría con demora. Furioso con Randy, pero enormemente aliviado, Anthony me agradeció mi ayuda, pues por fin había podido dormir una noche entera desde la presunta desaparición de nuestro amigo.

También hago un test muscular para tomar decisiones cuando me voy de viaje, como por ejemplo pedir consejo para encontrar un hotel o conocer la información del tiempo e incluso para hacer el equipaje. ¿Por qué no? Es una información segura y práctica, tal como descubrí cuando ignoré las respuestas del test al planificar un viaje a Albuquerque una primavera. Mi test muscular indicó que me llevara ropa abrigada para un clima frío, aunque las noticias decían que en los últimos diez días la ciudad había disfrutado de las temperaturas más cálidas de todos los tiempos. Decidí creer lo que decía el parte meteorológico y di por sentado que seguiría haciendo buen tiempo, de modo que guardé en mi maleta pantalones cortos y camisetas ligeras.

Cuando llegué al aeropuerto de Albuquerque la temperatura era de 23 °C, pero cuando estaba recogiendo el coche que había alquilado ya estábamos a -1 °C. Al día siguiente cayó una buena nevada, de modo que tuve que ir a Walmart para equiparme con pantalones largos, botas, una sudadera, un gorro y una cazadora polar. «Jamás volveré a cuestionar lo que me indican los tests musculares», me dije, mientras me veía con el aspecto de un muñeco de nieve.

Mi clienta Georgine tuvo una experiencia similar. Se debatía entre el test muscular y la lógica, pero afortunadamente decidió rendirse a los resultados del test. Georgine se había descubierto un pequeño bulto en el pecho izquierdo, así que pidió una cita con su médico para hacerse un chequeo. El médico le mandó una mamografía, pero al verla le comunicó que no había nada malo. El test muscular de Georgine no coincidió con la opinión del médico, sino que sugirió que el bulto era canceroso. Ella pidió una nueva cita con el médico para solicitar más pruebas, pero él no se mostró dispuesto a autorizarlas. Le dijo que estaba imaginándose cosas y que tenía que relajarse. Georgine no era capaz de tranquilizarse, de manera que pidió una segunda opinión. En esa ocasión le hicieron una ecografía y una biopsia; ambas pruebas indicaron que tenía un cáncer en etapa inicial. Recibió tratamiento y ahora se está recuperando.

No pretendo decir que deberías hacer un test muscular en vez de pedir un diagnóstico médico, pero no hace ningún daño utilizarlo como herramienta complementaria si tienes alguna duda. Un test muscular, como en el caso de Georgine, puede arrojar luz sobre asuntos que no están demasiado claros.

Tengo una amiga que hace test musculares para averiguar qué bulbos tiene que plantar en su jardín, a qué mecánico debe llevar su coche e incluso con qué cliente tiene que contactar y en qué momento. Esto no invalida ni sustituye su mente racional, simplemente reemplaza la duda y la inseguridad. De manera que si no tienes clara una decisión, ¿por qué no probar con un test muscular? Es otra manera de sintonizar con la mente universal para pedir instrucciones, algo que a las personas intuitivas les encanta hacer.

La clave para hacer un test muscular que sea exacto es mantener tu mente subjetiva fuera del proceso. No le pidas a tu cuerpo que te dé su opinión; pídele que te diga la verdad. Pruébalo contigo mismo, y comprenderás lo que quiero decir. Alguien me dijo una vez que el verdadero genio reside en conseguir que lo complejo sea simple. Si ese es el caso, el test muscular es una herramienta maravillosa para sintonizar con tus vibraciones.

Entrenamiento *woo-woo*

Esta semana haz un test muscular para cualquier decisión que tengas que tomar. Encuentra ayudantes para trabajar con ellos y no te olvides de empezar por preguntarle a tu cuerpo: «¿Puedo hacer esta pregunta?». Esto eliminará la resistencia subconsciente y ofrecerá un canal claro. En cuanto obtengas respuestas, verifícalas con tus vibraciones: ¿te resuenan? ¿Te parecen verdaderas? ¿Crees que son adecuadas, incluso aunque no sean lo que a ti te apetecería escuchar? Recoge la información y utilízala. Y luego observa cómo aumenta tu tranquilidad cuando eliminas las dudas.

Sabiduría *woo-woo*

Haz un test muscular.

NOVENA PARTE

EL CORAZÓN DE UNA VIDA INTUITIVA

RIEGA LAS VIOLETAS AFRICANAS

Cuando confíes plenamente en tus vibraciones, aprenderás que lo que te impulsa más allá de la ilusión y del miedo, y te permite vivir de una forma más elevada, es sencillamente el amor. El amor cura todas las viejas heridas y aclara tu visión para ayudarte a sintonizar con lo que es genuino y auténtico en los demás y en ti mismo. El amor activa mejor tu sexto sentido; cuando actúas desde el amor, vives en consonancia con tu corazón, despiertas tu espíritu y te expresas de forma auténtica frente al mundo. El amor te permite sentir, escuchar, comprender y fluir con gracia, estilo y facilidad a través del mundo oculto del espíritu.

La energía del corazón fluye de acuerdo con cuatro modos básicos, pero solamente uno de ellos te abre lo suficiente como para que actúes en todo momento de la mejor manera posible, como el ser humano creativo e intuitivo que eres.

El primero de ellos es cuando amas libremente a los demás, pero cuando se trata de recibir amor a cambio, lo bloqueas y no lo asimilas. Esta forma de amar fluye en una sola dirección, hacia el exterior, y es lo que yo denomino «el modo crónico de exhalar». Las personas pueden quedarse estancadas en este modo si se les ha enseñado que dar amor es superior a recibirlo; esto no solo no es exacto sino que, de hecho, es muy dañino para el propio espíritu. Dar amor a los demás sin permitirte recibirlo te hará sentir físicamente quemado y psíquicamente desconectado. Si en tu vida no hay suficiente amor, los centros superiores de la conciencia no pueden abrirse ni funcionar adecuadamente.

¿Te resulta fácil amar a los demás pero descuidas tu propio corazón y todo lo que este necesita? ¿Eres el primero en ofrecer ayuda pero el último en pedirla? Si este es tu caso, créase o no, estás sometido al control de tu ego. Recibir amor sin resistirse ni sentirse culpable es fundamental para tener una vida intuitiva equilibrada. Tu espíritu desea que aceptes tu vulnerabilidad y tu necesidad de ser amado, con gracia y agradecimiento. En otras palabras, no percibas tu necesidad de amor como una carga, sino como una expresión de nuestra humanidad.

Recibir amor con dignidad no es una tarea fácil, tal como me lo recordó mi familia hace muchos años. Era mi cumpleaños, y Patrick y mis hijas organizaron una fiesta maravillosa que comenzó a las cinco de la tarde. Para mi sorpresa, una limusina pasó a recogernos a mis hijas y a mí para hacer un recorrido que incluía una caza del tesoro de cumpleaños. Y para mi absoluto bochorno, en cada parada del camino uno de mis amigos estaba esperándonos con confeti, galletas y otras delicias especialmente dedicadas a mí. A continuación, la limusina nos llevó a un hotel increíble donde Patrick nos esperaba. Nos escoltó hasta el ático, que tenía unas magníficas vistas de la ciudad, donde nos sirvieron una cena privada iluminada con velas.

Seguramente pensarás que aquel debe de haber sido uno de los días más felices de toda mi vida, pero en realidad no lo fue. A decir verdad, para mí fue casi doloroso recibir tanto amor y atención, y tanto lujo. Me sentí incómoda por sentirme tan mimada. Sé perfectamente que esas sensaciones pertenecían a mi ego, que estaba a la defensiva, y no a mi espíritu. Pero de cualquier manera, para mí fue una situación complicada, y en vez de disfrutarla estaba deseando que se acabara.

La ansiedad que sentí al recibir tanto cariño me desbordó finalmente en el momento en que mis hijas me dieron sus regalos.

—Vamos a dejarlo —supliqué—, esto es demasiado.

Mi hija Sabrina se sintió absolutamente frustrada.

—Déjalo tú, mamá —me dijo—. Siempre organizas cosas maravillosas para nosotros. Deja que te devolvamos un poco de lo que nos brindas y no lo estropees.

Cuando vi la expresión de su cara y percibí lo que sentía su corazón, comprendí que darme esa gran sorpresa era muy satisfactorio y empoderante para mi familia. Sabía cómo se sentían, porque yo había disfrutado de esa misma sensación muchas veces a lo largo de mi vida. Estropear los esfuerzos de mi familia hubiera sido como robarles la alegría. De manera que en vez de seguir dejando que mi ego controlara la situación y bloqueara su amor, reconocí lo egoísta que era al no ser capaz de aceptar su regalo. Entonces me relajé, me conecté con mi corazón y disfruté de cada minuto que quedaba de aquella experiencia.

El segundo modo de experimentar el amor es cuando aceptas libremente que otros te amen, pero retienes ese amor y te resistes a devolverlo. Mis maestros espirituales decían que reprimir el amor realmente es una forma grave de abuso del alma. Y yo estoy de acuerdo. Nuestras almas necesitan amor igual que nuestros cuerpos necesitan oxígeno, y reprimir el amor es el equivalente psíquico de sofocar a alguien. Cuando reprimimos el amor que nos brindan otras personas, sofocamos su espíritu. Esta es una estrategia insidiosa del ego para seguir teniendo el control, y realmente puede producir terribles daños psíquicos.

Estoy segura de que alguna vez has experimentado el dolor de estar con una persona que tiene un corazón semejante. Probablemente a su lado has sentido ansiedad y has luchado por conseguir que su corazón se abriera. Si retuvo tu amor, es posible que hayas sentido pánico o desesperación e incluso te hayas preguntado si mereces ser amado, lo que constituye una grave herida para el alma. La persona que bloqueó sus sentimientos puede sentirse temporalmente poderosa, pero el corazón humano no está diseñado para reprimir el amor, pues esto supone un esfuerzo y una presión terribles para él. Bloquear el amor produce estrés y tristeza, y si esta actitud se hace crónica puede llegar a causar daños físicos.

Muy pocos buscadores conscientes del alma se imaginan a sí mismos reprimiendo el amor, y la mayoría de ellos son más propensos a darlo en exceso. Pero algunas veces contenemos nuestro amor de una forma tan inconsciente que ni siquiera nos percatamos de ello. Por ejemplo, mi amigo Klaus, una de las personas más conscientes que conozco, me contó la siguiente historia. Klaus tenía en su despacho unas plantas de violetas africanas muy bonitas que apreciaba enormemente. Cierto día observó que las flores estaban un poco mustias y pensó que tenía que regarlas. Como estaba muy ocupado, decidió que lo haría más tarde para no interrumpir lo que estaba haciendo en ese momento. Pasaron los días, y Klaus seguía viendo que las violetas perdían su lozanía y necesitaban agua. A cada rato se recordaba que tenía que regarlas, pero luego seguía ocupándose de sus cosas.

Pasaron algunos días sin que regara las violetas. Al final de la semana, las pobres plantas se marchitaron. Agobiado por la culpa, Klaus se dio cuenta de que había decidido hacer caso omiso de lo que las flores necesitaban, y se preguntó por qué habría hecho algo semejante. Sabía perfectamente que las violetas necesitaban agua, y aunque se proponía regarlas una y otra vez, nunca llegó a hacerlo.

Reprimir el amor es lo mismo que no regar una planta: significa la muerte de nuestro espíritu. Cuando nos desconectamos de nuestro corazón, nos quedamos estancados en nuestra cabeza y volvemos a responder a las normas impuestas por el ego, con la consecuencia de que nuestra capacidad de sentir y responder frente a la verdad disminuye drásticamente. El espíritu de Klaus veía perfectamente que las flores se morían, pero su corazón no podía sentirlo. Lamentablemente, necesitó perder sus preciadas plantas para que su corazón se abriera.

Vivir intuitivamente es advertir que el amor es lo más importante del mundo y nunca se debería reprimir. Para una persona de seis sentidos lo primero es el amor, y luego viene todo lo demás. Pero, como le sucedió a Klaus, muchas veces reprimimos el amor sin darnos cuenta. Lo hacemos cuando no jugamos con nuestros hijos, no salimos a pasear con nuestro perro o nos olvidamos de alimentar a los peces o regar las plantas a tiempo. Lo hacemos cuando no dedicamos unos momentos a charlar con nuestro vecino, no llamamos a nuestra madre o no le deseamos una pronta recuperación a un amigo que está enfermo. Y lo peor de todo es que lo hacemos con nosotros mismos cuando no vamos al cuarto de baño en el momento en que lo necesitamos, no comemos cuando tenemos hambre o no hacemos ejercicio. Lo hacemos cuando trabajamos incansablemente y nunca jugamos. Nosotros, como las violetas africanas, somos fuertes y podemos vivir mucho tiempo privados de lo que necesitamos; pero luego comenzamos a morir, y no es fácil recuperarnos.

La tercera forma de experimentar el amor es no darlo ni recibirlo. En este caso, no hay absolutamente ningún intercambio de energía de corazón a corazón. Esto se conoce energéticamente como tener el corazón frío o de piedra, y esas personas están gravemente enfermas. Han sucumbido completamente a la dureza de su dañino ego y están en la noche oscura de su alma. Desafortunadamente, las personas de corazón frío están demasiado aisladas como para recibir ayuda directamente; sin embargo, puedes enviarles amor para dar calor a su corazón a distancia. ¡Y deberías hacerlo! Todos estamos conectados a nivel del alma, de manera que cuando uno está sufriendo, los demás también padecemos. Para enviar amor imagina que el corazón de otra persona está entrando en calor y respondiendo a tu energía.

El corazón se enfría cuando la gente ha sido tan agredida o herida que se cierra por completo. Cuando estás junto a alguien de corazón frío, no lo tomes como algo personal y, por el amor de Dios, no asumas la responsabilidad de sanar a esa persona por tus propios medios porque muy probablemente no serás capaz de hacerlo. Lo que debes hacer es limitarte a esperar que el amor que le envías haga su trabajo y dejar que el Universo se encargue de la sanación.

Es difícil vivir la experiencia de estar junto a un corazón frío, y si estás expuesto a una persona con estas características debes ser mucho más compasivo y amoroso contigo mismo, y también con ella. Tu batería intuitiva puede agotarse muy rápidamente, de manera que debes estar atento. Por otro lado, los individuos de corazón frío necesitan paciencia, y cuando se les ofrece amor y tiempo, sus corazones pueden llegar a abrirse.

La última forma de amar es la más gozosa. Cuando das y recibes amor equitativamente, eso se refleja con toda claridad en una vida más elevada. Cuando tenía ocho años, después del frenesí de abrir los regalos la mañana de Navidad, mi hermana menor, Soraya, que en ese momento era muy pequeña, salió del salón en dirección a la cocina. Desapareció durante quince minutos y volvió cargada con regalos que había hecho ella misma y que nos entregó con la misma alegría con que había abierto los regalos que ella había recibido. Repartió entre todos los que allí estábamos un trozo de tostada con mantequilla, en un paquete hecho con papel higiénico y atado con un hilo. Su regalo fue el más dulce y tierno que he recibido jamás, y debo decir que sentí envidia mientras repartía sus presentes. En aquel momento me pregunté si era más divertido dar o recibir. Mientras comía mi tostada y jugaba con mi nueva muñeca Charmin' Chatty,* decidí que me gustaban las dos cosas.

Las personas de seis sentidos saben que el amor es la grasa que lubrica la rueda de la vida. Es el elixir mágico que nos empodera para actuar libre, alegre y conscientemente en nuestro entorno. El amor transforma el mundo, que deja de ser un lugar peligroso que inspira miedo para ser un universo hermoso y conectado que funciona por sincronía y es bienaventurado.

---

* N. de la T.: Charmin' Chatty fue una muñeca parlante producida por la compañía de juguetes Mattel en 1963 y 1964.

Si te sientes frustrado por no tener suficiente amor en tu vida, te alegrará saber que es una vibración que se autogenera. Cuanto más amor das, más amor generas y más amor atraes. Ámate plenamente en primer lugar, y luego ama a los demás sin vacilación ni mezquindad, y observa qué es lo que sucede. Tal como sucede con un imán, atraerá a tu vida cada vez más amor y sanación. El amor es la verdadera base de la vida intuitiva, de modo que ofrécelo, acéptalo, inhálalo, exhálalo y disfrútalo. ¡Y que no se te olvide regar las violetas africanas!

Entrenamiento *woo-woo*

Practica dar y recibir amor alternativamente. Por la mañana, ponte como objetivo expresar amor inmediatamente y sin ninguna vacilación en todos los sitios que puedas. Ama todo aquello que te induzca a amarlo y exprésalo a través del agradecimiento, los cumplidos, la ayuda, la paciencia y los actos de bondad y generosidad.

Por la tarde, abre tu corazón para recibir amor; espera recibirlo y reconocerlo de la forma que se manifieste y en cualquier lugar. Si recibes un cumplido, acéptalo y di «gracias». Si alguien te pregunta si necesitas algo, dile que sí y comunícale qué es lo que necesitas. Practica amarte a ti mismo: haz un descanso, duerme una siesta o disfruta de unos minutos de meditación. Y observa que cuando lo haces empiezas a sentir el poder del espíritu y cómo te ayuda a avanzar en la vida.

Sabiduría *woo-woo*

Actúa de acuerdo con tu intuición antes
de que sea demasiado tarde.

SÉ GENEROSO

Cuanto más confiamos en nuestras vibraciones, más permitimos al Espíritu Divino que conduzca nuestra vida. Si quieres que tu vida mejore y sea más elevada, no deberías confiar ocasionalmente en ellas sino hacerlo de manera sistemática. Confiar en tus vibraciones es un modo de vida que solo se consigue con la práctica. Cuanto más confíes, más alineado estarás con tu espíritu y con tu auténtico ser, y mejor te irá en la vida. Te lo garantizo.

La manera más rápida de conectar con el espíritu y fluir con él es ser generoso y dar con plena libertad en vez de ser mezquino e insolidario. Y no se trata de la cantidad que seas capaz de compartir, sino de tener una actitud generosa de entrega y disfrutar del hecho de compartir. Cuando comencé mis estudios metafísicos con el doctor Tully, una de las primeras lecciones que aprendí fue la ley de la reciprocidad: obtenemos de la vida todo lo que le damos. Si ofrecemos apoyo, obtenemos apoyo. Si nos interesamos por los demás, ellos se interesarán por nosotros. Cuanto más abiertos estén nuestros corazones para compartir ideas, tiempo, cordialidad, entusiasmo, amor y aprecio, más recibiremos a cambio. Es así de simple.

El secreto de la ley de la reciprocidad es compartir libremente, sin restricciones ni intenciones secretas y sin la expectativa implícita de «ahora me debes una». Es el arte de dar honestamente y con buena disposición, sin pensar en obtener nada a cambio. Dar con todo el corazón y compartir lo que eres y lo que tienes con otras personas genera oportunidades, sincronicidad, amistad y armonía con los demás. De este modo construyes relaciones equilibradas y accedes a una forma de vida más amable y más abundante.

No creo haber conocido muchas personas que no deseen dar. La mayoría de ellas quieren ser generosas, pero tal vez lo pasen mal al compartir por el temor a no tener suficiente para sí mismas, y mucho menos para ofrecer a los demás. En gran parte, esto depende de la educación que recibieron cuando eran niños. Si sus padres les enseñaron la importancia de la generosidad, lo habitual es que sean adultos generosos. Por el contrario, compartir resulta mucho más complicado a quienes en la infancia les transmitieron que se ocuparan de sus prioridades e ignoraran todo lo demás.

Tenía una amiga que había crecido en una familia numerosa de escasos recursos económicos, en la cual el hijo más querido era el que limpiaba más la casa, hacía más recados y cuidaba más a los pequeños. Su madre incluso había inventado un concurso para elegir «el hijo de la semana». A pesar de que con su iniciativa había logrado que los niños hicieran todo lo necesario para mantener en orden la bulliciosa casa (lo que probablemente era imperioso), hacer que los niños compitieran por el amor de sus hermanos era una idea horrible. Eso creó la sensación de que el amor era tan limitado como cualquier otra cosa y provocó que los niños compitieran por conseguir un poco de cariño. Como resultado, los niños desarrollaron una actitud competitiva y resentida. No es de extrañar que la excesiva generosidad de mi amiga respondiera a una expectativa de ser amada que nunca podría ser satisfecha. Cuando me di cuenta de que no se sentía a gusto cada vez que ofrecía algo a alguien, le pedí que no me diera nada más porque no podía soportar las malas vibraciones que acompañaban sus regalos.

Otra de mis amigas parecía estar extremadamente pendiente de no gastar más de lo necesario. Si nos encontrábamos para comer juntas, sacaba su calculadora para pagar exclusivamente lo que ella había consumido, y ni un céntimo más. Cuando viajábamos juntas, jamás pagaba los taxis ni dejaba propinas. Finalmente me cansé de que diera por sentado que yo me haría cargo de esos gastos, así que decidí hablar con ella. Admitió que en raras ocasiones compartíamos los gastos de manera equitativa. Se excusó contándome que cuando era joven los acreedores se dejaban caer muy frecuentemente por su casa para recuperar los objetos que sus padres no podían seguir pagando. En consecuencia, en su interior fue creciendo el miedo a perder su seguridad, y por ese motivo era incapaz de ser generosa sin sentir una gran ansiedad.

Mis dos amigas estaban estancadas en un pasado en el cual su ansioso ego infantil les decía que nunca tenían lo suficiente, y esa era la causa de que tuvieran miedo de dar. Y lo que obtenían a cambio era precisamente no tener suficiente. Nuestro espíritu sabe que siempre hay suficiente y que cuanto más das más recibes. Jesús lo demostró con los panes y los peces: alimentó a miles de personas con cinco peces y dos hogazas de pan sencillamente porque no dejaba de dar.

No estar dispuesto a dar o ser mezquino responde a una herida psíquica que se produce por no haber tenido cubiertas tus necesidades básicas cuando eras niño o simplemente por negarte a dejar de ser niño. En ambos casos, lo más esencial de esta herida es que estás desconectado de la verdadera fuente, vives de acuerdo con el ego y no con tu espíritu, y dependes de otras personas en vez de confiar en lo que pueden ofrecerte tu espíritu creativo y el Universo. Puedes comenzar a curar esta herida psíquica centrándote en esas áreas de tu vida en las que puedes vivir tranquila y cómodamente.

Mi clienta Magdalena se crio en el seno de una numerosa familia mexicana que luchaba por llegar a fin de mes y, como consecuencia, tiene problemas con el dinero. A pesar de ello, sigue siendo la primera en hacer un montón de tamales y llevarlos a las comidas que ofrece la iglesia, o en invitar a los amigos de sus hijos a comer *pizzas* caseras, o en llevar un ramo de flores de su propio jardín a un vecino que está enfermo. Ha conseguido vivir relajadamente y se siente feliz y segura.

Tengo otra clienta a la que tampoco le sobra el dinero, pero siempre está presente cuando alguien se muda y se encarga de transportar las cajas subiendo y bajando las escaleras un montón de veces. Su generosidad se manifiesta haciendo servicios a los demás con una actitud cordial y sonriente. Por otro lado, conozco a una mujer que aborrece el voluntariado. Hace todo lo posible por evitar colaborar con el colegio de sus hijos, aunque jamás duda en extenderles un cheque por una cantidad espléndida. Estas tres personas son normalmente generosas donde y como pueden serlo. Y eso es lo que importa. La generosidad es un lenguaje amoroso, y todos necesitamos aprender cuál es el nuestro. Te aconsejo que leas el magnífico libro de Gary Chapman *Los cinco lenguajes del amor*, pues puede ayudarte a descubrir cuál es el tuyo y cuál es la forma de dar que te implica menos esfuerzo, y también te permitirá apreciar el lenguaje amoroso de los demás. Todos somos diferentes cuando se trata de dar, y la misma talla no nos vale a todos. Hay muchas formas de dar y expresar amor, y cuantas más conozcamos, más felices y más seguros nos sentiremos. Esto se debe a que el Universo participa del intercambio y comienza a ser cada vez más generoso. Entonces empiezan a suceder cosas extraordinarias.

Durante el primer confinamiento de la pandemia, el hijo de uno de mis clientes, Joshua, estudiante de instituto y un genio de las matemáticas, se dio cuenta de que sus padres estaban haciendo malabares tratando de sacar su propio trabajo adelante desde casa y necesitaban ayuda con las clases *online* de sus hijos. Poniéndose a la altura de las circunstancias, Joshua se ofreció a dar clases gratuitas de matemáticas a través de Zoom a todos los niños de siete a diez años que vivían en el vecindario. Las clases de Joshua eran más divertidas que las que daban los maestros en el colegio, porque planteaba juegos matemáticos y contaba chistes y gastaba bromas a los niños. Esto lo ayudó a mantener su propio equilibrio emocional y contribuyó a que los niños siguieran aprendiendo. Cuando se acabó la pandemia, una de las familias del vecindario invitó a Joshua a pasar unas vacaciones de cinco estrellas en México, en agradecimiento por su ayuda. Él jamás hubiera podido soñar con algo así, y fue una de las mejores experiencias de su vida.

Identifica de qué forma te resulta fácil ser generoso y comienza a practicarlo. Pronto descubrirás que cuanto más auténtica es tu generosidad, más vinculado estás con la red eternamente abundante de la vida. Cuanto más vacíes tu copa para compartir su contenido con los demás, más se volverá a llenar; y no solo materialmente, sino de todas la formas posibles. Cuanto más generoso seas, más se activará tu intuición, porque la generosidad abre el corazón, que es el lugar donde se origina tu sexto sentido. La generosidad te abre puertas y te brinda experiencias cada vez más hermosas que nunca antes hubieras podido imaginar.

Quienes tienen un espíritu generoso y dan sin restricciones son carismáticos en un sentido positivo y atraen cosas y personas como si fueran imanes. Comparten risas con facilidad, hacen cumplidos, se toman tiempo para escuchar, aprecian plenamente a la gente de su entorno, observan realmente lo que hacen los demás y se lo comunican. Este tipo de benevolencia no cuesta nada, pero lo da todo. Procede del espíritu y se olvida del ego. Cualquiera puede disfrutar de ser generoso de este modo.

Cuando abras tu corazón aprenderás que no hay mayor mérito espiritual en dar que en recibir; son dos facetas iguales del amor. Practica la generosidad, comenzando por pequeños gestos que luego irás ampliando gradualmente. Luego, cada vez que decidas dar algo a alguien, abre tu corazón para recibir también algo de los demás. Siempre que seas generoso con otra persona, sé también generoso contigo mismo. Por ejemplo, yo suelo llevar a mis hijas al centro comercial o invitarlas a comer cada vez que nos reunimos, pero también me concedo un poco de tiempo para hacer un largo paseo a solas o ir a la pedicura.

Es preciso mantener un equilibrio y ser espiritualmente generoso pero sin hacer más por las personas de lo que ellas están dispuestas a hacer por sí mismas. Por ejemplo, si tu amiga te llama constantemente pidiendo ayuda cada vez que sufre una crisis pero nunca se dedica a arreglar la raíz del problema, entonces limítate a escucharla compasivamente pero no intentes resolver su problema por ella. Confía en que lo conseguirá por sus propios medios cuando esté preparada para hacerlo. Se trata de *su* crisis, y no de la *tuya*. Quiero aclarar que no estoy hablando de una crisis real, como puede ser sufrir una enfermedad o haber tenido un accidente. Me estoy refiriendo a esos dramas perpetuos que nunca desaparecen. Si asumes la responsabilidad de un problema ajeno, aunque sea con el espíritu de la generosidad, el resultado será que una vez solucionado ese asunto surgirá un nuevo dilema.

Dar es una forma de arte que eleva tu vibración en una octava. Contribuir con los demás desde un espacio auténtico y generoso abre tu corazón y te conecta con tu espíritu. Vivir con generosidad es vivir plenamente, en vez de inhibirte o reprimirte de uno u otro modo. Esto significa no abstenerte «por las dudas». Tírate a la piscina de la vida para darte un buen chapuzón, en vez de limitarte a mojar los dedos de los pies. Permite que tu espíritu conduzca totalmente tu vida y confía en él. En cuanto lo hagas ya no volverás a mirar atrás, porque a partir de ese momento comienza una vida extraordinaria.

Ser generoso significa apartar tu atención de tu ego y dirigirla hacia los que te rodean. Si no te sientes caritativo, la mejor cura es ser agradecido. Deja de pensar en lo que no tienes y reconoce todo lo que ya has recibido. Incluso puede ser útil que hagas una lista de todas las cosas que has recibido en tu vida. En lugar de preocuparte por lo que no tienes, piensa en el maestro sufí que al ver arder su casa, dijo: «Qué bien, ahora puedo ver las estrellas».

Entrenamiento *woo-woo*

Presta atención a tu forma natural de dar y practícala con más regularidad cuando la reconozcas. A continuación, observa de qué modo tu generosidad te afecta física, emocional y psíquicamente. Identifica los ámbitos de tu vida en los que no eres caritativo y cómo sientes esa energía en particular. Luego prueba a ser un poco más generoso en esos ámbitos: si te cuesta gastar dinero, invita a alguien a comer y paga tú la cuenta; si siempre tienes prisa, ofrécele unos minutos más de tu tiempo a uno de tus seres queridos, y si eres muy crítico, expresa a otras personas tu aprecio y tu afecto.

Entrégate por completo a la vida en vez de contenerte por miedo a perder el control. Cuando estés con otras personas, debes estar plenamente con ellas; ayuda a quienes te ayudan, escucha a quienes comparten contigo sus problemas y ofréceles algo más de lo que generalmente les das. Comienza cada día nombrando al menos tres cosas por las que estás agradecido y esfuérzate por encontrar nuevas formas de expresar tu gratitud diariamente.

Por último, sé generoso contigo mismo. Di sí en lugar de no a todas las cosas que te gustan y permite que cada día llegue a tu vida más amor, más agradecimiento y más diversión. Toma nota de que estas opciones afectan positivamente a tu intuición, tu creatividad y tu sexto sentido. Apunta todos los regalos intuitivos que has recibido a lo largo de esta semana.

Sabiduría woo

Recibes lo que das.

BAJA EL RITMO

Una de las grandes paradojas de tener una vida de seis sentidos es que para potenciar nuestra intuición y desempeñarnos con la mayor eficacia debemos bajar el ritmo. Si conducimos nuestra vida a una velocidad trepidante mientras nos proyectamos hacia el futuro o nos obsesionamos por el pasado, solo conseguimos suprimir nuestras vibraciones y complicar nuestras sensibilidades intuitivas. Estos comportamientos son síntomas que indican que estamos viviendo en nuestra cabeza; estamos desconectados de nuestro corazón y no confiamos en la sabiduría del Universo. Cuando bajamos el ritmo y nos concentramos en el presente, reconducimos nuestra energía hacia el corazón, que se abre para volver a ofrecernos guía e inspiración.

En algunas ocasiones lo único que se necesita es sencillamente retirarse de una situación y tomar un poco de distancia. Tal como solía decir mi maestro el doctor Tully: «Algunas veces lo más potente que puedes hacer es no hacer nada». Lo que humildemente he llegado a comprender después de llevar más de cincuenta años de vida intuitiva es que no hacer nada no significa que no estemos haciendo algo. En el reino invisible algo está sucediendo entre bambalinas, y tenemos que crear espacio para ello.

A veces el ingrediente misterioso que necesitamos para que la acción que transcurre entre bastidores pase al escenario es simplemente el tiempo. El elemento sagrado del tiempo puede ahorrarnos enormes cantidades de derrochada adrenalina, por no mencionar el desgaste emocional. El tiempo refleja la sabiduría de Dios, que trabaja a la manera de Dios. Cuando te conectas con el ritmo Divino de Dios, también te conectas con lo que yo denomino la «Inhalación Divina». Y lo que permite que todas las piezas se ordenen sincrónicamente es esa pausa sagrada o ese espacio de quietud.

En cierta ocasión asistí a un concierto de la Orquesta Sinfónica de Chicago, y fue una experiencia maravillosa y enriquecedora. Mientras la orquesta interpretaba las brillantes frases musicales finales del programa, estaba tan conmovida que contuve la respiración. La nota final llegó al clímax con un intenso *crescendo*, y fue como si un rayo hubiera caído sobre la audiencia, sumiéndola en un silencio absoluto. La música terminó, pero su energía seguía en el aire. Fueron necesarios quince segundos antes de que fuera posible asimilar el impacto total de la función. Luego, como una ráfaga de oxígeno, sonaron los aplausos, y el público se puso de pie ovacionando a los músicos por su extraordinaria interpretación.

Al regresar a casa después del concierto me di cuenta de que para mí el momento más intenso de la velada había sido el silencio que se produjo después de que la orquesta tocara la última nota. Creo que en esos quince segundos pasaron muchas más cosas que a lo largo de todo el programa. Lo que me sucedió fue que fui capaz de absorber a un nivel celular no solamente la ejecución de la obra sino también la emoción que la acompañaba. Si el público hubiera aplaudido inmediatamente después de que la orquesta terminara de tocar, me habría perdido el corazón y el alma de la interpretación. Sin embargo, me conecté con la Inhalación Divina.

El tiempo es la manera Divina de recordarnos una vez más que somos cocreadores con el Universo; no hacemos las cosas solos. Plantamos las semillas de la creatividad y las regamos, pero no tenemos el poder de hacer que crezcan, y mucho menos de que lo hagan cuando nosotros queremos. La forma en que se desarrollan corresponde a

Dios. La sabiduría de Dios se ocupará de satisfacer nuestras intenciones más profundas en cuanto las pongamos en movimiento. Nuestra parte de la labor es crear las condiciones perfectas para que el Universo fluya a través de nosotros —así como nuestro trabajo en el jardín es crear las condiciones ideales para que crezcan las plantas y flores—, y eso es todo lo que podemos hacer. Dios fluye a través de nosotros y hace que nuestros jardines prosperen de acuerdo con su propio programa. Y debemos estar agradecidos, porque Dios sabe mucho más que nosotros y las plantas crecerán mejor.

Soy una persona voluntariosa y bastante intensa; por este motivo bajar el ritmo ha sido una de las lecciones más duras que he tenido que aprender. Todo lo que quiero lo quiero ahora, y soy capaz de hacer lo que haga falta para que así sea. Sin embargo, he aprendido que para materializar mis sueños a menudo lo único que tengo que hacer es sentarme y esperar. El camino de nuestra alma se desarrolla según sus propias condiciones, con su propio tiempo y con su propia magia.

Mi clienta Caitlyn también aprendió esta lección cuando hizo una entrevista laboral como aspirante a lo que ella creía que era el trabajo ideal en una empresa que se acababa de crear en San Francisco. Estaba tan segura de que el trabajo era perfecto que anunció a todo el mundo que estaba decidida a renunciar a su trabajo actual y mudarse al cabo de tres semanas, cuando se firmaría el contrato. Pasaron los días y la empresa no se puso en contacto con ella. Llamó varias veces sin éxito, hasta que se convenció de que no iban a contratarla.

Caitlyn estaba perpleja. Le había dicho a todo el mundo que había conseguido un nuevo trabajo y se trasladaba a San Francisco, así que ahora debía enfrentarse al bochorno de admitir su fracaso. Desmoralizada y furiosa, dejó de buscar trabajo y a regañadientes comenzó a concentrar sus energías para conseguir ser más feliz en Chicago. Volvió a instalarse en su apartamento y puso su carrera en segundo plano. Ahora tenía otra vez tiempo libre y se dedicó a pintar, leer, dar paseos, hacer amigos y arreglar su casa.

Cuatro meses más tarde, la empresa que la había entrevistado desapareció de la noche a la mañana. Caitlyn agradeció a Dios que no la hubieran contratado; de lo contrario, habría quedado totalmente desamparada. Y lo mejor de todo fue que una vez que fue capaz de reajustar sus ambiciones no solamente consiguió bajar el ritmo, sino que además dejó de interesarse por ascender en su carrera y decidió tener una vida aparte de su trabajo. No volvió a trabajar para ninguna empresa, y poco después se dio cuenta de que su vida era mucho más equilibrada.

Fundó su propia empresa de asesoramiento para personas que querían renunciar a sus puestos en empresas con el fin de trabajar de forma autónoma. Fue capaz de sobrevivir durante los primeros años, luego llegó la pandemia y nos mandó a todos a casa. Poco después se produjo la Gran Renuncia de 2021.* Como Caitlyn, miles y miles de personas se negaron a volver a sus puestos en empresas y a otros trabajos en los que no se valoraban sus opiniones ni se atendían sus necesidades. Muchas de esas personas acudieron a ella para pedirle asesoramiento para iniciar sus propios negocios. Caitlyn no daba abasto. La última vez que hablamos estaba encantada: «El Universo tardó una década en valorar mi intuición de que un día todo el mundo iba a renunciar a su puesto en una empresa para trabajar de forma autónoma, como yo misma hice». Ahora está escribiendo su primer libro y también organiza cursos *online* para personas que ya están preparadas para recorrer su propio camino y tener una vida extraordinaria.

Esperar tranquila y pacientemente hasta que el Universo trabaje a tu favor es una señal de que estás comenzando a desarrollar una conciencia espiritual. Intuitivamente, estás sintiendo y comprendiendo la verdad de que todo es exactamente como debe ser, todo se mueve en la dirección correcta para ofrecerte las mejores oportunidades

---

* N. de la T.: Durante la Gran Renuncia (*The Great Resignation* o *Big Quit*) 11,5 millones de empleados en Estados Unidos (el 7,3% de los 157 millones que conforman la fuerza laboral del país) dejaron voluntariamente sus puestos de trabajo solamente en el segundo trimestre de 2021.

para el crecimiento de tu alma. La sabiduría del Universo es mayor, mejor, más brillante, más generosa e infinitamente más eficaz que tu ego. Tú solo tienes que ser paciente mientras él obra su magia. Al bajar el ritmo y tomar distancia, confías en que Dios está haciendo su trabajo, así que puedes relajarte y dejar que las cosas fluyan. Reducir la velocidad es un acto de fe, sabiduría y entrega. Y esperar es una muestra de respeto y humildad para las fuerzas divinas del Universo que son tu apoyo, puesto que se están encargando de construir una hermosa vida para ti y ofrecértela como regalo cuando decidan que es el momento.

Cuando bajes el ritmo y te sientas a gusto con las pausas de lo desconocido, llegarás a dominar el arte de confiar en tus vibraciones sabiendo que al hacerlo todo es, y será, mucho mejor que fabuloso. Pero, para entonces, no necesitarás que yo te lo diga...: lo sentirás en cada célula de tu cuerpo.

Entrenamiento *woo-woo*

De vez en cuando hay que dar un paso atrás, hacer una pausa, relajar-se, dejarse llevar, dejar todo en suspenso y permitir que el Universo se ocupe de ello. Sabrás que ha llegado ese momento porque lo sen-tirás en tu cuerpo, especialmente en tu corazón. Deja todos tus pla-nes, sueños, esperanzas, miedos y ambiciones en las manos de Dios y de tus guías y confía en que las cosas saldrán bien si actúas de acuerdo con lo que ellos te indican y cumples plenamente con tu parte. Si hay demoras, será por alguna razón. Puede ser que simplemente el Uni-verso necesite más tiempo. O probablemente te están redirigiendo hacia un plan mejor. Mantente alejado del teléfono y del ordenador, o utilízalos cuando sea imprescindible. Y pásatelo bien: vete a la cama tarde, ve una película extranjera, sal a mirar escaparates, ve a dar un largo y agradable paseo, monta en bicicleta... En vez de ir a contra-corriente, navega el río con un kayak. Confía en que el Universo te dará todo lo que necesitas cuando sea el momento oportuno. No te preocupes ni te estreses, simplemente abre tu corazón y espera.

Sabiduría *woo-woo*

Deja que el Universo te ayude.

BAILA EN EL FUEGO

Un año después de casarnos, mi exmarido, Patrick, y yo vivíamos en Chicago y decidimos comprar nuestra primera casa. Utilizando el poder de la visualización y confiando en mis vibraciones, no pasó mucho tiempo antes de que encontrara el lugar perfecto para nosotros. Tenía todo lo que habíamos imaginado: tres dormitorios, una chimenea, un sótano de grandes dimensiones y un hermoso patio, y además estaba en un barrio precioso muy cerca del río Chicago. Yo insistí en comprarla nada más verla. Patrick estaba indeciso porque el precio superaba nuestras posibilidades, pero utilicé todo mi poder de persuasión para convencerlo de que podríamos afrontar la inversión. Y luego hice exactamente lo mismo con la agente inmobiliaria para persuadirla de que negociara con los vendedores un precio que pudiéramos pagar. No fue fácil, pero finalmente tuvimos suerte y pronto llegamos a un acuerdo.

Evidentemente estábamos muy contentos. Yo no veía la hora de ser propietarios de la casa hasta que una mañana, algunas semanas después de que nuestra oferta fuera aceptada, me desperté con una terrible sensación de miedo y con la convicción de que teníamos que anular la compra. Mis vibraciones me indicaban que la casa ya no era perfecta para nosotros, pero no me daban ninguna otra información. En realidad no necesitaba saber nada más. Confiaba plenamente en mis vibraciones y sabía que eran la guía más esencial en mi vida, de manera que le dije de inmediato a mi marido que teníamos que cancelar el acuerdo aunque no sabía muy bien cuál era la razón. Perplejo porque apenas unas semanas atrás le había manifestado de manera categórica que la casa era perfecta para nosotros, discutió conmigo y afirmó que simplemente me había arrepentido de comprar la casa. Yo sabía que había mucho más que eso y además de responderle que estaba equivocado, le dejé bien claro que no estaba dispuesta a comprar la casa porque mis vibraciones me lo desaconsejaban.

Enfadado, frustrado y convencido de que no cambiaría de opinión, Patrick me dejó claro que era yo la que se encargaría de informar a la agente inmobiliaria y a los vendedores que cancelábamos el acuerdo, y que además debía asegurarme de que al anular el contrato no íbamos a perder el dinero que habíamos dado como depósito. Sin dejar que su confusión y su resentimiento me disuadieran de lo que sentía que era conveniente para nosotros, llamé a la agente inmobiliaria para cancelar la operación. Ella recibió mis palabras con la misma incredulidad que Patrick.

—¿Qué espera usted que les diga a los propietarios cuando faltan apenas tres semanas para cerrar la operación? —me contestó.

—Dígales la verdad —le respondí—. Soy psíquica y tengo malas vibraciones en relación con la compra de la casa, y por ese motivo queremos anular el contrato.

Me dijo que no veía factible que pudiéramos recuperar el dinero del depósito y además añadió que creía que estaba loca. Sin querer entrar en discusiones, ni perder más tiempo en un momento en el que el mercado estaba muy dinámico, los vendedores aceptaron cancelar el trato y devolvernos los mil dólares del depósito.

Aunque sentí un gran alivio, todavía tenía que vivir con las consecuencias de mi conducta. Ni la irritación ni el intenso resentimiento que desencadenó mi decisión de rescindir el contrato eran fáciles de soportar, y tampoco parecían diluirse. Aun así, mis vibraciones habían sido tan claras que me había inclinado por aguantar la indignación y los juicios negativos que recibía, en vez de ignorar mis vibraciones y seguir adelante con la operación.

Una semana después de la fecha en la que deberíamos haber cerrado el contrato, el clima cambió y durante tres semanas llovió intensa e incesantemente. Aquello fue un diluvio sin precedentes. Como consecuencia, la casa que íbamos a comprar y en la que deberíamos haber estado viviendo esa misma semana se inundó por completo. Recibimos una llamada de la inmobiliaria para contarnos lo sucedido. «Realmente no sé qué es lo que pasó, pero habéis tenido mucha fortuna al no haber comprado la casa —manifestó—. Sé que no me comporté muy bien al enterarme de vuestra decisión; sin embargo, esta mañana me ha impresionado mucho escuchar a los vendedores contarme lo que había ocurrido. A ellos también les resultó asombroso que cancelarais la transacción y os ahorrarais el enorme disgusto de que la casa fuera destruida por una inundación apenas una semana después de haber entrado en ella».

Incluso mi exmarido llegó a decir: «Gracias a Dios que no compramos la casa; de lo contrario, nos hubiéramos arruinado». Todo lo que pude hacer fue agradecer al Universo por protegernos y por darme la fuerza para resistir la desaprobación de los demás, ya que al hacerlo nos salvamos de una catástrofe económica.

Espero que las herramientas que has descubierto en este libro te hayan ayudado a agudizar tu sexto sentido y fortalecer tu intuición. No obstante, si realmente quieres tener una vida extraordinaria, tu compromiso final debe ser confiar en tus vibraciones más allá de las amenazas, la resistencia o la desaprobación de los demás. Mi madre se refería a esta actitud como «bailar en el fuego», porque afrontar las críticas o los reproches de los demás que pretenden inducirnos a ignorar nuestras vibraciones es como sentir que el fuego energético viene hacia nosotros para evitar que actuemos de acuerdo con nuestras auténticas sensaciones. Mi madre nos dijo que en lugar de dejarnos intimidar por el fuego de las reacciones negativas de las demás personas, simplemente «bailáramos en su fuego», o para decirlo con otras palabras, que fuéramos consecuentes con nuestra auténtica verdad y siguiéramos adelante, independientemente de las consecuencias potenciales que podríamos afrontar. Según ella, eso garantizaba que estuviésemos protegidos. Y tenía razón. Esta es la decisión más importante que puedes tomar cuando se trata de confiar en tus vibraciones, porque no pueden obrar su magia si no les haces caso.

La presión para que ignores tus vibraciones surgirá una y otra vez, porque revelan lo que es invisible a los ojos y lo que no resulta evidente en las condiciones imperantes. Por lo tanto, los demás naturalmente dudarán de ti. Por ejemplo, cuando pretendíamos comprar la casa mis vibraciones me advirtieron de las condiciones climáticas mucho antes de que el hombre del tiempo las mencionara. Así es como trabajan las vibraciones. Se sintonizan con la energía que se está moviendo en tu dirección y te preparan para reaccionar con anticipación. Como resultado, te alejas de los peligros y te predispones a aprovechar las oportunidades en lugar de que factores externos imprevistos te pillen desprevenido.

Intenta pensar en esos momentos de tu propia vida en los que has tenido una intuición y la dejaste de lado, o permitiste que otras personas te disuadieran de lo que habías sentido, solo para arrepentirte más tarde. La vida mejora drásticamente cuando tienes el coraje de superar tus propias dudas o la desaprobación de los demás y no abandonas tu guía interior y tu verdad por conveniencia, para complacer o apaciguar a los demás, o para calmar tu propia incertidumbre.

La disposición a confiar en tus vibraciones es la decisión más empoderante que puedes tomar si quieres tener una vida verdaderamente extraordinaria. Habrá innumerables momentos en los que recibas consejos sin tener ninguna prueba que los respalde. En estos casos, tu mente racional puede entrometerse e interferir; te solicitará una razón sensata por la que debes confiar en tus vibraciones, y tú no serás capaz de ofrecerla... todavía. En esos momentos, puedes sentirte tentado de desoír tus vibraciones y tomar el camino de la menor resistencia, aun cuando interiormente no te parezca correcto. Más tarde te arrepentirás de lo que has hecho.

Tengo una clienta llamada Colleen que es madre de mellizos de diez años, un niño y una niña. Cierto día, su hijo le dijo que tenía un fuerte dolor de espalda y no se encontraba bien para ir al colegio. Esa era una situación inusual porque el niño normalmente no se quejaba de nada. Durante unos breves instantes Colleen sintió intuitivamente que tenía que hacerle caso y dejar que aquel día se quedara en casa. No obstante, había crecido en una familia cuya ética era básicamente «aguanta, cierra la boca y haz lo que tengas que hacer». Por ese motivo le respondió a su hijo que no podía faltar al colegio y le aseguró que se sentiría mejor en cuanto estuviera allí.

A las diez de la mañana Colleen recibió una llamada de la enfermera del colegio en la que le informó que su hijo tenía dolores muy fuertes. Habían llamado una ambulancia para ingresarlo, y ella tenía que acudir al hospital de inmediato. El apéndice de su hijo había estallado a lo largo de la mañana, y el niño se encontraba en serio peligro. Colleen se horrorizó al recibir esa noticia y se sintió fatal por haber ignorado las quejas de su hijo y sus propias vibraciones. Agradecida porque su hijo no había fallecido debido a una sepsis, decidió no volver a ignorar jamás sus vibraciones.

¿Puedes recordar algún momento en el que tuviste una gran intuición, pero por tu propio condicionamiento descartaste tus vibraciones tan rápidamente que apenas la registraste? Esta es una trampa de la cual hay que protegerse. Es muy fácil que descartes automáticamente tus vibraciones por la fuerza de los hábitos o de los condicionamientos familiares, incluso cuando sientes que no deberías hacerlo.

BAILA EN EL FUEGO AUNQUE ESO TE CONVIERTA EN UNA PERSONA IMPOPULAR

Mi clienta Julie consiguió el trabajo de sus sueños cuando fue contratada por una empresa de redes sociales muy bien valorada. Le encantaba la gente que trabajaba allí, su camaradería, y disfrutaba trabajando en ese nuevo lugar. Después del trabajo, sus compañeros se reunían para tomar unas copas en un *pub* que estaba frente a la oficina. La invitaron a unirse a ellos poco después de comenzar a trabajar en la empresa. Contenta de formar parte del grupo, Julie aceptó la invitación sabiendo que para ella no era bueno beber puesto que procedía de una familia adicta al alcohol. No quería que la consideraran una aburrida y por eso hizo caso omiso de sus vibraciones. Pronto se encontró bebiendo más de la cuenta cinco días a la semana después del trabajo. En muchas ocasiones intentó rechazar una nueva copa, pero sus colegas insistían y ella se dejaba convencer. Al final bebía una copa tras otra para pasar un buen rato con ellos. Cedió a la presión ignorando su voz interior. Cada noche, mientras viajaba en el tren de regreso a casa, sus vibraciones volvían a insistir en que debía dejar de beber de aquel modo. Pero ella no las escuchaba. Quería ser aceptada y que sus compañeros de trabajo la consideraran «una tía genial». Tenía miedo de convertirse en una persona impopular si dejaba de beber, y por ese motivo pareció no importarle que beber tanto pudiera llegar a afectarla.

A los tres meses de beber diariamente grandes cantidades de alcohol, el trabajo de Julie se deterioró. Cometía un error tras otro, y tras cada error se sentía culpable por su mal rendimiento. Finalmente, cuatro meses más tarde fue despedida, y se sintió muy avergonzada.

Decidió consultarme y solicitar una lectura. Entonces me comentó que sus vibraciones le habían repetido con insistencia que dejara de beber y disfrutara de la compañía de sus colegas sin consumir alcohol. Sin embargo, desafortunadamente se sentía demasiado insegura como para escucharlas. Al ignorar por completo sus vibraciones no solo perdió el trabajo de sus sueños: en su currículum ahora había también una evaluación negativa de su trabajo. «Me siento una idiota —me dijo entre lágrimas—. Yo sabía que no tenía que beber. Antes de trabajar en aquella empresa no tomaba ni una sola gota, y además no me gusta beber. ¿Por qué no escuché mis vibraciones y me dediqué a beber agua, cuando prácticamente me estaban gritando al oído que dejara de consumir alcohol y me marchara a casa?».

Yo sí sabía cuál era el motivo. Las personas intuitivas tienden a ser muy empáticas y sienten profundamente las emociones de quienes están a su alrededor. Para no desilusionar a sus compañeros de trabajo, Julie priorizó su relación con ellos complaciendo sus deseos en vez de atender sus necesidades. ¿Puedes recordar alguna ocasión en la que te hayas olvidado de ti mismo e ignorado tus vibraciones para disfrutar de la aprobación grupal en vez de defender lo que verdaderamente es adecuado para ti? Si la respuesta es afirmativa, ¿cuáles fueron las consecuencias? Y por otra parte, ¿mereció la pena gozar de la aprobación de los demás desoyendo tus vibraciones? Una vez que reconozcas que el precio por negar tu intuición para dar prioridad a la aprobación de otra persona es demasiado alto, te resultará más fácil respetar lo que sientes aunque los otros no estén de acuerdo ni lo comprendan.

La buena noticia es que en cuanto decides bailar en el fuego de la desaprobación de los demás, o de su insistencia para que no hagas caso de tus vibraciones, descubrirás que te sientes realmente bien. Esto significa que te estás empoderando y respetando, y que confías en ti mismo en cualquier situación. Así te conviertes en el líder de tu vida en vez de ser una oveja que sigue ciegamente a los demás. Aquellos que confían en sus vibraciones incluso en las circunstancias más difíciles son los que tienen la vida más extraordinaria. Es probable que tengan que soportar temporalmente la presión y la desaprobación de otras personas por no tener ninguna evidencia inmediata que respalde sus sensaciones. Pero al final la evidencia siempre aparece, y no existe una sensación de victoria más dulce.

La conclusión es que no necesitas ninguna prueba para hacer caso de tu intuición. Lo importante es que cuando sientes que algo es bueno o malo para ti, debes respetar esa sensación sin importarte lo que pase. Confía en tus vibraciones porque en última instancia eres tú quien debe vivir con tus decisiones, y no las personas que han intentado convencerte de que renuncies a tu verdad interior y a tu guía en beneficio propio.

Comienza soportando las pequeñas presiones que llegan tanto del exterior como del interior, afirmando en voz alta: «Confío en mis vibraciones porque eso funciona para mí». Esa es una razón más que suficiente. No es frecuente que alguien intente cuestionarte; sin embargo, pueden juzgarte. Mi consejo es que no des demasiada importancia a los juicios ajenos, porque el coste de renunciar a ser tú mismo para ganar la aprobación de otra persona es demasiado alto. Y, sencillamente, no merece la pena.

Mi maestro Charlie me enseñó a respetar el primer mandamiento y no adorar a dioses falsos. Decía que la aprobación de otras personas es un dios falso. Cuando somos niños aprendemos que necesitamos la aprobación de los demás para sobrevivir en nuestra familia original, porque somos indefensos y dependemos de nuestros padres y de otros adultos para satisfacer nuestras necesidades. Y eso naturalmente es verdad hasta que nos convertimos en adultos.

Este fue un gran consejo que me permitió aprender a bailar en el fuego. Está claro que al principio no resulta fácil, pero con un poco de práctica es cada vez más sencillo. Merece la pena soportar el malestar a corto plazo para obtener un beneficio a largo plazo, así como también para gozar del profundo sentimiento de amarse a sí mismo y sentirse íntegro, lo que se consigue respetando la voz de tu espíritu que guía tu vida.

La mejor forma de confiar en tus vibraciones es aminorar el ritmo y conectar contigo antes de lanzarte a la acción o estar de acuerdo con algo. Respira profundamente e intenta sentir tus vibraciones antes de decir sí o no en cualquier circunstancia en la que te encuentres. No prestes atención a tu cabeza, tu perro ladrador. Escucha tu cuerpo, escucha tu corazón, y pregúntate: «¿Qué es lo que dicen mis vibraciones?». Si es posible, dilo en voz alta. Si te sientes guiado a tomar una decisión que podría ser impopular o complicada, y te piden que defiendas tu decisión o que expliques tu razonamiento, limítate a decir: «Confío en mis vibraciones porque eso funciona para mí; esta es la única razón que tengo, pero estoy dispuesto a mantenerla».

OCÚPATE PRIMERO DE TI

La semana pasada viajé con mi hija Sonia a Sedona, Arizona, para dar nuestro primer taller después de la pandemia. Estábamos entusiasmadas por muchas razones, una de las cuales, para mí, era estar en una magnífica maravilla natural. Además, mi hija estaba encantada porque después del evento había reservado un vuelo de Phoenix a San Diego para visitar a su compañera de habitación de la universidad, que acababa de tener un bebé.

Estábamos de camino a devolver el coche de alquiler un domingo por la tarde después de haber finalizado un taller muy laborioso. Tras conducir dos horas y quince minutos desde Sedona hasta el aeropuerto de Phoenix, Sonia recibió un aviso de American Airlines en el que le comunicaban que su vuelo se retrasaría cuatro horas. Eso no fue una buena noticia, ya que Sonia estaba completamente agotada y no se sentía preparada para esperar tanto tiempo. Tuve una vibración instantánea de que tenía que renunciar a sus planes de ir a San Diego y volver directamente a su casa. Entonces le dije:

—Sonia, van a cancelar tu vuelo. Debes reservar rápidamente un billete para Nueva Orleans.

—Es lo que más deseo en este momento porque estoy muy cansada, pero no quiero decepcionar a Mary, y además hace un mes que estoy muy ilusionada con este encuentro —me respondió.

—No se trata de decepcionar a Mary —le contesté—. Siento que este vuelo demorado finalmente va a ser cancelado. Si no te das prisa y compras un billete para volver a casa, te quedarás varada en el aeropuerto.

A pesar de que se sentía fatal, me respondió:

—Creo que tienes razón, tengo la misma vibración. Tal vez sea demasiado tarde para comprar el billete pero lo intentaré.

Comenzó a navegar por Internet buscando un vuelo y encontró una única opción para volver a casa, un vuelo de Southwest que despegaba en cincuenta y cinco minutos, con conexión en Las Vegas y que llegaba a Nueva Orleans después de medianoche. Tenía el tiempo justo, pero podría conseguirlo si se daba prisa. Quedaban apenas unos pocos minutos para comprar el billete antes de que se esfumara su oportunidad.

«Me siento tan mal cancelando este plan —se lamentó mientras reservaba su vuelo—. Pero voy a hacerlo aunque mis emociones sean contradictorias. Si puedo comprar el billete será una señal de que esta opción es la correcta». En el mismo momento en que dijo eso recibió la confirmación de su billete. «Me voy a casa. Espero que Mary comprenda la situación y no sienta que la he dejado tirada». Entonces agarró su maleta y salió corriendo para embarcar.

Tras verla desaparecer en la terminal de Southwest, me dirigí en la dirección contraria para tomar mi vuelo a Chicago y luego a París. Cuatro horas más tarde recibí un mensaje de Sonia en el que me decía: «Acabo de recibir una notificación de American Airlines comunicándome que el vuelo finalmente fue cancelado. ¡Qué bien que decidí volver a casa! Estoy muy contenta de haber confiado en mis vibraciones».

Esta historia enseña que tus vibraciones no son tus emociones y que incluso es posible que cuando escuches tus vibraciones tengas que ignorar tus emociones. En el caso de Sonia, necesitó confrontarse con el miedo de desilusionar a su amiga. Dispuesta a aceptar la potencial decepción de su amiga, confió en que sus vibraciones la estaban cuidando. Y así fue. Para cualquier otra persona bailar en el fuego puede significar renunciar a una relación que es dañina, a pesar de que todas las emociones la conminen a mantenerla por miedo a la soledad; o también puede querer decir aceptar un nuevo trabajo que es todo un desafío a pesar de que su ser emocional preferiría permanecer en su zona de confort, en un trabajo mal pagado y poco estimulante.

Tengo una clienta llamada Emma que estaba prometida con un hombre maravilloso que era médico de profesión y un buen padre de una hija adolescente. Emma se sentía amada y sus vibraciones le indicaban que era una buena pareja para ella. Sin embargo, sus temores le decían algo diferente. Le preocupaba que él trabajara demasiado y que no fuera demasiado espiritual. Hacía hincapié en que intuía que en el futuro le prestaría más atención a su hija adolescente que a ella o a sus propios hijos y que terminaría abandonándola. Llegó a estar tan preocupada que por las noches no conseguía conciliar el sueño. Fue entonces cuando me llamó.

—¿Es esta la pareja adecuada para mí? Me preocupan tantas cosas que no soy capaz de relajarme. Y sin embargo es el hombre más generoso, amable y cariñoso que he conocido jamás. ¿Qué es lo que me pasa?

Le pregunté:

—¿Qué es lo que dicen tus vibraciones?

Sin vacilar ni un instante, me respondió:

—Cásate con él y relájate.

—¿Qué es lo que dice tu ego/perro ladrador?

—Me dice que debo dejar la relación porque puede encontrar a alguien mejor.

—¿Y cómo te sientes cuando escuchas tus vibraciones?

—Me siento aliviada.

—¿Y cuando escuchas a tu perro ladrador?

—Siento ansiedad, como me sucede la mayor parte del tiempo. Es terrible.

—Emma, tú sabes lo que es adecuado para ti. Solo tienes que dejarte amar y relajarte.

No sé qué es lo que va a hacer Emma. Espero que confíe en sus vibraciones y siga adelante con su relación, porque él la ama y ella lo ama a él. Ignoro qué es lo que teme su ego/perro ladrador, pero indudablemente podría arruinar su oportunidad de ser feliz si no está dispuesta a escuchar sus vibraciones en vez de prestar atención a sus miedos.

MANTÉN UN PERFIL BAJO

No es necesario que anuncies tus vibraciones como si Elvis hubiera aparecido ante ti. Por el contrario, toma tranquilamente las decisiones que respetan y dignifican tu guía interior, y no te sientas obligado a explicar nada ni a defenderte. Limítate a decir: «A mí me funciona». Como es evidente, habrá momentos en los que te enfrentarás a la resistencia, las bromas, las burlas, las miradas incrédulas y las críticas de los demás, y quizás también te verás enredado en graves discusiones. Pero si mantienes la calma y te muestras decidida, esa resistencia finalmente cederá. Si tu decisión de confiar en tus vibraciones es inquebrantable, los otros dejarán de intentar que cambies tu forma de pensar y respetarán tus convicciones.

La forma más rápida de aprender a bailar en el fuego es decir en voz alta: «Elijo confiar en mis vibraciones. A mí me funcionan», y no dar ninguna otra explicación. A continuación, respira y sonríe. Aunque algunas veces otras personas intentarán hacerte cambiar de opinión, lo más frecuente es que sencillamente se encojan de hombros. Hay quienes podrán decirte: «Muy bien, lo que tú digas», y eso será lo peor que te puede ocurrir.

También quiero destacar que las vibraciones son una experiencia que se produce de momento a momento. Pueden cambiar y, de hecho, lo hacen. Cuando intenté comprar nuestra primera casa, al principio todo parecía perfecto pero un par de semanas más tarde todo era absolutamente desacertado. Cuando se trata de confiar en nuestras vibraciones debemos aceptar dichos cambios. La intuición es como hacer surf en las olas de la vida, y esas olas están en constante movimiento. Con mucha frecuencia, lo que un día es correcto puede dejar de serlo, y debemos estar preparados para aceptarlo. Tu intuición refleja lo que en un determinado momento se siente como una verdad, pero esto no es para siempre ya que todo depende enteramente de la situación. En vez de darle vueltas y estresarte por esta razón, simplemente entrégate a tus vibraciones sabiendo que funcionarán acertadamente si les prestas atención y las respetas. No tenemos que organizar cómo y qué nos transmiten nuestras vibraciones; funcionan a la perfección por sí mismas. Nuestro trabajo se limita a escucharlas y respetarlas a medida que se presentan, aun cuando en algunos momentos pueden ser incómodas.

No pienses demasiado en todo esto. Permanece conectado con tu corazón, sintiendo la energía de tu cuerpo y confiando simplemente en tus vibraciones, que te avisarán si las cosas cambian y te invitarán a tomar nuevas decisiones. De hecho, uno de los aspectos más importantes y gratificantes de tus vibraciones es que te avisan momento a momento de los cambios que se producen, para que puedas tomar las mejores decisiones posibles en vez de que los acontecimientos de la vida te pillen por sorpresa.

Después de trabajar con todas las herramientas que he presentado en este libro, descubrirás que te resultará cada vez más natural bailar en el fuego de la desaprobación ajena, o de la desaprobación de tu propio ego, sin abandonar tu verdadero ser. Tomar la decisión de confiar en tus vibraciones compensa todas las dificultades que puedan presentarse. Según mi propia experiencia, cuanto más crees en tus vibraciones menos dificultades tienes, incluso cuando te enfrentas al escepticismo y a los juicios de los demás. En todo caso, las personas más escépticas y más críticas observarán que prosperas y no tardarán en preguntarte cómo pueden hacer lo mismo que tú. Es entonces cuando confiar en tus vibraciones comienza a ser realmente mágico y te permite cumplir con tu propósito en la vida, que es compartir tus dones y ser una fuerza del bien que resulta inspiradora para los demás.

En cuanto decides confiar en tus vibraciones, incluso en los momentos en que es difícil hacerlo, tu vida mejora drásticamente. Tomar esa decisión te empodera para hacerte cargo de tu vida, y pronto notarás que empiezan a suceder cosas extraordinarias. Pero lo más extraordinario es que realmente aprecias la persona que eres y la vida que has creado.

AVANZAR

Espero que la lectura de este libro te haya ayudado a aprender que confiar en tus vibraciones es un arte y no una ciencia, y que si lo practicas tu vida se convertirá en una aventura más satisfactoria, serena, plena de sentido y verdaderamente extraordinaria. Más aún, si de verdad quieres que tus vibraciones sean efectivas en tu vida no debes confiar en ellas de forma ocasional, sino considerarlas como un modo de vida centrado en las prácticas intuitivas fundamentales y basado en la sabiduría que he compartido en este libro.

Confiar en tus vibraciones crea una asociación con el Universo que te permite transitar cada día como si fuera una danza con lo Divino. Lo que descubrirás al practicar estos secretos de los seis sentidos es que en cuanto entregas el control a tu Espíritu Divino, el Universo se asocia contigo. Y juntos crearéis una vida de gracia, armonía, sencillez y abundancia. Aunque a todas las personas que utilizan exclusivamente sus cinco sentidos esto les pueda parecer exagerado, arriesgado e improbable, no es más que tu diseño natural que garantiza que tu vida será cada vez mejor.

Te invito, e incluso te insto, a que te unas a mí en esta vida creativa y segura guiada por lo Divino. Es la forma en que se vivirá en el futuro, y es absolutamente necesaria si tenemos la esperanza de alcanzar la paz y la armonía para todos los que habitamos este planeta.

Compromiso *woo-woo*

Aminora el ritmo, respira y toma la decisión de confiar en tus vibraciones incluso en los momentos en que resultan incómodas. Comprométete a seguir tu guía interior confiando en tus vibraciones de una en una. Prepárate para soportar el fuego de las objeciones propias y ajenas *antes de* encontrarte en una situación en la que te veas obligado a bailar lo más rápido que puedas. Cada vez que confías en tus vibraciones, por difícil que te resulte, tienes la evidencia y la confianza de que esta es la mejor decisión que podrías tomar en toda tu vida. También ganarás poder personal.

Conclusión de la sabiduría *woo-woo*

Confía siempre en tus vibraciones.

AGRADECIMIENTOS

Me gustaría agradecer a mi hermosa madre en espíritu, Sonia Choquette, por haber levantado el velo para que pudiera ver el mundo del espíritu y por haberme hecho conocer el apoyo y el amor extraordinario de los cielos, siempre a mi alcance. Y también a mi padre en espíritu, por ser un guía constante y realista en mi mundo altamente espiritual e impredecible. A mis hijas, Sonia y Sabrina, por su amistad, amor, buena disposición y alegre compañía, y por unirse a mí en este trabajo de la vida. A mis amados maestros espirituales, el doctor Tully y Charlie Goodman, por compartir su sabiduría conmigo para ayudarme a establecer el más alto nivel de comunicación guiado por el espíritu. A mi querida hermana del alma, Lu Glatzmaier, por ser mi apoyo continuo durante más de cincuenta años y confiar siempre en mis vibraciones.

A Reid Tracy, el ángel en la Tierra de mis publicaciones, y a toda la plantilla de Hay House por su dedicación e inagotable apoyo. A mis fabulosas editoras y seres brillantes, Linda Kahn y Sally Mason-Swaab, por obrar su magia en el manuscrito de este libro. A todos mis clientes, por ofrecerme sus historias. Y, por encima de todo, quiero agradecer a Dios y a todos los seres de luz del Universo por su amor, su guía y el duro trabajo que han hecho en mi nombre mostrándome constantemente mi camino. Estoy profundamente agradecida y soy vuestra humilde servidora.

ACERCA DE LA AUTORA

Sonia Choquette, escritora de fama mundial, es además maestra espiritual y guía intuitiva. Ha dedicado su vida a enseñar a la gente a honrar su espíritu, confiar en sus vibraciones y vivir en la gracia y la gloria de una vida extraordinaria guiada por el espíritu. Es una guía intuitiva de cuarta generación que comenzó su trayectoria espiritual en la adolescencia. Ha pasado más de cuarenta y cinco años viajando por todo el mundo para cumplir su misión de ayudar a los demás a tener una vida auténtica y segura, guiada por la luz de la intuición. Es autora de veintisiete *bestsellers* a nivel internacional y de numerosos programas de audio sobre despertar intuitivo, crecimiento creativo y transformación espiritual, entre los que destaca el superventas *The Answer is Simple.*

El trabajo de Sonia se ha publicado en más de cuarenta países y se ha traducido a treinta y siete idiomas, lo que la convierte en una de las escritoras más leídas y en una experta en su ámbito de trabajo. Sus dos hijas, Sonia y Sabrina, continúan con su legado. Ambas tienen sus propias carreras de *coaching* y guía espiritual, y han publicado el libro de Hay House *You Are Amazing: A Help-Yourself Guide for Trusting Your Vibes and Reclaiming Your Magic.* Sonia y sus hijas tienen también un *podcast* semanal llamado *It's All Related: Welcome to the Family* que puedes encontrar en iTunes, Spotify y YouTube.

Sonia es una viajera incansable, una bailarina apasionada, una prolífica contadora de historias y una comediante nata. Se enorgullece de su constante búsqueda del aprendizaje y el crecimiento, y de vivir plenamente cada día. Ama París y en la actualidad considera que esta ciudad es su hogar.

www.soniachoquette.net